VISION D'UN SIÈCLE

PAR

DE MARCÈRE

Avec un portrait

Deuxième édition

PARIS
LIBRAIRIE PLON
PLON-NOURRIT ET Cⁱᵉ, IMPRIMEURS-ÉDITEURS
8, RUE GARANCIÈRE — 6ᵉ

1914
Tous droits réservés

VISION D'UN SIÈCLE

PARIS. TYP. PLON-NOURRIT ET Cie, 8, RUE GARANCIÈRE. — 19757.

PRÉFACE

16 mars 1828 — 12 janvier 1914

LONGUM ÆVI SPATIUM

Je n'ai pas le dessein d'écrire des mémoires personnels, mais, pendant ma longue vie, j'ai traversé des périodes très diverses de la vie nationale; et des circonstances, que je pourrais qualifier de providentielles, ont fait que je me suis trouvé, soit comme simple spectateur, soit comme acteur, mêlé aux événements qui ont rempli ces périodes.

Je voudrais rétrospectivement reprendre le chemin parcouru, et chercher, à travers les mille épisodes qui le remplissent, si la France a une mission particulière parmi les nations, si elle suit sa destinée, ou si, au contraire, elle s'en écarte; et quel sort enfin lui est réservé.

A l'heure où nous sommes, il semble que la France est comme perdue dans les chemins de traverse et, qu'ayant quitté la grande voie où elle a marché pendant des siècles, elle va à l'aventure et se précipite vers la ruine. Le sentiment national résiste pourtant à cette désespérance. Il va jusqu'à la passion, et nous persuade aisément que la France immortelle a une mission dans le monde. C'est cette foi qui nous soutient au milieu des épreuves que subit la nationalité française depuis plus de cent ans. Elle résiste au découragement que pourrait faire naître le mot de la Bible : *tradidit mondum disputationibus hominum*.

Est-ce que la France subirait le même sort que tant d'autres races humaines qui ont disparu, après avoir joué dans le monde un rôle éphémère? Il est pourtant une nation au moins qui a échappé à cette destinée des races livrées aux aventures de la vie; et cette nation est celle des Juifs, qui se perpétue à travers toutes les convulsions et toutes les évolutions du genre humain. Pourquoi la France ne serait-elle pas marquée au front du signe de la durée, pour être le champion de Dieu contre la race infidèle?

Il est, dans l'origine et dans le cours de la vie de cette nation, beaucoup de traits qui semblent marqués du sceau de Dieu même, pour qu'elle soit dans le monde sa servante et son champion.

Lorsque, vers la fin du cinquième siècle, l'Empire romain disparut définitivement sous le flot des invasions, une puissance nouvelle surgit du désordre universel, et ce fut la race franque, qui, avec l'appoint resté civilisé de la population gallo-romaine, recueillit l'héritage de Rome, et plus tard, avec Charlemagne, constitua la Chrétienté. Quand il semblait que l'Église catholique n'avait plus de secours à attendre, au milieu du désordre et de la confusion générale, elle fixa son choix, pour la défendre, sur la race des Francs, laquelle, avec le concours de la nationalité gallo-romaine, fonda un Empire, créa une civilisation nouvelle et devint le point d'appui de la Papauté. Tel a été le rôle des Francs, des Gallo-Romains et finalement de la France. Et depuis lors, la nation française put revendiquer le titre de fille aînée de l'Église. Elle a rempli hautement ce rôle jusqu'à l'heure, vers la fin du dix-huitième siècle, où elle a paru s'abandonner elle-même, en subissant la puissance, qualifiée par Joseph de Maistre de satanique, la puissance de la contre-Église, œuvre à la fois de la juiverie et de la franc-maçonnerie.

Il semble donc que le monde n'est pas absolument livré aux disputes des hommes, et l'on serait amené à en conclure que le genre humain a sa destinée propre, à laquelle il peut faire défaut ou contribuer, selon ses mérites et selon la grâce de Dieu. Mais cette idée ne paraît-elle pas en contradiction avec l'enseignement de l'Église, qui dit que l'homme, mais non le genre humain, est créé pour connaître Dieu, l'aimer, le servir et, par là, gagner la vie éternelle? Et, pourtant, il y a des races humaines qui semblent avoir été marquées d'un sceau particulier, pour remplir un rôle à part, et pour être associées spécialement à l'œuvre générale de la création, laquelle a pour objet final la glorification de Dieu.

Glorification! si tant est que Dieu puisse tirer quelque gloire de l'adoration des hommes!

Les Juifs ont été en quelque sorte les témoins de l'histoire universelle. Ils ont été les témoins de l'œuvre de la Rédemption; ils en perpétuent le souvenir en le niant. Mais leur persistance à travers les siècles atteste à la fois l'œuvre de la création du monde terrestre et de la Rédemption par le Christ du péché originel, par lequel l'humanité était vouée à la mort.

La civilisation chrétienne, qui, de proche en proche, à travers les siècles, s'est étendue sur le globe terrestre tout entier, est en butte inces-

samment aux attaques sourdes et, par instants,
ouvertes de sectes ennemies, qui, toutes, s'ins-
pirent de l'esprit juif et de la haine de Dieu.
Ces sectes ont mis en œuvre les parties les plus
hautes et les parties les plus basses des passions
humaines, l'orgueil de l'esprit et la concupis-
cence des sens, ce qui d'ailleurs n'a rien en soi
de contradictoire. L'orgueil de l'esprit et le
goût des jouissances des sens ont été les procédés employés de préférence par les ennemis
du Christ, à qui ils ont opposé la Déesse Raison
et le culte du ventre.

Le monde européen, produit de la civilisation
chrétienne, est en ces temps-ci en proie à cette
double cause de corruption sociale. La France,
en particulier, après plusieurs tentatives pour
s'organiser et pour vivre sur les données de
cette philosophie antisociale, semble être arrivée
au terme de ses expériences. Après plusieurs
essais d'organisation sur les bases nouvelles,
elle se trouve, à l'heure où j'écris ces lignes,
comme désemparée, rattachée on ne sait comment à quelques débris du passé, débris survivants des phases diverses de sa vie antérieure;
nation à demi déracinée, et qu'on ne sait comment replanter.

La constatation que j'énonce ici n'est pas le

fait d'un vieillard désillusionné et découragé, qui voit tout en noir, comme le soir assombri et triste d'une longue journée; non! C'est un cri général. Tout le monde sent et confesse : que la nation est à l'état de poussière sans cohésion, et qu'elle est à rétablir sur sa base. Mais on sent aussi qu'elle s'y rétablira.

Ainsi j'arrive au terme d'une longue existence. Après avoir traversé toutes les phases d'un long espace de vie nationale, j'ai pu recueillir les souvenirs de ceux qui avaient connu les époques tragiques de la grande Révolution; et par moi-même, à la faveur de circonstances inouïes, j'ai assisté à toutes les phases de cette extraordinaire période de la vie nationale coupée de révolutions successives, depuis l'année 1830 jusqu'au début de 1914, que je contresigne aujourd'hui.

Je voudrais, reprenant à rebours le même chemin, mais cette fois par le souvenir, repasser par les étapes jadis parcourues. Je voudrais reproduire les modes de penser, les manières d'agir, les passions générales des âmes, de chacune des époques que j'ai traversées; retrouver dans mon souvenir les idées qui ont prévalu à ces dates diverses, les conceptions d'ordre politique et social, l'idéal enfin poursuivi durant cette longue suite de temps. Puissé-je, à travers ce long voyage, guidé par cette étoile de la France que j'ai toujours cherchée avec amour, retrouver à la fin la trame de sa noble destinée, qui, l'associant à la Providence, l'a signalée dans le passé comme l'instrument de Dieu... *Gesta Dei per Francos!*

VISION D'UN SIÈCLE

PREMIÈRE PARTIE

LA RESTAURATION
1815-1830

Mon origine et ma situation familiale m'ont permis de voir avec exactitude l'état matériel et l'ordre moral du pays où je suis né, à l'époque lointaine où la France n'avait guère changé de physionomie, quoique l'ordre politique fût profondément modifié. C'est pourquoi, en parlant des miens et de moi, je reste dans mon sujet.

Ma famille paternelle, des Hayes de Marçaire, ou de Marcère, et ma famille maternelle, de Neufville, étaient l'une et l'autre de très anciennes familles; toutes les deux aussi dans un état de médiocrité pécuniaire voisine de la pauvreté, à l'époque où je suis né, le 16 mars 1828, à Domfront (Orne) ou plutôt à Banvou, car j'étais déjà enfanté quand ma mère vint à Domfront me mettre au monde.

Cet état de précarité de fortune dans les familles nobles d'origine n'était pas particulière à la mienne. J'ai connu dans ma jeunesse beaucoup de représentants d'anciennes familles nobles qui se trouvaient dans un état de fortune très médiocre, beaucoup même au-dessous du médiocre.

Et cela n'était pas dû seulement à la Révolution. C'était le résultat de la politique du dernier siècle de l'Ancien Régime. La Royauté française, en changeant de caractère sous l'influence des politiciens italiens et sous celle des cardinaux Mazarin et Richelieu, en devenant absolue avec Louis XIV et son successeur, avait changé son personnel en même temps que son esprit. La puissance des intendants et des fermiers généraux était devenue peu à peu prépondérante; et le personnel de la puissance publique se modifiait au gré de cette puissance même. Les Rois perdaient de vue la vraie clientèle du trône, clientèle d'abnégation et de pur amour du Prince. La noblesse de province, négligée et méconnue par la Cour, perdait peu à peu sa puissance avec son crédit. Elle se survivait à elle-même par sa fidélité envers le passé, et par la force d'opinion qui la plaçait encore au premier rang, privilège de grand prix moral mais de mince valeur matérielle. Elle s'était vue dépossédée peu à peu de la faveur royale et des fonctions jusqu'alors attachées à son rang. Une classe nouvelle se substituait à elle : haute clientèle grandie dans la Finance, la haute Bourgeoisie, en voie de grandeur, et, pour un grand nombre, nantie de titres nobiliaires accordés par le Roi, ou attachés aux domaines territoriaux achetés par les nouveaux enrichis, presque tous grandis dans les postes de l'intendance, dans les fermes de la trésorerie. La noblesse de province restait fidèle; mais, attachée à la glèbe, elle se sentait

délaissée et appauvrie. Son loyalisme n'en était
point amoindri.

J'ai connu beaucoup de ces représentants des
vieilles familles, réduits à un état de médiocrité
extrême, mais tous portant noblement leur misère,
et la parant, comme d'un lustre, de leur fidélité et
de leur amour pour la famille royale. Il est permis
de penser que la France a perdu, dans ce personnel de la vieille noblesse de province, des éléments de force politique qui l'auraient utilement
servie dans son évolution intérieure.

Cette fraction de la nation servait le Prince par
une sorte d'attachement familial pareil à celui
des fils de famille fortement unis au chef. Ce qui
caractérise l'état moral de la nation à ces époques,
c'est que ce même attachement désintéressé de
la noblesse provinciale à la famille royale se
retrouvait chez le peuple proprement dit. J'ai
encore connu cet état d'esprit jusque dans la
masse populaire. La classe intermédiaire, que l'on
désignait alors sous le nom de bourgeoisie, ne
professait pas le même sentiment affectueux et
filial pour le Prince; mais, encore, elle ne s'en était
pas départie tout à fait, quoiqu'elle eût accepté
avec enthousiasme les grands changements inter-
venus dans l'ordre social. En fait et d'une manière
générale, il y avait au fond de l'âme française un
sentiment sincère et vif d'attachement à la famille
royale, et la plupart des classes de citoyens
l'avaient en partie gardé, même après les convulsions révolutionnaires. De là un état de soumission
respectueuse à l'égard de ce que l'on considère
dans la vie sociale comme l'Autorité, sans que
cette soumission eût aucun caractère servile.

L'obéissance envers les autorités constituées n'impliquait aucun mélange de servitude, mais elle était plutôt l'effet de l'habitude mentale, faite à la fois de respect et d'attachement cordial envers la personne qui, à tous les degrés de la vie sociale, représentait l'autorité, c'est-à-dire le Roi. De là, et dans tous les rangs, des habitudes de politesse et même de déférence qui marquaient les degrés sans infatuation d'une part, et de l'autre, sans servilité. Et cela produisait dans l'ordre social tout entier de la bonhomie, de la bonne grâce, de la politesse, et enfin une sorte de bonne humeur cordiale qui rendait la vie facile et aimable. Les temps d'infatuation et de classification, mesurées selon la fortune et le rang, n'étaient pas encore venus. Sous ce rapport, la Révolution n'avait pas produit tous ses effets dans l'ordre social. Les révolutionnaires avaient eu la prétention de niveler tous les rangs. Cette Révolution, après les avoir nivelés, les a rétablis avec une brutalité et avec une âpreté singulières. Toutefois, il y eut une époque intermédiaire où la bonhomie du vieux temps n'avait pas tout à fait cédé la place à la morgue d'une société égalitaire.

Ce qui contribua à maintenir pendant un temps les anciennes habitudes sociales dans les rapports des Français entre eux, c'est que l'état matériel du pays était resté le même ou du moins sans grands changements, assez longtemps après que la Révolution avait déjà produit tous ses effets politiques.

Les mœurs ne se modifient que lentement, les idées ne pénétrant pas facilement le corps social.

Or, le corps social en France avait été fortement constitué et cimenté par la religion. Le catholicisme imprègne l'âme; il pétrit l'homme et la famille et, par là, la société tout entière. Le peuple de France, dans toutes ses parties, était fortement imbu de l'enseignement évangélique, et maintenu par son clergé dans la pratique d'un culte dont les préceptes et les pratiques pénètrent l'âme et dirigent la conduite des hommes dans tous les actes de leur vie. L'Église était le centre vivifiant de la nation, et la famille gardait pieusement les habitudes religieuses, universellement conservées dans la vie commune. Les cérémonies religieuses étaient célébrées et suivies avec le concours de presque toute la population. Il y avait des fêtes d'un éclat particulier, qui étaient l'occasion de réjouissances publiques, et comme des occasions, rares alors, de manifestations populaires. Dans les campagnes, quelques-unes de ces fêtes étaient célébrées avec une sorte d'entrain joyeux, comme des réjouissances communes, et on conservait de vieilles pratiques populaires, telles que chants, quêtes à travers les villes et les campagnes, toutes provenant de traditions antiques.

Dans nos chemins creux, qui étaient alors les seules voies de communication, on trouvait de distance en distance des calvaires rustiques, vénérables par leur ancienneté, et il n'était pas rare d'y voir agenouillés, pieusement, des gens du pays. La vie familiale et la vie politique étaient empreintes d'un sentiment religieux, qui était, dans ces temps-là, le ressort essentiel de l'âme française.

Ce n'est pas à dire que les citadins des petites

villes et les habitants des campagnes fussent
autant de petits saints. Ils avaient leurs défauts et
sans doute aussi leurs vices; mais, dans cet
ensemble, où dominaient le respect de Dieu et son
culte, la pratique des devoirs civiques et des
devoirs de famille était généralement observée, et
maintenait la société dans un bon état de bien-
être moral.

Il me semble même, en me représentant dans
mes souvenirs la société de ces temps-là, que le
sentiment du devoir et le respect du droit y étaient
prédominants. La justice et son appareil : magistrats, tribunaux, huissiers même, et surtout les
gendarmes, avaient sur les imaginations populaires un empire extrême. Et cela provenait
moins du sentiment de crainte que d'un sentiment de respect, et d'une sorte de culte pour le
droit et pour la justice. La vieille société gallo-
romaine avait recueilli et conservé l'héritage des
Romains, créateurs du droit. Dans le domaine
de la vie civile et domestique, certes, dans le mouvement général de cette société française, il y a
eu de tout temps des gens de sac et de corde, il y
a eu aussi des malfaiteurs moins en vue, des
mécréants de toute espèce et de toute envergure;
mais, si l'on veut juger impartialement un pays et
une époque, il est vrai de dire qu'aux temps que je
rappelle ici, il y avait dans les rapports civils et
commerciaux des hommes entre eux plus de droi-
ture, plus de probité et de moralité que de nos
jours. Et de là aussi un sentiment de l'honneur plus
général et plus sérieux que dans le temps présent.
Ce n'était pas une prétention plus ou moins justi-
fiée, ni une respectabilité aiguë qui prétend s'im-

poser à la pointe d'une épée ; non, mais c'était un
tranquille sentiment de l'estime qui couvre partout
l'honnête homme, bonne tenue d'une société reposant depuis des siècles sur le sentiment de l'honneur ; heureux effets des habitudes religieuses sur
la conduite des hommes ; instincts de race supérieure point encore contaminée par des enseignements de qualité inférieure ; toutes ces causes
ensemble avaient contribué à donner à la France,
comme principe de vie, l'honneur. Et cette noble
conception de la vie avait fait naître dans tous les
rangs de la nation une certaine vertu qui contribuait grandement à lui donner à la fois un gage
de prospérité et un beau relief moral dans le
monde. Et cette vertu peut s'appeler l'habitude du
devoir accompli.

Les circonstances de ma vie m'ayant mis en
rapports avec des hommes de toutes les catégories
sociales, j'ai connu des gens de service, ouvriers,
fermiers, fonctionnaires, commerçants, et j'en ai
gardé cette impression quasi religieuse : à quelque
degré de l'échelle sociale que l'on fût placé, tout le
monde faisait son devoir, je veux dire remplissait
la tâche qui lui était dévolue.

Dans tous les rangs des diverses catégories sociales, on observait — je dis en général — les lois
de la plus stricte probité, et on y attachait son
honneur. L'ouvrier faisait sa tâche consciencieu-
sement, le maître était juste, le fermier payait son
terme à l'heure dite, et c'était une marque fâ-
cheuse que d'y manquer ; le commerçant était
honnête et probe rigoureusement ; le défaut de
paiement à l'échéance était une marque d'infamie,
à ce point que beaucoup de commerçants se don-

naient la mort plutôt que de se laisser déclarer en faillite. Il ne serait venu à l'esprit d'aucun membre d'une administration publique de solliciter ou même de recevoir ce qu'on appelle un pourboire; et personne n'aurait osé en offrir.

Ainsi régnait à tous les degrés de l'échelle sociale une certaine fierté du devoir accompli et de dignité personnelle.

La différence des rangs sociaux se marquait par la différence des emplois, non par des marques distinctives et ostentatoires de rang social et de domesticité. Si les rangs sociaux se différenciaient par les genres de costumes différents, c'était sans affectation de supériorité d'une part et sans abaissement de l'autre.

Les gens des campagnes n'avaient pas même l'idée d'imiter les gens des villes, soit par leur genre de vie, soit par leur habillement. Les femmes des classes inférieures portaient des coiffes dont la forme était variable de paroisse à paroisse; encore ai-je connu des femmes d'un rang social élevé qui portaient la coiffe, et celle-là d'un prix relevé par les ornements qu'on y ajoutait. Le costume des femmes de la campagne était seyant, jupe courte et à rayure, fichu clair et croisé, et pendant l'hiver une sorte de mante. Elles ne s'avisaient pas de s'affubler des toilettes des villes; et elles étaient plus charmantes ainsi.

Les hommes dans les campagnes portaient la blouse normande et, dans les grands jours, la veste avec une culotte fixée au genou; j'en ai connu qui avaient conservé l'usage du catogan derrière la tête et enfin le chapeau rond à larges bords. Dans la semaine, le bonnet phrygien qui

était le vieux bonnet gaulois. Les femmes, dans
une partie de la Normandie et dans le cours de la
semaine, en tenue de ménage, étaient coiffées
d'un bonnet de coton.

Les gens des campagnes vivaient comme si le
monde n'avait pas changé de traditions et de formules antiques. Il régnait dans les campagnes un
air de gaieté et de contentement provenant d'un
genre d'esprit exempt de chimère et fidèle aux
vieilles coutumes. De là, dans ce milieu, après les
rudes travaux des champs, un fonds de bonne
humeur et de cordialité. Les jours consacrés au
culte religieux étaient vraiment des jours de fête ;
on avait conservé la pratique de certains jeux plus
ou moins champêtres, qui occupaient la jeunesse.
Très peu de cabarets ; et les gens de campagne,
sobres dans l'habitude de la vie, ne s'enivraient
guère que les jours de foires ou de marchés à la
ville voisine ; encore leur ivresse, due à l'usage du
cidre et du café avec addition de *petits pots* et de
demoiselles, qui étaient les appellations employées
aux compléments d'une eau-de-vie locale, n'avait
pas les effets terribles des boissons avec lesquelles les habitants des campagnes aujourd'hui
s'enivrent.

De temps en temps s'installaient des cirques,
comme ceux de Franconi, ou des frères Modeste,
et aussi des combats d'ours et de chiens. Les jours
de grandes fêtes, la population presque entière
prenait part aux cérémonies religieuses, avec un
grand déploiement de processions et des fleurs des
champs. Les autorités locales y figuraient au premier rang, et c'était un très beau spectacle de voir,
à Caen, par exemple, la Cour d'appel tout entière,

en robe rouge, suivre le long des rues le Saint-
Sacrement, le jour de la Fête-Dieu.

Le jour de la Chandeleur, toute la population
circulait dans les rues, tenant à la main de petites
chandelles de couleur variée ; il semblait que la
ville, tout en joie, prenait part à la fête religieuse ;
et de même le vendredi saint, certaines cloches,
spéciales à cette journée, étaient agitées le long
des rues, et annonçaient au peuple le grand mys-
tère de deuil.

En d'autres temps, et dans un état d'esprit différent, pensées de joie et d'amusement, c'était le
Carnaval qui mettait en fête toutes les rues des
villes et des localités voisines, avec un grand déploiement de masques, de danses et de musique.
Tout le monde s'amusait follement.

De même, les noces, accompagnées de danses
et de libations abondantes, avaient un caractère
de joyeuse humeur et étaient l'occasion de fêtes
énormes. De même encore les feux de la Saint-
Jean et de Noël, anciens usages qui dérivaient de
vieilles pratiques d'agriculture primitive, les bat-
teries de sarrasin qui se faisaient en commun
étaient aussi l'occasion de réjouissances et de plaisirs simples, mais animés d'une franche gaieté qui
agrémentait la vie laborieuse et souvent pénible
des gens de la campagne.

Point de routes ni même de chemins vicinaux.
Les seules routes nationales qui traversaient Dom-
front étaient celle de Paris à Brest et celle de
Caen à Laval. D'ailleurs, celle-ci n'était pas encore

achevée, lorsqu'en 1837 je fis le voyage de Domfront à Caen, pour entrer au lycée de cette dernière ville.

Il n'y avait, pour communiquer entre les communes et pour l'exploitation des terres, que des chemins creux, entre de hautes haies plantées d'arbres, de la largeur d'une voiture. Encore n'y avait-il pas dans la contrée de voitures suspendues; on n'y connaissait que des charrettes. On ne voyageait qu'à cheval; les femmes en trousse derrière le cavalier : et si je puis me mettre en scène pour achever le tableau, il arrivait quelquefois que, pour nous faire voyager, on chargeait un cheval de deux panniers mannequins, dans lesquels on nous casait, ma sœur et moi; et notre bonne à cheval entre deux. La contrée de Domfront, qu'on appelait le Pays Bas, donnait l'impression d'un paysage d'un pittoresque et d'un charme inouïs, qui a laissé dans nos imaginations des tableaux variés et des visions étranges et saisissantes. On traversait, en voyageant, des collines incultes, des tertres ou des landes sans arbres et couvertes de wignons ou ajoncs, de plantes sauvages, où paissaient quelquefois des bandes de petits chevaux de charbonniers, dont la race a disparu avec les charbonniers, et qui vivaient, aux dépens de la végétation, dans les forêts ou à travers les landes. Il y avait encore, çà et là, des étangs qui occupaient de larges espaces, et, ce qui ajoutait à cet aspect inouï d'une campagne si étrange, c'est que le tiers des terres cultivées était laissé en friche pendant trois ans, selon l'alternance des cultures de fonds alloués pour une durée de neuf ans. C'était le mode connu alors de fumer la terre en laissant

reposer pendant trois années sur neuf les champs
de culture, et, pendant les trois années sans culture, on y laissait croître les wignons, les ajoncs
et les herbes folles, destinées, croyait-on, à l'en-
graissement de la terre.

Les biens communaux contribuaient aussi à
donner à la campagne un aspect un peu sauvage.
C'étaient des terrains vastes généralement, peu
ou pas du tout cultivés, mais pouvant servir de
paturage, ou bien fournissant des fagots de bois
sec et de racines sauvages. Ces terrains, appartenant aux communes, restaient indivis et étaient
exploités par les habitants selon les règlements
locaux faisant loi. C'étaient des ressources précieuses pour les pauvres gens qui pouvaient faire
paître le bétail, chèvre ou vache, qui alimentait
la chaumière d'une nourriture saine et appétis-
sante.

Les hommes qui prirent en main en 1830 le gou
vernement de la France, avec la **prétention** de la
faire entrer dans les voies du progrès et de lui en
faire goûter les douceurs, obligèrent les communes
à vendre les *biens communaux*, dont le prix servit
à alimenter le trésor public sous forme de rentes
sur l'État. On enlevait ainsi aux habitants des campagnes une ressource précieuse, en échange de
bénéfices illusoires, qui revenaient principalement
aux fonctionnaires, dont le règne allait remplacer
celui des rois.

Les communes qui dissipèrent promptement les
prix de ces terrains n'en furent pas plus riches;
et les pauvres gens y ont perdu des ressources
précieuses, dont leur dignité n'avait pas à souffrir.

Pour qui n'a pas vécu dans ces temps préhistoriques, il est difficile de se figurer ce qu'était l'existence d'alors, absolument dénuée de toutes les commodités et du luxe dont il semble maintenant que l'on ne pourrait se passer. On y vivait pourtant, et pour qui a vécu dans ces temps éloignés, il est vrai de dire que la bonne humeur et même la gaieté remplaçaient agréablement le bien-être d'à présent.

Point de déplacements, point de rapports même avec les villes environnantes. On vivait entre soi, chez soi et avec soi. Des rapports sociaux faciles avec les habitants et des relations mondaines avec les gens du cru ou avec les fonctionnaires, qui étaient encore entourés d'une grande considération. Un savoir-vivre très réel et de bonne façon, à la française; de la cordialité et de la bonne humeur; de l'esprit même, du bon cru et de bon aloi.

Mais, d'autre part, pas même d'allumettes chimiques; pour avoir du feu on se servait de la pierre à fusil et d'amadou, et, tout au plus, d'un certain briquet dit phosphorique, qui venait d'être inventé. Aucune allumette dite chimique. De bougies, pas davantage, si ce n'est dans quelques demeures de personnes riches et haut huppées. Pas de lampes, sauf une certaine lampe, dite Carcel, qui était un assemblage de quinquets. Dans les cuisines on s'éclairait avec de petites chandelles, ou mieux encore avec la *pétoche*, petite mèche enduite de résine de sapin.

La nourriture des gens de la campagne était très simple : la soupe, du pain (généralement du pain de seigle), ou même du pain noir (blé de *sar-*

razin). Très peu de viande ; rarement, une fois par semaine : galette et bouillie et lait caillé.

Pas de délicatesse ni de confort dans la vie journalière. Naturellement, les toilettes étaient simples ; simples aussi les idées. Certaines superstitions rudimentaires se rencontraient un peu partout. On croyait aux revenants, au loup-garou, au mauvais œil. Mais la gaieté conservait son empire, sous la forme de la vigueur et de l'entrain. On aimait la vie. Les familles étaient nombreuses. Les chemins grouillaient d'enfants.

Les habitants du pays ne s'en éloignaient jamais, par suite de la grande difficulté des communications. On allait à la ville voisine, les jours de marché ou des foires à bestiaux. Une fois par an, les personnes, qui voulaient agrémenter un peu leur existence, se rendaient à quelque grande foire. Il y en avait dans toutes les provinces, où les marchands d'objets de luxe ou de consommation un peu relevée apportaient en grand apparat leurs marchandises. C'étaient, pour les campagnes d'alors, ce que sont aujourd'hui les grands magasins pour les habitants des villes ou de la campagne. C'était une affaire que ces voyages à la foire de grand renom. Ils mettaient en mouvement toute la province.

Non seulement les habitudes de vie, les mœurs, les costumes variaient de paroisse à paroisse, mais le langage était différent. Sans parler des langues proprement dites, comme la langue provençale ou basque, ou bretonne, ou flamande, on parlait dans les provinces françaises un patois qui différenciait les provinces autant que les costumes. En Basse-Normandie, le langage populaire était rempli

d'expressions pittoresques et dérivant de langues
primitives, des tournures de phrases qui diffé-
raient de la langue policée et proprement française.
C'était imagé et charmant. Les maîtres d'école de
ce temps-là n'avaient pas la mission d'éduquer les
villageois et de leur enseigner les mystères de la
science moderne. C'étaient des hommes simples,
assidus à leur devoir de maîtres, qui enseignaient
ce qu'ils savaient très bien, qui donnaient le bon
exemple d'une vie modeste et régulière, qui conduisaient les enfants aux offices religieux, et qui
même, le plus souvent, étaient chantres à l'église.

La Révolution avait, semble-t-il, passé comme
passent les cyclones sur des régions lointaines, et
j'ai constaté souvent que les personnes qui avaient
assisté à l'âge d'homme aux événements de cette
époque révolutionnaire *n'en parlaient pas*. Il semblait qu'elles en avaient gardé une sorte de sentiment de stupeur ou de crainte. Et puis l'âme française est ouverte à toutes les émotions ; mais elle
ne s'en laisse pas écraser ; et l'on est très porté, à
propos d'elle, à taxer de légèreté ce qui n'est que
la flexibilité vigoureuse d'un acier bien forgé. Les
familles pouvaient aussi avoir entre elles tant de
reproches à se faire mutuellement qu'il valait mieux
passer l'éponge et feindre l'oubli, afin de pouvoir
vivre côte à côte en rapports supportables. Néanmoins, les sentiments violents qu'avaient suscités
dans le cœur de la France les guerres de la Révolution, celles de l'Empire et même tout récemment la
guerre d'Espagne et enfin la prise d'Alger, le dernier exploit d'hier, avaient entretenu et ravivé le
sentiment militaire, si facilement excitable chez
nous.

La Révolution de Juillet avait fourni un regain de faveur à ces ardeurs guerrières. Afin sans doute de leur donner une satisfaction sans périls, le nouveau gouvernement avait imaginé de rétablir la garde nationale; et, dans la crainte qu'on ne se méprenne sur mes sentiments, au sujet de la garde nationale, j'ajoute que cette milice s'est toujours noblement conduite, souvent même avec héroïsme, et que l'Assemblée nationale de 1871 a commis une grande faute en la supprimant.

D'après la nouvelle institution, on devait constituer un bataillon par canton et organiser l'ensemble selon le mode militaire de l'armée proprement dite. Il fut procédé avec une ardeur sincère à cette organisation. Nos populations rurales étaient si loin de subir alors les pressions révolutionnaires de la veille qu'elles choisirent en général, dans chaque canton, comme chef de bataillon et comme officiers, les représentants des anciennes familles qui avaient tenu autrefois un rang élevé, et généralement des familles nobles. C'est ainsi que dans le canton de Messei (Orne) les deux chefs de bataillon élus par les habitants furent MM. du Bur, frères, dont l'un avait servi dans la Garde d'honneur en 1813 et appartenait à une famille noble du pays (1).

J'aï assisté aux premiers actes de cette organisation; et rien n'égalait l'inexpérience, le désarroi, l'aspect souvent comique des manœuvres de ces troupiers improvisés, paysans hier, sans costumes, ou seulement avec des blouses dont les lisérés étaient tricolores, sans armes même, la

____

(1) MM. du Bur étaient mes grands-oncles du côté paternel.

plupart n'étant, dans le rang et aux exercices, armés que de bâtons. Et tout de même, ces milices, que tout devait rendre ridicules, ne l'étaient nullement, tant on sentait que tout ce monde, officiers, sous-officiers et soldats, avait sous ces costumes, presque risibles, une âme française et des cœurs de soldats. J'ai assisté à Domfront à de grandes revues de ces milices; et je me souviens très bien d'avoir vu le plus grand nombre de ces soldats improvisés, vêtus de blouses et armés de bâtons. Et cela ne prêtait point à rire. La Fontaine n'a-t-il pas dit : « C'est le cœur qui fait tout ». Et le cœur y était.

Ce pays bas normand, si différent de ce qu'il est aujourd'hui, était dominé par une vieille citadelle du moyen âge.

C'était la ville de Domfront, qui avait en effet alors l'aspect d'une citadelle plus que d'une ville. Elle n'avait point encore été disqualifiée, je dirais volontiers déshonorée, par la suffisance des ingénieurs. Et ici, par un cas particulier, l'ingénieur qui a commis cette espèce de sacrilège était né à Domfront même. On y voyait encore des tours plus ou moins intactes, restes de l'antique citadelle du moyen âge, et les ruines du vieux donjon dont un pan de mur attestait encore la formidable puissance. Ce fut la prise de Domfront qui termina la guerre civile du seizième siècle, lorsque le maréchal de Matignon s'empara de cette vieille citadelle et fit prisonnier Montgommery, qui, envoyé à Paris, y fut décapité.

La vieille ville avait conservé mille vestiges de son ancien état de citadelle. Et indépendamment

des souvenirs vivants qu'elle a laissés dans le cœur
et dans les yeux de ceux qui l'ont vue alors, elle a
laissé dans leur âme des impressions tellement
fortes qu'ils se la représentent avec ses tours, ses
pans de murs, ses portes, son porche, les noms
des rues, la poterne, son antique chemin de ronde,
encore bordé d'arbres archiséculaires; le pont
presque branlant jeté sur un abîme et qui reliait le
donjon à la ville. Le faubourg rattaché à la cité
par un pont jeté au-dessus du chemin qui reliait la
vieille cité aux pays environnants, les vestiges
miséreux de ce faubourg qui conservait encore les
traces de ces populaces sans nom qui pullulent
dans le voisinage des villes occupées par des soldats; les lierres et les plantes vivaces avec leurs
fleurs printanières qui s'attachent aux vieux murs,
comme les souvenirs se lient aux vieilles choses;
les porches conservés dans la haute ville; et ses
maisons bâties sur le rocher et qui dominaient un
horizon immense, forêts touffues, d'où émergeaient
çà et là quelques clochers de villages voisins;
cette vision des temps anciens et des choses dis-
parues a laissé dans l'imagination de ceux qui en
ont été frappés des traces comme vivantes du temps
passé.

Et de même les mœurs des habitants de cette
vieille cité gardaient encore les souvenirs des traditions locales. Et ces traditions avaient conservé
les traits principaux de l'esprit de la population,
demeurée très originale, dans son mode de parler
et de vivre. Il en était de même dans toutes les
provinces, alors que les communications étaient
en quelque sorte nulles, et que les populations
conservaient les vieilles coutumes.

A la différence des campagnes, où la tradition s'était mieux maintenue, et où la Révolution avait eu peu d'influence sur le mode de penser et de vivre des populations, dans les villes, au contraire, certaine fraction de la population avait tiré avantage de la Révolution, en prenant de l'importance par les emplois publics, et en goûtant les fausses joies de ce qu'elle crut être une ère de progrès et d'émancipation. Cette fraction de la population avait embrassé avec un certain enthousiasme les idées nouvelles, en goûtant les satisfactions qu'elle s'imaginait trouver dans l'égalité! Et néanmoins, les nécessités de la vie comme dans les cités concentrées, et sans rapports avec le voisinage; les raisons d'intérêt qui portent à ménager autrui, et aussi un fonds de bonté native, cet ensemble de circonstances contribuait à rendre la vie facile et même aimable. On pouvait constater, chez quelques familles nouvellement émergées, une tendance à marquer déjà les distances et à jouer à une aristocratie de date nouvelle. Les avantages de la fortune les aidaient à s'attribuer ce rôle, mais ce n'était pas bien pris au sérieux, et la société nouvellement constituée au sortir de la Révolution se ressentait encore de l'humeur aimable et un peu joviale, narquoise aussi, qui était le caractère essentiel de la population de France.

Le ciment de cette société française, profondément composé de l'idée du droit latin et de l'idée chrétienne, était solide et encore résistant. Il ne s'est décomposé que plus tard, mais dans ce temps-là, les mœurs intimes, les habitudes sociales, les actes et le langage étaient encore empreints des principes, des idées générales, des formules mêmes de la civilisation chrétienne. Les mœurs individuelles pouvaient laisser entrevoir de grands relâchements, mais la moralité générale, sans être prude et pesante, avait un aspect à peu près universel de décence et de bienséance qui se faisaient sentir jusque dans les relations mondaines et dans le train journalier des affaires domestiques. Les affectations de qualité supérieure affichées par les maîtres de l'ère moderne n'avaient pas encore produit leurs effets de prétentions sociales un peu sottes et plates.

Les conditions sociales de la famille étaient, à cette époque, plus stables que de nos jours, et il en résultait un certain équilibre mondain et social, plus favorable au bonheur domestique que les appétences vers un avenir meilleur, et que le goût perpétuel de changer de condition. On se tenait en général à sa place et à son rang, et on ne souffrait pas de s'y tenir.

Ce n'était pas l'âge d'or, mais enfin la société française était mieux assise, et j'ajoute plus en gaieté que celle de nos jours, laquelle est sujette à une trépidation perpétuelle vers le changement, et dévorée de l'insatiable soif d'amélioration de son sort.

L'impression de ceux qui ont vécu à cette époque est que le monde d'alors était plus gai et peut-être meilleur que celui de notre temps.

Mais combien il était privé des agréments et des commodités de la vie que procure la civilisation de nos jours ! Ce n'est pas à dire que les agréments de cette civilisation rendent la vie plus aimable ni les Français plus heureux. A en juger par l'humeur actuelle de la nation, il semblerait au contraire que la nation ait perdu en bonne humeur ce qu'elle a gagné en bien-être.

Les idées font lentement leur chemin à travers les masses profondes d'un peuple, composées de générations successives, qui se défendent instinctivement contre des nouveautés qu'elles ne comprennent pas. C'est le premier obstacle, joint à l'état matériel du pays, qui suspendit, pour un temps, le cours de la Révolution. Les idées essentielles de la Révolution, celles qui tendaient à effacer dans les lois et dans les institutions politiques les inégalités sociales, avaient depuis longtemps fait plus ou moins sourdement leur chemin. Les violences révolutionnaires et, à leur suite, la série des temps héroïques de guerres et de victoires, avaient suspendu, dans l'esprit public, le travail de rénovation sociale opéré dans les sphères gouvernementales. A la suite des convulsions révolutionnaires, les sacrifices en hommes et en argent, avec lesquels s'était payée la gloire, firent accepter comme un allégement et un repos la Restauration; et pour un temps encore les effets civils et domestiques de la Révolution avaient été suspendus; de sorte que les idées modernes n'avaient pas encore remplacé, dans l'esprit des masses, les antiques notions sur la vie. Les relations sociales restèrent pendant longtemps les mêmes que dans les temps antérieurs; et s'il est vrai qu'il y avait une part de justice et de raison dans les mouvements révolutionnaires, il est aussi vrai de dire qu'on y pouvait trouver le germe d'erreurs d'ordre social qui avaient prévalu, pendant un temps, sur ce que la Révolution contenait en elle de raisonnable. La société française, dans les temps qui suivirent la Révolution, a encore vécu sous l'égide de traditions anciennes, avec une tendance vers un certain idéal qu'elle avait entrevu. Pendant assez longtemps elle est demeurée dans une sorte d'état intermédiaire, traditionnelle à la fois et révolutionnaire : traditionnelle par ses habitudes de vie et dans les rapports mutuels des Français entre eux ; révolutionnaire par les idées nouvelles qui avaient donné naissance à la Révolution. La France avait subi la haute pression des victoires et des charges de toute sorte que ces victoires imposaient. Si bien que la chute de l'Empire fut envisagée avec joie. Les hommes qui ont recueilli les souvenirs de ce temps-là sont unanimes à dire que le retour des Bourbons fut salué dans la France entière par des chants et par des cris d'enthousiasme. On nous a raconté souvent que les hommes et les femmes s'embrassaient dans les rues et que l'on dansait en plein air, avec l'entrain de la délivrance. Ce fut une heure de recul, ou du moins de répit, sur les nouveautés révolutionnaires. Et puis, on était à bout de sacrifices d'hommes et d'argent.

Mais surtout ce qui retarda ces nouveautés dans leur marche en profondeur au sein de la nation, ce furent les obstacles provenant de l'état matériel du pays.

Comme je l'ai déjà dit, pas de routes, si ce n'est les grandes routes royales qui reliaient Paris aux grands centres ; pas même de routes moyennes comme on en créa un si grand nombre, après la loi de 1836 sur les chemins vicinaux. Chaque région était comme fermée, et sans communications avec les villes voisines, encore moins avec

Paris. Ce ne sont pas seulement les personnes qui suivent le mouvement des communications par route terrestre ou fluviales, ce sont aussi les idées. Les populations, concentrées chacune dans leur région respective, n'ayant de rapports qu'entre les habitants d'une même contrée, les jours de foires ou de marchés à la ville voisine, ou de fêtes locales, vivaient dans la même sphère d'idées où leurs parents et eux-mêmes avaient toujours vécu. Pas de journaux, pas de circulaires, pas d'empoisonnement par la presse et pas de commis voyageurs en marchandises de cette espèce. C'était encore le temps des colporteurs vulgarisant, avec leur hotte, les nouveautés à la mode.

Les lois avaient modifié profondément l'état intérieur de la France, en supprimant les provinces et en instituant les départements. Les autorités constituées en vue de ce nouvel état de choses n'avaient pas tout d'abord produit leurs effets d'assimilation et de concentration. Le nom des provinces était encore employé dans l'ordinaire de la vie, pour désigner les lieux et même les personnes. Il y avait encore dans l'opinion générale, et même dans le langage usuel, une Bretagne, une Normandie, un Artois, un Berry, une Provence; et les habitants de ces contrées étaient jaloux de leur qualité particulière autant que fiers de leur titre de Français. Ils se distinguaient les uns des autres par des caractéristiques très marquées, ce qui prêtait un caractère d'originalité à l'ensemble de ces races d'hommes si parfaitement semblables les uns et les autres par les traits distinctifs du Français. La France, tout en étant aussi compacte qu'elle l'est aujourd'hui, était en quelque sorte plus variée;

et parmi les habitants, tous unis comme de nos jours par le sentiment du patriotisme le plus sincère, on rencontrait des originaux qui donnaient une physionomie plus humaine et plus vraie à la race. La parfaite conformité des idées et des manières a fini par donner à la société tout entière un faux air de façons civilisées, qui ne sont au fond que de la platitude et l'uniformité dans le vulgaire. Il s'est établi, sous l'empire d'une sorte de réglementation générale, un mode de vivre uniformisé également, qui a supprimé toute originalité et qui a influé sur les mœurs et sur les caractères. Les idées, les mœurs et les façons se sont modelés sur un type unique, qui serait le Français d'aujourd'hui, personnage qui s'applique à dépouiller toute originalité et qui, en voulant ressembler à tout le monde, ne ressemble plus à rien, si ce n'est à un type d'homme sans caractère, sans allure et sans aucun trait particulier qui le différencie des autres, tous uniformément affligés du ton comme il faut.

Les traits particuliers de la race s'effacent en s'uniformisant. La fusion qui s'est opérée entre les provinces tend à se faire entre la France entière et les nations voisines : son originalité y perd sans que sa personnalité y gagne. Mais, depuis l'époque dont je cherche à rappeler les traits, d'autres phénomènes se sont produits sous l'influence du progrès et de la civilisation, et aussi, hélas! par l'effet de notre abaissement, qui sera momentané, je pense. Il y faut prendre garde si l'on veut écarter le danger que la France n'en vienne à se fondre dans un affreux mélange des races étrangères!

A l'époque que je cherche à dépeindre on n'en était point arrivé à cet échelon de décrépitude et de déchéance où la France s'est abaissée sous l'influence juive jusqu'au point de renier en quelque sorte sa personnalité. On tenait encore la tête droite avec un certain air de vanité ; et le coq gaulois n'avait point encore abaissé sa crète ; mais la fusion de toutes les provinces reniant ou abandonnant leur caractère propre, pour ne former qu'une nation unifiée, devait favoriser notablement la diffusion des idées nouvelles, devenues une sorte de Charte, ou, si l'on veut, d'évangile de l'ère moderne.

L'organisation administrative du pays, sous toutes ses formes, judiciaire, financière et administrative, fut aussi un très puissant instrument de fusion ; et enfin ces changements profonds, annoncés avec quelque emphase comme un progrès, furent rendus faciles et rapides par la création de voies de communication, devenue l'objet principal des préoccupations du gouvernement et des vœux des populations.

Dans la première période du dix-neuvième siècle il se fit comme une sorte de déclanchement sur la surface du territoire. L'instinct impulsif de la population la poussait à sortir de l'état d'isolement dans lequel elle avait longtemps vécu et qui, sous l'empire des idées nouvelles, lui parut tout à coup insupportable.

L'organisation administrative sortie de la Révolution n'était plus en rapport avec l'ancien état de choses. Elle avait nécessairement pour effet de modifier profondément l'ordre antique et, comme conséquence fatale, de changer les mœurs et l'état d'esprit des populations. Ces effets d'ordre national sont très lents à se produire ; mais peu à peu l'esprit nouveau se faisait jour partout. Les idées, issues de l'époque révolutionnaire, tendaient à se répandre, et elles exerçaient, sur les imaginations d'abord, sur les modes de vivre ensuite, une influence dont le résultat était le goût et le besoin de changements.

Les nouveaux systèmes d'administration, en s'installant de plus en plus dans le pays tout entier, l'ouvraient à une vie nouvelle, plus active sinon plus intense.

Les rapports entre hommes, les rapports de l'administration avec les administrés devenaient plus fréquents; et chaque fraction de la nation, pénétrée peu à peu de l'esprit nouveau, sortant de son isolement antérieur, se mêlait de plus en plus à la vie commune. Les besoins économiques se faisaient sentir sur tous les points du territoire, nécessitant des rapports plus ouverts et plus fréquents. Et enfin la poussée générale vers de grandes transformations d'ordre matériel, à la suite et comme conséquence de la Révolution, se faisaient sentir sur tous les points du territoire. Le moment était venu où ces mouvements inférieurs, comme une sourde poussée de vie nationale, allaient se manifester par de grands changements. L'entrée en scène des nouveaux moyens de transport était venue. L'heure de la vapeur, et bientôt après des chemins de fer, avait sonné.

Ce fut l'époque des découvertes surprenantes dans l'ordre scientifique, plus merveilleuses encore par l'application qui en fut faite aux besoins des hommes. Mais cette force d'expansion, qui allait produire de si extraordinaires changements dans

la vie matérièlle, ne se manifesta d'abord que par
la construction et par l'ouverture de routes nationales et surtout vicinales, qui ne tardèrent pas, à
partir de la loi de 1836, à couvrir le sol d'un
réseau de voies de communications. Et cette nou-
veauté dans l'ordre administratif allait être le
point de départ d'une révolution nouvelle, mais
cette fois dans l'ordre des intérêts matériels de
consommation, d'échanges, de commerce et aussi
de l'état des populations.

Des modifications profondes ne tardèrent pas en
effet à se produire dans l'ordre matériel et dans
l'ordre moral, par l'effet des voies nouvelles
ouvertes au commerce, aux besoins d'expansion
et à de nouvelles habitudes de vie, qui, peu à
peu, modifièrent profondément l'état général de la
France. On donne le nom de *progrès* à ce qui n'est
en réalité que changement; et, en tout cas, il faudrait s'entendre sur le sens du mot progrès. Mais,
soit convention pure, soit réalité, on a considéré
comme une époque de progrès les commencements du siècle dernier, où se produisirent de
grands changements dans les modes de vivre,
dans l'état d'esprit, et dans les mœurs en général
de la population de France. Il serait oiseux, et ce
n'est pas mon dessein, de philosopher à ce sujet.
Je me borne à rappeler quel fut successivement
l'état moral et l'état matériel des Français aux
époques diverses que j'ai vécues avec eux. J'ai
assisté aux merveilleuses découvertes de la science
appliquées aux besoins et au goût des populations.
Je les admire sans les comprendre; je me rends
compte des prodigieux changements introduits
dans la vie matérielle et dans l'ordre intellectuel,

par les applications de la science aux besoins des hommes; je les admire, sans être bien assuré que les hommes en sont plus heureux. Je pense que le bonheur ne dépend pas des satisfactions d'ordre matériel, que l'homme peut trouver à l'heure où il vit et qui passe. Mais il est certain que les découvertes scientifiques, appliquées aux besoins journaliers des hommes, ont modifié profondément les habitudes de vie et conséquemment les mœurs des hommes dans le cours du dix-neuvième siècle.

Un des principaux effets des facilités de circulation résultant de l'ouverture de routes et un peu plus tard de la construction des chemins de fer, fut d'amener assez promptement la désertion des campagnes; j'entends la désertion des familles qui séjournaient dans les campagnes sans être proprement attachées à la glèbe, mais qui avaient continué après la Révolution à habiter les demeures des ancêtres, châteaux ou logis plus ou moins importants. Avant la Révolution, et pendant quelque temps encore après elle, les campagnes, indépendamment des laboureurs, fermiers et gens attachés à la glèbe, étaient, presque dans chaque paroisse, habitées par une ou plusieurs familles qui y jouaient le rôle de protecteurs et de guides; c'étaient aussi des foyers de lumière et de moralité. Ces familles se voyaient entre elles, et leur commerce mutuel suffisait à leurs besoins de sociabilité. C'étaient, pour la plupart d'entre elles dans ces temps-là, les débris d'anciennes familles nobles qui, peu à peu, avaient perdu non leur rang mais leurs richesses, et qui, se survivant à elles-mêmes, entretenaient encore, parmi elles, les souvenirs et les mœurs du passé.

A côté de ces familles, figuraient aussi avec honneur des personnes de condition moins élevée, mais qui, par leurs habitudes de vie et par leur tenue de maison, vivaient à côté d'elles sur un pied d'égalité; et ces familles entretenaient toutes ensemble les goûts et les habitudes de la sociabilité.

Pour diverses causes, ces familles désertèrent peu à peu les campagnes, pour aller vivre dans les villes.

La Révolution, l'Empire et les institutions civiles nouvellement créées pour remplacer l'ancienne organisation du royaume de France, avaient donné naissance à une classe-sociale nouvelle, celle des fonctionnaires. Ce fut l'aristocratie moderne. Toutes les familles naguère confinées dans les campagnes ou dans les petits centres provinciaux aspirèrent, dès lors, à prendre rang dans cette nouvelle catégorie de citoyens, qui constitua en réalité une classe. Ce fut le règne de la Bourgoisie issue de la Révolution. C'est dans les rangs de cette classe sociale que les familles, jusqu'alors résidant dans leurs demeures seigneuriales ou simplement bourgeoises des campagnes, aspirèrent à entrer. Cet exode des campagnes donna ainsi naissance à une catégorie sociale qui aspirait à prendre la place de l'ancienne aristocratie et qui, en fait, en remplit le rôle social, sous des formes et avec une physionomie nouvelles. Pendant la Révolution, et après elle, de 1815 à 1830, les anciennes familles nobles, même celles qui étaient entrées dans les cadres de la nouvelle organisation administrative, avaient encore conservé leur priorité dans cette

société. En même temps, les familles récemment
établies dans l'ordre social par la poussée révolutionnaire prétendaient se faire leur place, et les
deux classes avaient des prétentions égales à y
occuper la première. De là, des luttes souvent sans
merci, et qui furent une des causes de l'échec de
la Restauration monarchique.

Mme de Rémusat, dont le mari fut à cette
époque préfet de Toulouse, fait, dans ses lettres,
l'exposé des luttes, risibles et cruelles à la fois,
dont la société d'alors fut le théâtre. La vanité
française rend presque impraticable la sociabilité
accommodée au genre révolutionnaire. Les querelles de salons avivaient les querelles politiques
et les rendaient inexorables et mortelles. Il était
inévitable, en effet, que les querelles d'ordre politique se greffassent sur les rivalités de salon, et
c'est ce qui arriva. La Révolution avait été une
crise sauvage et sanglante. L'Empire avait régularisé l'anarchie sociale et révolutionnaire. La Restauration tenta de renouer la chaîne interrompue
de la vie sociale de France, et elle ne fit que
raviver les querelles intestines contenues, en apparence seulement, par les institutions nouvelles.

Les intérêts d'ordre matériel jouent un grand
rôle dans la vie sociale. Ce rôle est même, à de
certaines époques, prépondérant. Mais ce qui pré-
domine, dans les sociétés, ce sont surtout les raisons d'ordre moral ; de là l'importance décisive des
affaires de cet ordre. Pendant cette première période
de la vie nationale qui a suivi la Révolution, quelle
fut l'idée directrice de la société française? J'ai
songé à m'en rendre compte, je pourrais dire après
coup. C'est par un long retour vers ce passé loin-

tain que je cherche à reconstruire la société tout
entière d'alors, avec ses manières et surtout avec
ses raisons de vivre. Si vous voulez, nous laisse-
rons de côté la période napoléonienne. La raison
en est que pendant cette période l'idée directrice
prédominante fut celle d'un homme de génie,
guerrier et despote civil. Mais, après cette période
écoulée, quelle fut l'idée directrice de la société
française?

La Révolution Française, celle qui date de 89,
offre deux aspects divers. Ce fut une ère de sauvagerie, et en même temps une ère de révolution
dans les idées directrices de la société française.
La sauvagerie est le fait de la bête qui subsiste
sous le masque et sous le type humains. Elle est
un déchaînement de la bestialité provoquée par les
instincts qui sont au fond de la bête, et qui la
mènent quand ces instincts sont déchaînés et ne
sont plus contenus et dirigés par la raison, éclairée
elle-même et guidée par un enseignement supérieur
et reçu d'en-haut. L'homme qui a secoué le joug de
l'esprit et qui n'obéit plus qu'à ses instincts est pire
que l'animal, parce que ce dernier n'est guidé que
par ses besoins de brute, tandis que l'homme à
l'état sauvage joint à ses instincts de bête brute la
rage de passions violentes éveillées et surexcitées
par une volonté criminelle et éclairée. Ce qui
achève la supériorité de l'homme débridé par
l'idée révolutionnaire sur la bête proprement dite,
c'est que l'homme sait ce qu'il fait quand il se livre
à ses instincts de bestialité : il en jouit; sa méchanceté l'enchante, et sa volonté est complice du mal
qu'il fait; tandis que la bête obéit seulement aux
instincts qui la poussent, et qu'elle blesse et qu'elle

tue sans avoir conscience du mal qu'elle fait. Le révolutionnaire s'en délecte. A ce point de vue la Révolution a une durée limitée et une action circonscrite : c'est un accès de rage.

La Révolution provoquée par une conception nouvelle de la direction morale de la société est bien différente dans ses effets et dans sa durée. La France de l'ancien Régime en était arrivée à un degré de délabrement réel dans l'ordre politique et général. Les causes de cet état morbide sont multiples. On peut dire cependant que les principales causes sont imputables à la royauté elle-même, qui, à dater de Louis XIII, c'est-à-dire depuis la direction imprimée au royaume par l'Italienne Catherine de Médicis et par l'Espagnole-Autrichienne Anne d'Autriche, par Richelieu, par Mazarin, fut muée, de monarchie française et libre, en une monarchie absolue.

Ce fut surtout pendant le dix-huitième siècle que se multiplièrent et s'aggravèrent les causes de délabrement et de ruines de la société constituée selon le mode monarchique avec les éléments sociaux, c'est-à-dire avec les débris fort délabrés de la féodalité.

Toute société renferme en elle des germes de ruine, comme le corps humain lui-même.

A ces causes quasi naturelles de destruction, lesquelles d'ailleurs sont guérissables, s'ajoutèrent en France d'autres causes, importées celles-là, et introduites dans le corps social, comme un poison et un élément de ruine. Je veux parler des théories sociales et philosophiques importées et fomentées par les philosophes du temps ; et, plus encore, des germes de destruction sociale introduits dans le monde moderne par les sociétés secrètes et principalement par la franc-maçonnerie.

Le dix-huitième siècle a été une époque de décomposition, pendant laquelle la société française a été dénaturée, en quelque sorte, et muée en une société nouvelle; mais la transformation ne pouvait se faire pacifiquement et comme avec l'assentiment préconçu des fractions diverses de la société : les passions et les intérêts entrent toujours en jeu dans les époques de révolution sociale, et les conflits de ce genre ne se dénouent jamais pacifiquement.

Lorsqu'on a connu des survivants du dix-huitième siècle, qui avaient traversé la Révolution et qui formèrent le gros de la société française au dix-neuvième siècle, on peut se rendre compte des causes de la ruine de l'ancienne société et des difficultés, pour la nouvelle, de se reconstituer et de se reformer dans un moule nouveau et dans la voie qu'elle avait à suivre.

L'organisation intérieure du royaume de France avait été successivement, et pièce à pièce, détruite par la Royauté elle-même devenue absolue et sans contrôle depuis Louis XIV; cette démolition avait duré près de deux siècles. Mais ce n'était pas seulement le mécanisme organique qui avait été usé par le temps et par la défection des volontés, séduites par des perspectives de progrès ou, mieux, de changements; peu à peu s'était infiltré dans l'âme française un esprit nouveau. Les modes de vivre, les idées de rénovation, la vie domestique, l'ordre social, le rôle de l'argent, l'*ordre* enfin, pour appeler d'un seul mot ce qui constitue le mode de vivre d'une société, s'était peu à peu transformé, et la

France, pimpante, rieuse, chantante, affolée de plaisirs, se transfigurait sans s'en douter. Et comme il arrive aux naturels vifs, légers et bons enfants, elle justifiait vis-à-vis d'elle-même son changement de vie par de bonnes raisons. La philosophie nouvelle les lui offrait. Les salons ouverts à tous les plaisirs furent d'admirables asiles pour les conférenciers du temps. C'étaient les philosophes. La société française se trouva désarmée et sans force de résistance lorsque se présentèrent les exécuteurs.

Dans quelle vue la Providence suscita un soldat de génie pour soulever la nation, éperdue de mots et de gestes, et pour la mener triomphante à travers le monde, l'avenir le dira. Mais le soldat de génie, qui fut aussi un constructeur d'empires, n'avait pas tué le germe de décomposition sociale introduit en France par la philosophie du dix-huitième siècle et par la franc-maçonnerie. Il avait réparé l'édifice social en l'appuyant sur l'Église, mais il avait travaillé comme un réformateur entendu sur les questions de statistiques, non comme un croyant. C'est pourquoi son œuvre de législation ne fut point une œuvre réparatrice : ce fut celle d'un très bon maçon, non celle d'un architecte, pareil à ceux qui avaient construit les cathédrales et aussi la société du Moyen âge.

La Restauration des Bourbons portait en elle des germes de régénération plutôt politique que religieuse. La nation, quasi exsangue à la suite de vingt années de guerre et quelles guerres! échappée aux angoisses et aux terreurs que la Révolution et ses suites avaient répandues partout comme un deuil national, la nation avait accueilli le retour des

Bourbons avec une joie véritable, et qui se manifesta par des cris de réjouissance et de délivrance. A ce sujet, M. Frédéric Masson, qui est un historien sincère et un galant homme, a fait bonne justice de l'épopée du retour de l'île d'Elbe. Et son récit n'est pas suspect, puisqu'il fait profession éclatante d'être attaché à la cause bonapartiste.

Mais c'est un historien véridique, et la sincérité est la conséquence de sa probité d'historien. Il a raconté, avec les preuves à l'appui, que le retour de l'île d'Elbe avait été préparé, organisé et réalisé par un officier supérieur de la grande armée, demeurant à Besançon pendant la première Restauration, lequel avait mis tout en œuvre, préparant les étapes, suscitant les trahisons, ayant enfin arrangé toutes choses, après s'être entendu avec l'Empereur, auprès de qui il s'était rendu dans son royaume de l'île d'Elbe. De sorte que le fameux vol de l'aigle de clochers en clochers est une pure légende. La vérité historique est que la France était lasse jusqu'au dégoût ou jusqu'à la colère du despotisme impérial, et que l'on avait dansé dans les rues le jour où l'on avait appris la déroute définitive de l'Empire et la Restauration des Bourbons. Les clameurs, bien naturelles d'ailleurs, des officiers retraités ne peuvent prévaloir sur ces réalités, affirmées par tous les témoins de ce temps-là.

Louis XVIII, qui était un philosophe sceptique à la mode du dix-huitième siècle; Decazes, son confident, qui était, je crois, franc-maçon; Talleyrand et Fouché, dont il avait accepté ou subi le concours, n'étaient pas propres au rôle de restaurateurs de l'ordre, que les événements leur avaient préparé. Chose étrange! la société française, qui avait reçu la terrible leçon de l'époque révolutionnaire, n'était pas guérie de son mal d'incrédulité. Le poison avait pénétré profondément dans les moelles de cette société, que des esprits supérieurs, comme ceux de Bonald et de Joseph de Maistre, avaient pourtant avertie, après tant de désordres qui auraient dû servir de sanglantes leçons.

Le concordat et la protection accordée à l'Église de France après l'orage révolutionnaire avaient été, comme l'hypocrisie, un hommage rendu à la vertu : c'était une œuvre uniquement politique. La Restauration, avec Louis XVIII et avec son entourage particulier, avait accordé aux autels un hommage plus réel. La revanche de la Foi et le retour au culte catholique avaient eu leur part dans l'acte de la Restauration : c'était la part qui revenait au catholicisme encore vivant dans la Vendée et dans beaucoup de provinces. Ce sentiment a sa place et une place importante dans l'avènement de la première et de la deuxième Restauration. Mais l'influence de la philosophie du dix-huitième siècle persistait à se faire sentir dans les régions les plus élevées de la société française. Les horreurs de la Terreur, le vol triomphant des aigles françaises, les actes extraordinaires, dans tous les sens, accomplis par la nation pendant ces périodes comprises entre l'ouverture des États généraux à Versailles et la restauration du trône des Bourbons, n'avaient pas eu la puissance de dissiper les erreurs introduites dans l'âme française par la philosophie du dix-huitième siècle, qui, au fond, n'était que le porte-parole, la traduction en langage académique et le truchement habilement dissimulé de la franc-maçonnerie universelle. La Restauration de 1814 et de 1815 marque un temps d'arrêt dans la marche triomphante, à travers le sang, à travers la gloire, de la franc-maçonnerie, de la puissance juive contre le catholicisme. Les anciennes forces de résistance encore demeurées dans l'âme française, vitales surtout parmi la population rurale et encore parmi la population des villes qui avaient échappé à la corruption du dix-huitième siècle, servirent de point d'appui au trône, que Charles X s'efforça de réenraciner par l'antique foi et sur les vieilles mœurs de la race. Mais la fraction de la nation à laquelle les institutions politiques, rétablies par les soins de Fouché et de Talleyrand, devaient rendre l'influence effective et par là la puissance, était dénantie de ce puissant élément de vie que les nations bien portantes trouvent dans les racines vitales d'où elles sont sorties. L'autre fraction de la population, considérable par le nombre et, plus encore, par l'influence due aux situations officielles conquises, demeurait, dans l'administration et dans la politique, la partie la plus forte et la plus agissante. Ces hommes avaient dépouillé la défroque révolutionnaire, mais la plupart de ceux qui s'étaient ralliés à la Restauration avaient au fond l'âme jacobine; chez un grand nombre, la ferveur de leur loyalisme apparent leur servit de masque. Même parmi les hommes dévoués à la cause royale et à la personne des Princes, beaucoup s'étaient affranchis du joug de la foi religieuse. Il fut de mode à la Cour, comme autrefois hélas! à la Cour de Louis XVI, de faire partie des loges maçonniques, et c'est ainsi que la plupart des Gardes du corps se firent francs-maçons. Le scepticisme en fait de religion avait traversé l'époque révolution-

naire et lui avait survécu comme un venin vivace.
Un grand nombre, pour ne pas dire la plupart des
hommes qui tenaient un rang social élevé à la
Cour et en province, faisaient profession tout au
moins de détachement en matière religieuse et,
sans l'afficher, se tenaient dans une attitude d'indifférence dans les affaires de l'Église.

A la fin de la Restauration, il y eut des efforts
tentés dans le gouvernement pour rétablir l'antique union de l'Église et de l'État français, mais
cet effort resta à l'état officiel, c'est-à-dire superficiel; il demeura à la surface, et il ne réussit pas
à rétablir l'antique alliance de la France avec
l'Église. Au fond, la rupture était faite, la partie
haute de la société française n'ayant plus cette
sorte de sacerdoce social qui avait tant contribué
à donner à notre nation la figure d'une race solide,
bien plantée, bien constituée, et féconde en tout
genre de productivité.

Tandis que la partie haute de la nation renon-
çait ou se refusait à remplir cette mission civilisa-
trice qui appartient aux conducteurs des peuples,
la fraction populaire était restée intacte et avait
conservé les traditions religieuses et familiales qui
avaient procuré à la société française une base
solide et pendant longtemps résistante. Cette fraction de la population qui avait fourni, pendant près
de vingt années, cette prodigieuse race de soldats
conquérants du monde occidental et propagateurs
inconscients des idées mères de la Révolution,
cette fraction avait gardé les habitudes familiales
et, avec elles, les mœurs d'autrefois. Ce n'est jamais d'en bas, c'est d'en haut que les idées se pro-
pagent.

Parmi les idées directrices de cette extraordinaire période de notre histoire ou mieux de l'histoire contemporaine, celle qui domine est la doctrine de la souveraineté du peuple. Non que le
peuple proprement dit, les classes inférieures,
eussent à ce sujet une idée bien nette : on en a la
preuve quand on étudie avec sincérité ces époques
troublées, en constatant que le peuple proprement
dit ne prenait aucune part réelle aux actes par lesquels il eût pu affirmer sa souveraineté; entendez
par là l'exercice du droit de suffrage attribué aux
citoyens par les constitutions politiques. Il est
certain que le peuple, en réalité, n'usa à aucun
moment de ce droit de vote ou de suffrage, qui
eût été la manifestation d'une volonté réfléchie
d'être le maître. Au fond, le peuple ne se souciait
guère de ce pouvoir souverain qui lui était attribué
— sans qu'il comprît pourquoi ni comment. On
peut s'en convaincre en consultant les résultats
du suffrage populaire, quand il était consulté. En
fait, le peuple ne votait pas.

Il était plutôt sensible à l'idée de l'Égalité, parce
que cette conquête de la Révolution caressait un
des faibles de l'âme française, qui est la vanité.

Mais l'idée générale de la souveraineté du peuple
en devait engendrer une autre dans le domaine de
la politique, c'est-à-dire de la souveraineté mise en
œuvre. Et cette idée était celle de l'individualisme.
L'individualisme est à la base de la souveraineté
du peuple. Chaque individu pris isolément est souverain.

L'individualisme devint ainsi la base de la société issue de la Révolution, et, pour lui faire la
part qui lui appartenait et qui était universelle, on

dut supprimer toutes les forces organisées, dont
l'ensemble avait composé jusqu'alors la constitution de l'État. Les ordres, — clergé, noblesse, tiers
état, — les organisations civiles, — corporations,
parlements, cités, — tout fut confondu dans un
vaste ensemble composé d'unités, dont les caractères essentiels devaient être d'être égales entre
elles. Et de là la puissance souveraine du nombre !
Et le nombre, en politique, vaut ce que vaut l'unité,
c'est-à-dire rien, si ce n'est une force aveugle.

L'Empire avait fait bon marché de ces théories
sublunaires. Mais, lors de la restauration du trône,
en 1814 et en 1815, les politiciens d'alors, héritiers
et successeurs de la Révolution, en maintinrent les
principes essentiels et, parmi eux, le principe de la
souveraineté du peuple. Seulement, au lieu de restituer au peuple la souveraineté tout entière, on ne
lui en rendit que la coque. La noix fut réservée
pour les corps censitaires, c'est-à-dire pour les
citoyens qui payaient un impôt de quatre cents
francs, d'abord, et un peu plus tard, après 1830,
de deux cents francs seulement.

Tandis que la France avait vécu, grandi et pros-
péré avec le Régime de la collectivité des intérêts,
sous la forme des corporations à tous les degrés,
elle s'est ainsi déformée, et elle a dû vivre avec le
Régime de l'individualisme : un corps social débile,
à la merci des aventures et des aventuriers.

Napoléon, avec son génie césarien, avait forgé
de toutes pièces un mécanisme administratif destiné à remplacer les organes vitaux de l'administration française d'autrefois. La monarchie reconstituée en 1815 avait peut-être eu l'idée de
reconstituer le royaume de France sous sa forme

ancienne, en négligeant cependant tout ce qui eût
pu rappeler les différences et l'inégalité des classes
de citoyens, mais elle ne se crut pas sans doute en
état de le faire; et les hommes dont le concours
lui aurait été alors nécessaire ne pouvaient ni ne
voulaient la seconder dans cette œuvre de reconstitution nationale. Au fond, on adaptait simplement
un trône au mécanisme constitutionnel issu de la
Révolution.

Malheureusement ce mécanisme est en lui-même
un organe impropre à l'usage auquel on le destine,
c'est-à-dire impropre au fonctionnement régulier
et fécond d'une société humaine. Ou, du moins, les
résultats jusqu'à ce jour confirmeraient ce jugement. Si je révélais ici le fond de ma pensée, c'est-
à-dire la raison du jugement que je porte sur notre
organisation politique issue de la Révolution, telle
du moins qu'elle a fonctionné jusqu'à présent, j'aurais marqué le terme de mon voyage à travers mon
temps, sans en avoir parcouru les étapes. Je m'ar-
rête donc, et je reprends le cours de mon voyage
de retour en arrière.

Le royaume de France s'était formé; il avait
grandi et il avait joué un rôle civilisateur immense
sous l'influence de l'Église, des moines et de la
royauté capétienne : il s'était constitué librement
et physiologiquement sous la forme corporative,
qui correspondait à son origine gauloise et franque
à la fois.

La royauté de Louis XIII et de Louis XIV, sous
l'influence d'étrangers italiens et d'exotiques puissants, avait transformé et défiguré cette France en
la soumettant au régime des intendants et de la
monarchie absolue. Et toutefois, grâce à la consti-

tution du corps de la nation en provinces, la population avait conservé ses mœurs, ses habitudes de vie, avec la variété de ses usages. Et ainsi peu à peu — car les œuvres de civilisation se font lentement — la vie de la nation s'était comme coupée en deux, de même que la population : l'une rurale et celle des cités provinciales ; l'autre de Cour et des grandes villes. Les influences directrices qui président à la formation et à la vie des peuples s'étaient divisées en même temps : les unes venant des étages supérieurs, régions intellectuelles, si l'on veut, et ouvertes aux nouveautés ; les autres attachées aux traditions locales et nationales : là, Paris et les grandes villes ; ici, les campagnes et les cures rurales, et les petites cités provinciales. Ce dualisme de la vie nationale avait persisté à travers la Révolution et à travers la période guerrière de Napoléon ; et, quoique sous une forme différente et déjà avec de graves innovations, résultat de la découpure départementale, il existait encore à l'époque de la Restauration. De même que la campagne avait, malgré les convulsions révolutionnaires, conservé en grande partie les mœurs et les idées d'autrefois, de même les grandes villes, et Paris particulièrement, étaient restés le centre intellectuel et un foyer d'absorption pour les idées, exotiques ou non, qui se rattachaient à des nouveautés intellectuelles plus ou moins en faveur dans le monde.

Une fois passés les orages de la Terreur et le tumulte des armées napoléoniennes, la France se retrouva, au sommet et à l'intérieur, sensiblement au même point. Sous l'influence des mêmes passions qui avaient soulevé les tempêtes de la veille, les mêmes querelles, apaisées pour un moment sous le sceptre pacificateur des rois Louis XVIII et Charles X, ne tardèrent pas à renaître et, sous l'apparence de divisions issues des divergences de vue d'ordre constitutionnel, elles servaient les jalousies de personnes et les inimitiés nées de la vanité.

Mais à ces mouvements d'opinion, violents, sans causes réelles, se mêlait un venin, insoupçonné de ceux-là mêmes qui se laissaient aller à leur humeur. Ce venin était l'œuvre secrète de la franc-maçonnerie, qui marchait à son but sous le couvert de la politique. Au fond, la franc-maçonnerie avait en vue la destruction de la société chrétienne. Selon ses procédés d'hypocrisie accoutumés, au lieu de s'en prendre directement à l'Église, qui était à cette époque sous la sauvegarde du respect universel, elle imagina un spectre : et ce fut la Congrégation. La Congrégation fut dès lors dénoncée comme un réceptacle horrible de moines, de Jésuites surtout ,qui auraient conçu le dessein de ramener la France aux ténèbres du Moyen âge, sinon aux bûchers de l'Inquisition. Ce n'est point une des moindres preuves de l'extraordinaire puissance des sociétés secrètes que la créance accordée par les Français de ce temps-là à cette sotte invention. On y crut pourtant.

Il était inévitable que les politiciens s'empareraient de cette arme contre un trône et contre une société en voie de réorganisation qui leur portaient ombrage.

La Congrégation devint l'arme de guerre dirigée contre le trône, et au fond c'était la vieille querelle de 89 qui se continuait, mais qui recouvrait, sans qu'on s'en doutât, la mine que la franc-maçonnerie creusait sous la société française pour la détruire et, avec elle, l'Église catholique, objet de sa haine.

La France, guérie de ses erreurs par la terrible leçon de la Révolution, aurait pu peut-être, en reprenant pied sur le vieux sol gaulois et en replantant l'arbre antique émondé des branches mortes, réparer ses maux, reprendre des forces, rajeunies, et continuer sa carrière sous les mêmes drapeaux qui l'avaient abritée pendant tant de siècles. Les Français de ce temps-là ne l'ont pas voulu! Ils n'ont pas su ce qu'ils faisaient, car, en 1830, comme tant d'autres fois, on a disposé d'eux sans le dire.

DEUXIÈME PARTIE

MONARCHIE DE JUILLET
1830-1848

Les questions d'ordre politique ou plus exactement d'ordre constitutionnel n'étaient nullement en jeu en 1830.

Ce fut une querelle de classes sociales, mais cette guerre était menée, sans que les acteurs s'en doutassent, par les sociétés secrètes; guerre religieuse celle-là, et qui est la vraie guerre menée contre la société française depuis le commencement du dix-huitième siècle.

Les menées tapageuses étaient suscitées et dirigées par la bourgeoisie opulente, tels que les bourgeois Laffitte et Casimir Périer, avec le soutien dissimulé alors des Rothschild. Elles étaient soutenues par la puissance naissante de la presse et particulièrement par le *National*, organe des têtes chaudes, étourdies et vaillantes, d'une fraction déjà importante de la jeunesse, enfiévrée par la rhétorique révolutionnaire. Au fond, tout ce monde, léger à la française, passionné et emballé sans cause réelle, plutôt en proie à la vanité qu'à des passions sincères et sérieuses, jouait le sort de la patrie, sans s'en douter, et menait la politique comme un jeu de paume. L'agent réel de ce mouvement inconsidéré était la société secrète de la franc-maçonnerie, qui se fractionnait en diverses branches, afin sans doute de mieux masquer son visage et dissimuler son but.

Vers cette époque, en effet, on avait relevé le Temple, et la fraction des Templiers s'était reconstituée comme une filiale, sans doute, de la franc-maçonnerie. Cette fois encore, comme dans d'autres temps, la France offrit l'image .d'une famille attachée à ses traditions et à son culte religieux, à ses biens, au sol, et qui à l'improviste, par l'intrusion d'un tiers ou d'un de ses membres désorientés, met tout sens dessus dessous, jette les meubles par la fenêtre, déchire ses archives et fait maison nette, non sans l'avoir ébranlée jusque dans ses fondements.

Ainsi se fit la Révolution de 1830.

La France, qui était réunie alors dans les comices électoraux pour former la Chambre des députés, avait envoyé deux cent vingt et un députés hostiles au ministère Polignac, qui gérait alors les affaires publiques, mais sans leur donner le mandat d'expulser le Roi du trône et de changer la forme du gouvernement. Une fois de plus — car il en a été toujours de même depuis 1789 — une poignée d'hommes réunis à Paris, sans en avoir reçu le mandat, changea la forme du gouvernement, ou du moins, cette fois, changea les chefs et le personnel du gouvernement, et donna à celui-ci une direction nouvelle.

Le gouvernement, dit de Juillet, offre le spectacle, plaisant pour ses adversaires, comique pour

les spectateurs indifférents, pénible pour les patriotes, d'un Régime révolutionnaire malgré lui.
Pendant les dix-huit années qu'il a duré, ce Régime
a traîné ce fardeau, chargé d'un mauvais passé,
avec ardeur, avec résignation, parfois avec un grand
courage quand il dut résister à la révolte dans les
rues, ou quand le Roi très noblement fit face, en
plusieurs rencontres, aux périls de la rue et à la
rage des assassins.

Ce Régime s'illustre surtout de la conquête de
l'Algérie, qui avait été le dernier acte de cette
grande race de rois capétiens, créateurs du royaume
de France, et qui fut noblement poursuivie et conduite par les jeunes Princes, fils du Roi. Mais ce
Régime ne pouvait échapper aux suites de son
vice originaire ; et d'ailleurs les personnages principaux qui eurent à jouer le rôle de chefs, de diri-
geants, pendant les dix-huit années du règne, ne lui
permettaient pas de remédier aux causes de ruines
qui minaient la nation, puisque c'est de ces causes
mêmes qu'il était sorti.

Le règne de Louis-Philippe ne fut que le développement de la crise ouverte aussitôt après la Restauration de 1815. Cette crise avait été caractérisée
par un retour aux luttes de classes et par la recru-
descence de la guerre religieuse. Elle continua,
mais plus accentuée et persistante, violente, durant les dix-huit années du règne.

D'un côté, le parti royaliste ressentait comme une
injure personnelle l'installation de Louis-Philippe
sur le trône. L'acte en effet n'était pas beau, et il
avait blessé au vif le sentiment d'attachement à la
famille royale qui animait encore une partie de la
population française. Dans ma famille, Mme des

Hayes de Bonneval, ma cousine, racontait que sa sœur, qui était dame d'honneur de la duchesse de Bourbon, avait assisté à un dîner donné par le roi Charles X et la famille royale peu de jours avant les journées de Juillet : à ce dîner assistait le duc d'Orléans d'alors ; et Charles X, à la fin du repas, interpella son cousin Louis-Philippe, en lui confiant son petit-fils, le comte de Chambord, alors âgé de huit ans, et lui dit qu'il comptait sur lui pour veiller sur cet enfant, espoir de la race. Et le duc d'Orléans, ainsi interpellé et invoqué en quelque sorte par le chef de la famille, avait affirmé au Roi qu'il veillerait sur cet enfant, espoir de la race. Les royalistes avaient encore au fond du cœur un sentiment de loyalisme quasi filial. Ce sentiment était partagé par une grande partie de la population, principalement dans le peuple. J'en ai été témoin ; et, dans ces temps reculés, j'ai vu un simple ouvrier menuisier — il s'appelait Bellanger — s'attendrir jusqu'aux larmes, en parlant avec ma mère de la famille royale. Ce loyalisme était sincère, violent et tendre : c'était un attachement vraiment filial. Aussi, pour cette fraction très nombreuse alors de la population, la mainmise par Louis-Philippe sur la couronne de France était considérée comme une félonie, en même temps qu'un acte politique insurrectionnel, funeste à la France.

J'ai été témoin, dans les milieux où s'est passée mon enfance, de manifestations de toute sorte qu'inspirait cet acte à un monde considérable par l'état des personnes et par le nombre, de la population française d'alors.

La tentative de soulèvement insurrectionnel fait

par la duchesse de Berri, et plus encore peut-être
la trahison soldée en argent comptant par laquelle
le gouvernement était parvenu à s'emparer de la
Princesse et, pendant sa détention, avait cherché
à la déshonorer, tout cet ensemble de faits accomplis avec un caractère marqué de trahison, de violence et de vilains marchandages, avait exaspéré
le sentiment politique des partisans de la royauté
légitime. C'étaient autant d'ennemis irréconci-
liables du Régime, parmi les fractions de la nation
qui avaient encore à cette époque de l'influence
sur les populations, surtout dans les campagnes,
c'étaient autant d'obstacles à la fondation d'un
Régime politique, qui aurait eu le plus grand avantage d'unir la puissance de la tradition avec la force
impulsive des nouveautés que le temps apporte
avec lui, et des réformes dans l'État intérieur
devenues nécessaires.

La haine, et principalement la haine politique,
est aveugle. Elle associe parfaitement sa passion à
celle du bien public. Elle les confond toutes les
deux, de façon à satisfaire l'une en croyant servir
l'autre. Les royalistes se sont crus de bons
patriotes. Et, c'est le malheur de ces temps de
révolution, leurs adversaires n'avaient aucun titre
à se dire meilleurs patriotes qu'eux.

Et c'est ainsi que les Français, depuis plus de
cent ans, s'acharnent à déchirer la patrie, en s'en
attribuant tous et chacun la meilleure part.

Le Régime de Juillet 1830 a été comme un
milieu de serre chaude, propice au développement
de tous les germes de mort ou du moins de décomposition sociale déposés sur le sol de la France
par la Révolution.

La question religieuse est au fond de tout, dans les temps où nous sommes et peut-être dans tous les temps. Mais pour nous, gens du dix-neuvième et du vingtième siècle, nous n'en pouvons douter, puisque c'est de cette question que nous vivons, moralement parlant.

Cette question, quasi assoupie ou du moins quasi réglée au début de la Restauration, se trouva tout à coup ardue, violente et sans frein après le coup d'État de 1830. Elle se manifesta alors avec toutes les ardeurs et avec les violences d'une foi à l'envers. Elle saccagea l'archevêché de Paris. La secte annonçait par là ce qu'elle méditait de faire, sous ce Régime.

Les passions de la bête humaine, déchaînées pendant la Révolution, matées pendant l'Empire et assagies pendant la Restauration, crurent l'occasion venue de la revanche; et, sous prétexte de revendications révolutionnaires autorisées par l'acte de Juillet 1830, elles tentèrent à plusieurs reprises de reprendre possession de la rue et du pouvoir gouvernemental. Mais la classe bourgeoise, au profit de laquelle on crut que la révolution de 1830 avait été faite, se défendit cette fois, et elle montra un courage tout à fait français. La Garde nationale se porta vaillamment à la défense du pouvoir qui se confondait avec ses intérêts particuliers. Le parti royaliste avait, de son côté, tenté de faire revivre la tradition vendéenne et, après avoir fomenté la guerre civile dans l'Ouest, il s'associait aux entreprises révolutionnaires et sanglantes des républicains de Paris. Pendant dix ans, le nouveau Régime eut à se défendre, les armes à la main, contre les factions diverses soulevées au nom de la République ou au nom du Roi.

La famille royale portait au front la tache de la faute commise en juillet 1830; et elle avait perdu en grande partie le prestige que la race des Capétiens avait exercé pendant des siècles sur l'âme française. Et toutefois les fils du Roi relevèrent fièrement en Algérie la cocarde tricolore; et ils faisaient bonne figure encore autour de ce trône un peu abaissé. La conquête de l'Algérie, vaillamment poursuivie par des soldats d'élite, comme Changarnier, Lamoricière et tant d'autres, achevée par le coup d'éclat de la victoire d'Isly, qui valut à Bugeaud le titre de duc et le bâton de maréchal de France, cet admirable legs de la vieille royauté française, à qui la conquête d'Alger donna son dernier lustre, fut pour les princes d'Orléans, d'Aumale et de Joinville l'occasion et le théâtre de beaux faits d'armes, par lesquels ils continuèrent noblement la tradition capétienne.

Il est tout à fait remarquable d'ailleurs que la vie nationale se coupait en deux; et ce dualisme s'était d'ailleurs manifesté dès le lendemain de la Révolution de 89. Cette coupure ne se pouvait pas voir au milieu du mouvement fougueux et quasi barbare de ces époques marquées d'une quasi-folie. Elle a duré aussi longtemps que se prolongea cette existence de la France en partie double, révolutionnaire d'une part, absurde et quasi folle, et, d'autre part, restée française, avec un merveilleux éclat de beauté et de grandeur, dans le domaine des choses de l'esprit.

Talleyrand disait que quiconque n'avait pas vécu pendant les années qui avaient précédé la Révolution de 89 ne savait pas ce que c'est que la

douceur de vivre. On peut dire que quiconque n'a
pas vécu pendant la première partie du dix-neuvième siècle ne peut pas se douter des joies que
procurent les jouissances de l'esprit, dans l'épa-
nouissement d'idéal et de poésie qui a marqué la
première partie du siècle. Chateaubriand, Lamartine, Victor Hugo, de Vigny, André Chénier en-
chantaient ce monde nouveau et soulevaient toutes
les âmes, tandis que des romanciers, des diseurs
de contes, des inventeurs d'histoires chimériques,
ou non, mais charmantes, servaient chaque matin,
aux esprits en proie à l'impatience de savoir, un
aliment, dévoré aussitôt que servi. L'âme française, échappée à peine des angoisses terrifiantes
ou glorieuses des temps révolutionnaires, se réfu-
giait avec un infini délice dans un idéal fait de
poésie ou d'inventions imaginaires, comme la
France les aime. Les belles histoires, contes ou
romans, ont fait à toutes les époques le bonheur
des Français, et leur âme, fatiguée par tant d'émotions subies depuis trente ans, se reposait délicieusement aux chants divins des poètes et aux
histoires des conteurs.

Quelques années de calme intérieur avaient suffi
pour remettre en honneur des façons de vivre
propres aux aristocraties d'argent, et dont l'Angleterre fournissait aux jeunes hommes le modèle.
Par un penchant naturel et aussi par suite d'un
calcul où la politique avait sa place, on s'efforçait,
dans les régions voisines du trône et dans la
sphère élevée de la bourgeoisie, de faire revivre
les mœurs élégantes et choisies des aristocraties
européennes. Le Jockey-Club avait un rôle quasi
politique dans cette reconstitution de la société

française. Le Château, comme on disait des Tuileries, peuplé de jeunes Princes de grand air et de manières françaises, y compris la cocarde glorieusement affichée sur la terre d'Afrique, donnait le ton à la haute bourgeoisie parisienne.

Ce fut aussi le temps où les familles bourgeoises que la Révolution avait fait sortir du rang et consolidées dans un état nouveau tendaient à reconstituer une sorte de caste dans l'État. Ce fut la caste des fonctionnaires. Et c'est cette caste, en effet, qui, pendant presque tout le siècle, a tenu le haut rang et a représenté une sorte d'aristocratie nouvelle, dont l'accès était ouvert à ceux que leur capacité et leur bonne fortune portaient à prendre un bon rang dans cette classe de citoyens. Une sorte d'impulsion instinctive, plutôt qu'une révolution politique proprement dite, tendait à reconstituer une caste dans l'État, où les familles se faisaient la courte échelle, et cette caste se caractérisait dans l'opinion publique sous le nom de *parvenus*. Le haut négoce, quand il arrivait à une prospérité proche de la richesse, prenait place aussi dans cette aristocratie nouvelle.

La dynastie constitutionnelle tendait à reconstituer une sorte de noblesse assortie à sa propre destinée. On donnait accès à la pairie aux négociants parvenus à un haut rang dans leur ordre; la députation servait aussi à opérer dans la nation le classement souhaité par la dynastie nouvelle, et M. Guizot avait, semblait-il, donné le vrai mot d'ordre des générations qui allaient naître et grandir, en prononçant ce mot : *Enrichissez-vous*, dont les malveillants avaient méchamment interprété le sens, mais qui néanmoins était bien la caractéristique de l'organisme social nouveau.

Le Régime de Juillet fut un intermède dans le drame qui se poursuit à travers les âges et dont les personnages principaux sont la Maçonnerie, issue de la Juiverie et du Protestantisme, et l'Église catholique, dont le champion avait été, dans le monde moderne, la France. Et cet intermède fut marqué par deux traits principaux. D'un côté, le retour offensif des sectes ennemies avec l'aide des partis révolutionnaires et avec le concours de l'Université; de l'autre, la résistance des catholiques, stimulés par l'éloquence accomplie de Montalembert et de ses amis, et aussi par la levée de boucliers des moines, enhardis par l'exemple de Lacordaire.

La révolution de 1830 avait été une sorte de signal d'émancipation pour une très notable partie de la bourgeoisie française. Cette partie de la population était, en gardant les dehors, plus ou moins affranchie dans ses rapports avec l'Église. On gardait les dehors, mais, au fond, les liens étaient relâchés au point de conserver à peine les apparences. Il y eut même à ces époques une sorte de point d'honneur, attaché aux rapports respectifs des hommes appartenant aux milieux éclairés et savants, avec l'Église. Il était de haut goût et de bon ton de garder une manière de respect humain dans les relations de ce genre. Mais c'était quasi une marque de supériorité d'esprit que l'on s'attribuait bénévolement, en s'abstenant des cérémonies extérieures du culte. Et telle était l'infatuation générale et aussi la vanité puérile de ce temps-là, qu'on ne s'apercevait pas de ce ridicule, dans un pays où le ridicule est pourtant si promptement aperçu et relevé.

La jeunesse, aisément encline à l'irrévérence, imitait volontiers ces airs détachés, et toutefois — témoignage aimable des anciens temps — on saluait généralement dans les rues les religieuses portant le costume de leur ordre et les prêtres en soutane.

Dans les collèges relevant de l'Université, les lycées de ce temps-là, les élèves recevaient une instruction religieuse, mais distribuée un peu du bout des lèvres, et par des maîtres en général fort indifférents, sinon pires. Les propos tenus par les maîtres à ce sujet étaient honnêtes, mais sans plus. Ce n'était pas toutefois le cas du vénérable prêtre qui était proviseur du lycée de Caen pendant que j'y fus élevé, M. l'abbé Daniel, mort depuis évêque de Coutances et de Saint-Lô. Lui était un éducateur admirable, genre Rollin, et qui a laissé des souvenirs inoubliables. Je parle de la généralité des cas, à l'époque précise du règne de Juillet.

L'Université de France, dirigée par Cousin, inspirée par Michelet, imbue des doctrines philosophiques de l'époque, enflée de son mérite, entretenait dans toute la France des chaires de facultés et des lycées, d'où elle semait les germes qui ont levé depuis en indifférence et plus encore en hostilité contre l'Église catholique.

L'École normale, fabrique de professeurs universitaires, était devenue facilement une usine, dans laquelle se sont formés depuis plus d'un siècle les philosophes et les politiciens ennemis de l'Église.

Cette École est devenue, le plus souvent, une fabrique d'athées, de philosophes à rebours, de lettrés qui ont renié leurs maîtres et abjuré même la religion de l'esprit, avec le respect du passé, et le sens de l'admiration pour les maîtres de l'antiquité. Elle a foulé aux pieds le culte des chefs-d'œuvre de l'esprit humain et a abaissé, en même temps que son esprit, l'âme de la France. On dit qu'à cette heure l'esprit de l'École normale a changé. C'est la seule chance qu'elle ait de se survivre.

Les lycées dépendant de l'État étaient encore soumis à la méthode quasi militaire des premiers temps datant de l'Empire. Les règles à l'intérieur y étaient sévères sans être trop dures. Une certaine discipline y régnait, mais, sous des apparences régulières, cette discipline était plutôt relâchée. Les exercices du culte étaient suivis, mais très extérieurement. La règle intérieure, sous une apparence quasi monastique et militaire, était plutôt affaiblie. A l'exception des enfants qui, dès les premiers ans, dans leur famille, avaient reçu une forte empreinte religieuse, le plus grand nombre des lycéens sortaient du lycée entièrement libérés sous ce rapport; et ils entraient dans le monde avec les dispositions les plus favorables à la dissipation sous toutes les formes.

Et, néanmoins, les Facultés dans les villes universitaires, Facultés de droit, de lettres, de sciences et de médecine, étaient en général assez prospères et respectées. Les professeurs étaient entourés de considération, et, avec le corps des médecins réputés, des avocats et des hommes d'affaires d'un bon renom, ils formaient dans les villes de province autant de foyers de bonnes lettres

et de science qui maintenaient ces villes à un
bon étiage de lumière et de moralité supérieure.
Les professions dites libérales, avocats, notaires,
avoués, médecins, fournissaient leur contingent
à ce foyer de civilisation et alimentaient la vie
intellectuelle de la province. Les fonctionnaires de
ce temps-là fournissaient un appoint sérieux aux
sociétés locales, à ce qu'on nomme le *monde*.

Dans chaque province et dans les villes, les
familles du pays qui avaient des traditions,
une fortune bien assise et un certain relief au-
dessus du commun tenaient leur salon ouvert et
constituaient ce qu'on appelait la *société*. Le bon
ton d'autrefois, l'esprit bien français, la bonne
grâce et les façons aimables y régnaient. La sociabilité de ces temps-là n'avait pas encore été gâtée
par le mauvais ton, le faux goût, les manières
épaisses et par une grossière infatuation; ce
furent plus tard des importations de la richesse
mal acquise et de l'impudence de la juiverie. Dans
ces temps héroïques, le juif était inconnu, relégué
au ghetto, et aucun d'eux n'avait accès dans la
société française. Tout ce monde, en ce temps-là,
vivait encore à la française : bon ton, manières
policées, de l'esprit sans pose, et de la gaieté, cette
grâce de l'esprit.

Ce fut aussi le dernier temps des originaux. Il
y en avait dans tous les genres, dont quelques-uns
peu recommandables, mais presque tous avaient
de l'esprit. L'esprit était dans ce temps-là une
monnaie courante, bien frappée à la mode française, et gai.

Cette époque, qui fut le règne de la bourgeoisie,

fut pourtant la plus passionnée et la plus mouvementée. Cette bourgeoisie fut enfiévrée par tous les
enivrements de la poésie et de l'art le plus achevé
et le plus romanesque. Elle fut ensorcelée par
Lamartine et par Musset et par les écrivains qui
lui racontaient de belles histoires, extraordinaires,
des contes fantastiques, des drames de cœur et
des aventures qui mettaient en mouvement toutes
les fibres de l'âme. Le romantisme s'était emparé
de ces âmes qu'on aurait crues épuisées par les
crises révolutionnaires et par les fortes émotions
des grandes guerres. Le romantisme les berçait
délicieusement après tant de secousses dont toutes
les familles, ou à peu près toutes, avaient ressenti
les contre-coups. Et celles de ces âmes endolories
qui n'avaient ni cherché ni trouvé un refuge dans
la foi catholique et dans les pratiques religieuses,
étaient vouées à un mysticisme quelconque.

Le Romantisme littéraire avait donné cette
satisfaction aux esprits libérés de toute foi religieuse. Ceux au contraire qui avaient conservé ce
sentiment qui porte l'âme à se soustraire aux vul-
garités de la vie et à chercher des satisfactions
dans un au-delà indéfini, se livrèrent aux spéculations les plus étranges, les unes inspirées par un
certain sentiment mystique mêlé à des exaltations
suggérées par l'orgueil, les autres victimes de
simples escrocs, qui pouvaient s'emparer d'esprits
simples et d'âmes naïves à la recherche de l'inconnu. Ce fut l'époque des Saint-Simoniens, dont
le père Enfantin était l'apôtre et qui exerçait sur les
imaginations naïves une influence réelle. Ce fut
aussi le temps où de simples imposteurs, comme
Vintras, mirent à profit cette singulière disposi-

tion de l'âme qui, à certaines époques et sous l'influence d'un courant, résultat sans doute d'un besoin réel de l'âme, incline les esprits à la recherche du merveilleux et les prédispose à la plus étonnante crédulité. Ce Vintras faisait des miracles, et l'on y croyait; et on a peine à se le figurer, quand on sait à quelles supercheries grossières ce simulateur avait recours, pour faire croire à son pouvoir surhumain.

Le romantisme outré, le mysticisme à la recherche de formes religieuses nouvelles, cette crédulité d'esprit qui avait, semble-t-il, rejeté les formules religieuses anciennement adoptées, tous ces états d'âmes de l'époque où nous sommes et que l'on aurait crue plutôt entachée de voltairianisme, tout cet ensemble de faits d'ordre moral étaient en réalité le témoignage d'un état d'âme fâcheux et pénible attestant la maladie du siècle. Siècle de révolte, de doute et d'anxiété, siècle de révolution, et dont la Révolution est en effet la caractéristique.

Le principal artisan de cette œuvre dissolvante opérant sur l'esprit public fut l'Université. Cette institution, qui porte à son plus haut degré la marque de fabrique de l'époque impériale, déviait peu à peu de l'œuvre de Rollin, que M. de Fontanes avait peut-être eu la pensée de relever et de continuer. L'esprit nouveau, celui de la Révolution, s'était introduit dans l'institution, et il n'en pouvait être autrement, puisque son personnel devait fatalement se former et se retremper dans le monde issu de la révolution — et ici il faut entendre que je parle seulement de la révolution sociale imprégnée de la philosophie du dix-huitième siècle. Ce fut surtout après l'effort de résistance inutile de Mgr de Frayssinous et à la suite de la révolution de 1830 que l'Université devint la propagatrice des idées philosophiques de la Révolution. M. Cousin en fut le Grand Maître. Dès lors, la lutte était ouverte entre l'esprit nouveau et l'esprit ancien. Avec la puissance de logique qui est de l'essence de l'esprit français, et grâce à l'impulsion révolutionnaire de 1830, cette lutte devait être ardente : elle le fut.

Elle suscita dès lors de généreuses résistances, dont les champions illustres furent Lacordaire, Montalembert, Veuillot, Ozanam et d'autres. Ils revendiquaient la liberté, qui est la sauvegarde des citoyens.

Lacordaire montait dans la chaire de Notre-Dame de Paris revêtu de son costume de dominicain, lequel était prohibé par les lois; Montalembert ouvrait une école publique, ce qui était également défendu, et il portait devant la cour des Pairs, dont il était seulement justiciable, la cause de la liberté d'enseignement.

Ce n'était pas seulement le domaine des intelligences qui était troublé pendant cette période, ce fut aussi la paix publique dans les rues. A diverses reprises, les républicains suscitèrent des mouvements de guerre civile; à ces révoltés se joignirent les royalistes demeurés partisans de la branche aînée des Bourbons.

La bourgeoisie parisienne était ainsi mise en demeure de défendre le régime de Juillet, qu'elle considérait un peu comme sien. Elle le fit avec un grand courage; et on ne peut qu'admirer la vigueur de résistance de la Garde nationale, qui justifia hautement par son courage le renom français et qui sut défendre héroïquement, avec son règne, le règne de la liberté.

C'est sous ce Régime de Juillet que commença l'application de la vapeur aux moyens de communication. La navigation à vapeur multipliait les communications sur les fleuves intérieurs et sur les côtes. Bientôt se généralisa l'application de la vapeur aux voies de transport par terre; et le chemin de fer remplaça les lourdes diligences et les malles-postes d'antan. Déjà les routes vicinales et la multiplicité des moyens de transport avaient modifié singulièrement les mœurs provinciales en multipliant les voyages et en opérant le mélange des populations de province, jusqu'alors différentes et séparées les unes des autres. Déjà le pays avait pris une physionomie nouvelle par suite de la création des routes et des chemins, qui facilitaient et qui provoquaient non seulement les voyages, mais les déplacements même des populations.

Progrès! Progrès, si l'on veut. Il faudrait s'entendre sur ce que c'est que le progrès véritable. A vrai dire, on appelle de ce mot ce qui n'est en réalité que changement. Encore resterait-il à chercher si le changement est ou n'est pas favorable. Et encore ce qu'on entend par un progrès favorable. Ce sera donc, si vous le voulez, un autre mode de vivre mieux approprié aux besoins. Plus approprié peut-être à la santé individuelle et à la prospérité nationale. Le changement seul qui implique une amélioration, soit dans l'ordre moral, soit dans l'ordre matériel, peut s'appeler progrès. Et ainsi se poserait le problème de savoir si le bien de la collectivité profite à l'individu, mais je songe que cette revue à posteriori d'un passé que j'ai connu n'est point une étude de philosophie.

La transformation matérielle ainsi accomplie eut des conséquences innombrables, dont se ressentirent rapidement les mœurs de la nation.

L'application de la vapeur aux procédés industriels allait substituer le travail mécanique au travail manuel et supprimer une quantité prodigieuse de petites industries locales, entretenues jusqu'alors par le travail à la main. Dans les contrées où j'ai été élevé, on cultivait le chanvre; et cette culture engendrait le rouissage, la transformation de la plante en fil, et l'emploi de ce fil par les femmes de la campagne qui travaillaient au rouet. Les hommes, indépendamment du travail de la terre, travaillaient le bois, qu'ils transformaient en sabots, en ustentiles de ménage, tels qu'assiettes, cuillères, fourchettes. Lorsqu'un peu plus tard on travailla le fil au métier pour fabriquer de la toile, la fabrication ne fut pas d'abord centralisée dans des usines; elle était disséminée dans les campagnes, chaque famille ayant un métier à la main. Et cette organisation de travail permettait aux membres de la famille de vivre dans une chaumière confortable, d'élever des bestiaux nourris sur le bien communal et quelques volailles.

Existence familiale, moralisatrice et féconde. Elle valait mieux, sous tous les rapports, que celle des ouvriers qui, un peu plus tard, durent émigrer et devenir dans les villes les garnisaires des établissements industriels, dont le mécanisme était mû par la vapeur, en attendant qu'il le fût plus tard par l'électricité.

Cette transformation de l'industrie par l'emploi
des machines et de la vapeur a donné naissance à
une classe nouvelle : la bourgeoisie enrichie par le
commerce industriel. Cette bourgeoisie, formée à
l'improviste, a été pendant longtemps, elle est encore fermée à la culture de l'esprit et aux façons
de la civilisation raffinée des Français. Elle est de
formation trop récente et surtout trop rapide : elle
est encline à l'arrogance de l'argent, elle n'a nul
souci des manières policées, et elle a une superbe
un peu grossière. Elle se façonnera, je pense,
avec le temps, et se pliera aux mœurs élégantes
et aimables de ce peuple de France qui jusqu'à ce
jour a été une race modèle. Elle s'y plie déjà ; et
toutefois, peu à peu, le goût de l'argent a envahi les
âmes à mesure que des besoins et le goût d'un
luxe exotique s'introduisaient chez nous par la
suggestion empoisonnée des Juifs et par l'immix-
tion toujours plus intensive des étrangers enrichis
et assoiffés de notre civilisation.

Ainsi, pendant cette période dite « le Régime de
Juillet », qui comprend le temps écoulé depuis 1830
jusqu'à 1848, la nation vivait glorieusement sous
la direction morale de ses écrivains, de ses poètes,
de ses savants même, tandis que, politiquement,
elle marchait péniblement dans les mauvais chemins ouverts par la Révolution ; chemins de bataille
pour les politiciens en lutte perpétuelle sous des
appellations diverses : légitimistes, républicains et
gens du juste milieu.

Le siècle écoulé, celui-là même qui s'est ouvert
en 1815, fournissait la démonstration d'une vérité

sociale : la politique d'une nation est un fait très différent de la vie intérieure de cette nation ; sous ce rapport comme sous tant d'autres rapports, une nation est comme la famille. La famille avec tous ses membres a des rapports forcés avec la nation dont elle fait partie. Ces rapports ne pouvant être réglés et fondés par les membres de la famille, ils le sont par le chef de famille, le père ou la mère... De même la nation a aussi une vie propre en tant que corps constitué, avec ses origines, ses tendances, ses intérêts généraux nés de la nature des choses et enfin avec ses relations forcées entre elle et les autres nations. De même que, dans la famille, les enfants et les serviteurs ne peuvent et ne doivent point prendre part à la direction de la maison, de même, dans la nation, il y a, de par la nature des choses également, des incapables qui ne doivent pas être admis à la direction des affaires publiques.

Je néglige volontairement la période révolutionnaire proprement dite pendant laquelle la France, sortie de sa voie, traversa d'abord une période de sauvagerie et ensuite une période de gloire, menée par un homme de génie sans pareil qui, d'ailleurs, réédifia la nation à l'aide d'un mécanisme administratif qui, après un siècle écoulé, est en grande partie désorganisé et fonctionne mal. A la suite de ces événements extraordinaires on essaya d'une conciliation entre les nécessités sociales qui veulent qu'un État soit conduit par des chefs, comme l'est une famille par le père, et les poussées révolutionnaires nées d'une conception fausse en politique et filles de la philosophie du dix-huitième siècle, dont l'erreur capitale consiste dans une conception fausse de la nature de l'homme.

Confier à la multitude la direction et la garde des intérêts d'une nation : on en sortait, sanglant, épouvanté, appauvri. On songea à créer un ordre social nouveau, qui aurait le privilège d'être ordonné, sans la tare d'un pouvoir imposé et continu entre les mains de personnes privilégiées. A nos portes, l'Angleterre offrait le type du régime parlementaire. On s'en accommoda tant bien que mal, sans souci des différences résultant de la divergence des esprits et de la contrariété des races : et enfin on imagina que le cens électoral suffirait à maintenir l'ordre et la continuité dans l'État accommodé à la sauce constitutionnelle. On dut se réjouir fort à la création de cette machinerie, et se féliciter entre soi de l'ingéniosité de cet arrangement. On verra bientôt quelle était sa vertu devant la poussée révolutionnaire.

Dès ce moment, je veux dire dès l'origine, on peut conclure de là au partage de la vie nationale entre deux occupations différentes, non essentiellement contradictoires, mais différentes l'une de l'autre. Les citoyens français auront le soin des affaires de l'Etat, et, comme hommes, le soin de leurs affaires domestiques. De là à confondre les affaires domestiques avec celles de l'État, il n'y a pas loin. C'est un travers dans lequel les conducteurs du peuple étaient fort exposés à tomber. Et ce fut probablement le point de départ de l'enflure des budgets.

Mais ce qu'il faut retenir de cet état de choses créé par la Révolution, c'est que la France, depuis ce temps-là, a vécu en quelque sorte en partie

double : de sa vie intérieure et de son existence
publique, mêlée à la vie de l'État. Et l'on peut
dire qu'autant elle a été grande et glorieuse par
son existence intime, autant elle s'est diminuée
dans son rôle de nation gouvernante et souveraine.
On ne la diminue pas, en pensant qu'elle n'était
pas plus qu'Athènes faite pour vivre sur l'Agora.

Pendant la durée de l'Ancien Régime, la France
avait vécu de cette vie en partie double, mais
conçue d'après l'image de la famille : un chef,
avec son état-major nécessaire, et la famille proprement dite, l'un conduisant l'autre, dans la carrière
suivie par la nation. En 1789, on modifia cet état
de choses, sous l'inspiration de la philosophie du
dix-huitième siècle et, en réalité, par la poussée
révolutionnaire de sectes anti-sociales et anti-chré-
tiennes. Pour être complet et juste, sur ce chapitre,
il faudrait dire que l'absolutisme créé par Richelieu, par Mazarin et par Louis XIV, avait altéré
l'état intérieur de la nation, au point de l'adultérer
et de la prédisposer à subir de funestes influences
afin d'échapper au despotisme de l'État.

Plus de chefs et de sujets fidèles : une nation
mêlant les intérêts particuliers et l'intérêt public,
et menant les uns et les autres. Tels étaient les
principes, nouvellement adoptés, qui dominaient
le gouvernement de la Nation à la suite de la Révolution. Principe est bien le mot propre : c'est une
thèse, la Nation se gouvernant elle-même. En
fait, la France n'a jamais gouverné, parce que
c'est impossible, parce que surtout elle n'est pas
faite pour cela. Elle n'en a ni le goût ni l'aptitude.
C'est pourquoi cette France a toujours, depuis ce
temps-là, été menée, de son gré ou contre son

gré, par un groupe ou par des groupes de gens qui prétendaient la représenter et être simplement un organe d'exécution. C'était l'exécutif ou, si l'on veut, le gouvernement. Or, tandis que l'exécutif, c'est-à-dire le gouvernement, gérait tant bien que mal les affaires publiques, la Nation, qui était censée le gouvernement lui-même, laissait les hommes qui s'attribuaient cette fonction mener l'État à leur guise; et elle faisait de son côté ses affaires. De là cette singularité : le gouvernement de la France a été depuis plus de cent ans pitoyable, tandis que la France, dans toutes les branches de l'activité humaine, arts, sciences, lettres, inventions, ingéniosité, dans tous les sens et dans toutes les branches de la vie sociale, a créé à profusion des merveilles.

La France a ainsi vécu en partie double depuis 1789. Pour être exact, il conviendrait de dire depuis 1815; car, pendant la période de 1789 à 1815, elle a vécu dans la tempête, fléchissant et se relevant au gré du jour, comme une plante, sans soutien, au gré du vent.

Pendant la période du Régime de Juillet, de 1830 à 1848, cette existence de la France en partie double apparaît comme fléchissante et mal équilibrée; et ce fut le roi Louis-Philippe qui conduisit la danse avec une grande dextérité, avec toutefois des qualités de race et aussi d' « homme d'esprit » qu'il était.

Je n'apprécie pas à fond la mainmise sur la Couronne, je la blâme : un point, c'est tout. Mais l'acte, de quelque manière qu'on le juge, emportait avec lui des conséquences qui devaient se faire sentir dans toute la suite des événements du règne.

Il créa un schisme dans la fraction de la nation qui devait être naturellement le soutien du trône; et ce dualisme parmi les royalistes fut une cause de faiblesse dont le gouvernement se ressentit jusqu'à en périr.

D'autre part, ce fut cet acte qui mit en œuvre toute l'ingéniosité, la fécondité d'esprit de ce monarque ainsi violemment introduit dans la famille des rois.

En même temps qu'un intrus, il était d'un mauvais exemple. Il lui fallut beaucoup d'art pour se faire accepter. Mais il fit voir qu'il était lui-même de la vraie race des rois.

Il avait le souci de la gloire des armes et il eut la hardiesse d'envoyer l'armée de France en Belgique et de rendre au drapeau son prestige, comme l'avaient déjà fait les Bourbons en Espagne.

Il fit asseoir un de ses gendres sur le trône de Belgique. Il lia une amitié presque attendrissante avec la reine Victoria d'Angleterre; il maria un de ses fils avec une princesse d'Espagne, une Bourbon : et il se trouva bientôt installé dans la famille des rois. Il auréolait son trône de toutes les gloires de la France : il envoyait son fils, Joinville, un amiral de France, chercher et ramener aux Invalides le cercueil de Napoléon. Il poursuivait glorieusement la conquête de l'Algérie; et ses fils faisaient bonne figure de héros sur ces terres lointaines.

Certes, Louis-Philippe, aidé dans cette tâche par un groupe d'hommes des plus distingués et capables de gérer les affaires publiques, déploya pendant ce règne de dix-huit ans toutes les qualités d'esprit propres à fonder un établissement politique. Il n'y réussit pas cependant. L'origine de son pouvoir avait créé dans la fraction du pays rattachée à l'idée de la royauté un dualisme qui affaiblissait les assises du trône, et qui produisait un genre de guerre civile funeste à l'établissement du Régime. Le mouvement révolutionnaire d'où était sortie la royauté constitutionnelle avait été surexcité plutôt qu'apaisé par l'établissement d'un nouveau trône. Le parti républicain, plein de l'esprit révolutionnaire, était resté debout, considérant que, par l'avènement d'un nouveau roi, on lui avait dérobé sa proie. Le parti était alors représenté par un groupe d'hommes distingués par l'esprit et aussi par le caractère, très haut placé au-dessus de ce qu'est aujourd'hui le parti républicain. Ils formaient principalement le personnel des écrivains du journal *le National*, avec Armand Carrel, comme directeur, et derrière lui un groupe d'écrivains qui savaient se servir de l'épée aussi bien que de la plume. On se targuait dans ce monde-là de chevalerie.

C'était *le National* qui avait mené la campagne dirigée contre les Bourbons, et qui avait fait aboutir cette révolution de 1830, avec l'idée que Louis-Philippe serait le roi de la Révolution. Et au fond ce n'était pas du tout le secret désir du Roi-citoyen.

Je n'ai pas le dessein de faire le portrait de ce Roi-citoyen, deux mots qui jurent d'être ensemble. Mais cette dénomination dépeint l'époque. L'émeute se termina par une Révolution, laquelle changeait l'état intérieur de la nation sans que celle-ci y eût même songé. La comédie s'acheva par un acte, d'un tragi-comique impayable, par lequel Louis-Philippe déclarait qu'il acceptait le trône délaissé par Charles X, sans dire que ce dernier avait, dans sa lettre d'abdication, réservé les droits de son petit-fils, le comte de Chambord!

Cette révolution fut la représentation exacte de ce qu'on pourrait appeler l'état d'âme d'une société imprégnée de sentiments et d'intérêts contradictoires. Le Roi issu de cette mêlée tragi-comique était à la fois capétien et jacobin, de même que la France était conservatrice et révolutionnaire. Il fut vraiment le personnage représentatif d'une époque. Et c'est pourquoi la Garde nationale parisienne l'aimait. Il est vrai que, quelques années après, cette même Garde nationale manifestait pour l'empereur Napoléon III des sentiments tout pareils! Enfin, la Garde nationale de 1830 aimait le Roi-citoyen jusqu'au moment où elle lui tourna le dos; mais alors elle l'aimait. Ce Roi était son roi, et sa vanité en était caressée. Il était d'ailleurs très brave, et plein d'esprit, ce qui est très français. M. Thiers, qui m'a beaucoup parlé de lui et qui ne l'aimait guère, me citait ce trait : Il avait lui-même (Thiers) une conversation avec le Roi, laquelle tournait un peu à l'aigre; et il lui dit : « Sire, j'ai autant d'esprit que vous ». Et le Roi répondit : « Si c'était vrai, Monsieur Thiers, vous ne le diriez pas! » Je ne connais pas de meilleur trait que celui-là.

Ce Roi-citoyen se trompait grandement en s'imaginant qu'il avait fondé une dynastie. Il crut qu'il avait un point d'appui sérieux dans la bourgeoisie, tandis que celle-ci n'a nullement le goût du sacrifice : elle justifie par le raisonnement son détachement à l'égard des puissances établies. Elle est à ce point dégagée de l'idée de se sacrifier pour un trône, qu'elle est toujours prête à prendre sa part des dépouilles des vaincus.

Et d'ailleurs nous vivons dans un temps où l'autorité, c'est-à-dire le point d'appui de l'ordre, a perdu son titre. Et on aurait mauvaise grâce à reprocher au pays de ne pas défendre l'autorité, puisqu'on ne sait plus où elle est, et qu'un grand nombre même de ceux qui en auraient besoin nient qu'elle existe. En général, la bourgeoisie, au fond, n'en est pas sûre.

Le lien de nature filiale qui attachait la nation à la famille royale avait été rompu en 1789 — déchiré en 1793 — réparé mais plutôt *rafistolé* en 1814 et 1815, violemment brisé en 1830. La Charte de 1830 n'en tenait pas lieu. Il y manquait la foi et l'amour. La mort tragique du duc d'Orléans fut ressentie comme un événement lamentable, mais elle n'affectait qu'un petit nombre de personnes qui simulaient le profond attachement dynastique d'autrefois. Elle ne fut pas ressentie comme un deuil national.

La très brillante conduite militaire des Princes en Algérie et sur les mers était appréciée, mais sans enthousiasme; la très noble attitude de ces Princes, comme celle de M. le duc de Nemours, dans un voyage qu'il fit en Normandie, excitait la curiosité plutôt que l'entraînement populaire.

Au fond, l'acte révolutionnaire de 1830 avait été accueilli avec faveur par la fraction révolutionnaire de la nation et par la bourgeoisie, atteinte aussi du virus démocratique, avec toutefois l'arrière-goût des distinctions sociales; mais cet assentiment donné à la révolution de 1830 ne ressemblait en rien à l'attachement filial qui

avait lié autrefois les Français à la race capétienne.

Vers la fin du règne du roi Louis-Philippe, une
série de faits douloureux jeta à la Cour du trouble,
dans la nation un certain détachement. Des scandales, occasionnés par des personnages haut placés dans le monde officiel, dans le voisinage du
trône même, et à la Chambre des Pairs de France ;
des procès retentissants dans le monde religieux ;
un procès criminel dans lequel on mêlait des personnages de la Cour, Mme Lafarge ; un autre procès soulevé à Toulouse contre un ordre religieux,
qui eut un prodigieux retentissement ; tous ces
scandales, dans lesquels la presse d'opposition et
les partis politiques ennemis cherchaient des armes
dirigées contre la Couronne, étaient exploités et
servirent de pâture à l'opinon publique surexcitée
sans relâche par une presse hostile.

Époque curieuse et vide comme un intermède,
qui offre un échantillon des travers, des sentiments, même, par instant, des passions des époques
révolutionnaires, et dont elle se distingue toutefois
par une merveilleuse efflorescence de l'esprit français dans tous les domaines de l'intelligence. Régime hybride, où se trouvent mêlées, dans un
amalgame étrange, une royauté déformée par l'acte
d'usurpation de 1830, une dynastie brillante par ses
membres et impuissante, une noblesse révolutionnaire par situation, une bourgeoisie puissante et
incapable d'un dévouement désintéressé, une
société politique sans passion sincère, et un pays
agité sans avoir au fond aucun goût pour les affaires de l'État.

Il semblait toutefois, vers 1840 à 1848, que l'on

avait atteint la terre promise et qu'on n'avait plus qu'à marcher dans la voie ouverte, pour le plus grand profit des possédants, c'est-à-dire des électeurs censitaires de ce temps-là, lorsque tout à coup sortit un éclair d'un ciel paraissant sans nuages. C'était cette même bourgeoisie bénéficiaire du Régime, qui réclamait une part plus large dans le gouvernement, en demandant que l'on accrût la liste des électeurs en y adjoignant les capacités !

Qu'étaient-ce que les capacités? C'étaient les bourgeois nantis de diplômes universitaires, avocats, médecins, et toutes sortes de gens farcis de sciences et de certificats authentiques, qui réclamaient le droit de suffrage, autrement dit le droit électoral, en addition des électeurs censitaires à 200 francs. Ce fut la pierre lancée dans la mare aux grenouilles! Et voilà la guerre allumée!

TROISIÈME PARTIE

LA RÉPUBLIQUE
1848-1851

Ce que fut cette Révolution de 1848! on en rirait si ce n'est que ce fut un des épisodes qui ont marqué la marche fatale de la France dans sa funeste course révolutionnaire. Un des héros, malgré lui, de cette échauffourée fut M. Odilon Barrot. C'était un avocat, que Royer-Collard avait, pendant la Restauration, caractérisé en le désignant, en pleine Chambre des députés, par l'apostrophe célèbre : « Je vous connais, Monsieur, je vous ai vu à la Convention, vous vous appeliez Pétion. » Ce Pétion moderne était M. Odilon Barrot, et ce fut M. Odilon Barrot qui devint le révolutionnaire malgré lui de 1848. Il dut bon gré mal gré mener la campagne des banquets, laquelle aboutit, après des péripéties pitoyables, à la déchéance de la royauté citoyenne.

Cette Révolution de 1848, considérée en elle-même, apparaît comme un épisode inexplicable de l'histoire de France.

Elle devient compréhensible, si on se rend compte des causes secrètes et profondes de l'état convulsif dans lequel vivait la France depuis 1789. Ces causes étaient contenues en germe dans les théories philosophiques sociales de l'Encyclopédie : mais ces théories elles-mêmes n'étaient que le *credo* d'une religion nouvelle ou mieux encore d'un état moral nouveau créé par la franc-maçonnerie, laquelle n'est qu'une forme, adaptée à la civilisation européenne, du judaïsme.

Le judaïsme se perpétue à travers les siècles, et il constitue le virus mortel attaché à la civilisation chrétienne. Pour peu que l'on fouille le sol, et que l'on recherche les causes profondes et réelles des convulsions qui ont, à travers sa longue vie, troublé et menacé la France, c'est-à-dire la race catholique par excellence, on trouve immanquablement la juiverie, laquelle, pour déguiser son origine, a pris le masque de sociétés secrètes, dont la dernière formule est la franc-maçonnerie.

La franc-maçonnerie s'était bien gardée de se produire sous sa vraie forme, celle d'une thèse irréligieuse opposée au catholicisme. Elle avait pris le masque de la philosophie, considérée comme l'étude scientifique des lois qui régissent l'homme et la société. Et elle avait fini par faire adopter, comme règle supérieure des sociétés civiles, la formule : l'Égalité, la Liberté et la Fraternité.

Il était impossible de mieux trouver pour séduire l'âme des Français, épris d'idéal et de bonté. Les Français, qui sont ingénus, ce qui ne veut pas dire bêtes, devaient avaler ce breuvage et s'en griser. Ils ne se sont pas aperçus tout d'abord qu'au fond du vase se trouvait la lie, laquelle n'était rien moins que la négation du christianisme et de Dieu même. La société française du dix-huitième siècle, fardée et embaumée, toute aux joies

d'une civilisation délicieuse et gâtée, s'est grisée
éperdument de toutes les sottises philosophiques
qui flattaient ses manies et ses plaisirs. Elle n'a
pas aperçu le venin mortel caché sous les fleurs.
Elle en est morte! non la nation elle-même, Dieu
merci, mais celle-ci est encore malade! et elle a
subi depuis plus de cent ans les convulsions de ce
mal qui s'appelle les révolutions.

Ce qui caractérise la Révolution de 1848, ce qui
a caractérisé tous les mouvements révolutionnaires
qui depuis cent cinquante ans convulsionnent la
France, pareils à ces mouvements sismiques qui
bouleversent le sol, c'est qu'il est impossible d'en
apercevoir clairement la cause déterminante; et
cette singularité est révélatrice. Elle est la démonstration des causes réelles de ces mouvements révolutionnaires, lesquelles se trouvent dans l'action
sourde des sociétés secrètes qui sont l'instrument
d'action et l'œuvre du judaïsme.

La Révolution de 1848, comme ses devancières,
fut la résultante du travail sourdement mené par la
société secrète qui s'appelle la franc-maçonnerie.
Comment! disent les bons frères₊*₊ rien n'est plus
ouvert, plus simplement à fleur de terre que nos
loges maçonniques! — Rien non plus n'est plus
naïf ni plus mensonger que ce langage : naïf pour
ceux des frères₊*₊ qui ne sont pas dans le secret de
la vraie maçonnerie; mensonger pour les chefs
qui la mènent. La vérité est que, dès que l'on a
eu la pensée de chercher les causes profondes des
convulsions qui agitent le monde, surtout depuis
deux siècles environ, on a reconnu que les agitateurs de la civilisation chrétienne sont les disciples
de la Maçonnerie, dont l'œuvre essentielle est de

détruire le catholicisme. Le mot de Joseph de Maistre : « la Révolution est satanique » est le vrai mot du problème! La Révolution de 1848, si on la juge par les apparences, est d'une telle absurdité qu'on ne peut raisonnablement l'expliquer par les causes habituelles des révolutions. On aperçoit bien les raisons de la faiblesse de la Monarchie de Juillet : la haine des royalistes, la passion des républicains, le défaut de foi monarchique dans la masse de la nation; mais ces raisons préexistantes, et qui d'ailleurs apparaissent comme très affaiblies depuis l'an 1840, n'expliquent pas ce mouvement, sans cause explicable et inattendu, qui amena la chute du trône de Juillet. Au contraire, on se rend compte de ce résultat de l'agitation, insignifiante en apparence, de banquets provoqués on ne sait trop par qui ni comment! lorsqu'on aperçoit comme instigateurs, et enfin bénéficiaires de cette agitation, les rédacteurs principaux des journaux libéraux et anti-catholiques d'alors, comme *le National*, des chefs de combat comme Louis Blanc et Ledru-Rollin, et d'autres personnages encore qui tous appartenaient à la franc-maçonnerie.

Il y a un côté burlesque dans cet événement, dont les effets furent disproportionnés, quand on en considère la cause. Cette bourgeoisie qui détruit son œuvre propre, et qui abolit son règne, cette Chambre de députés, qui, sans mandat, prononce la déchéance de la famille royale, cette Garde nationale qui renverse l'ordre établi pour le soutien duquel elle est faite, et qui, gardienne de ses droits particuliers et de ses intérêts propres, s'amuse à les abolir; cette nation qui assiste impassible à l'événement, et qui, une fois l'événement passé, se met à applaudir! Toute cette fantasmagorie ne s'explique que par des causes inaperçues. Et ces causes, on les connaît maintenant. On se rend compte de la puissance mais surtout de la prodigieuse et secrète organisation créée en vue de la ruine de l'Église catholique et qui s'appelle la franc-maçonnerie.

Cette révolution que rien n'expliquait apparut en province comme un coup de foudre; mais elle ne provoqua aucun mouvement passionné au premier abord. Ce fut de l'étonnement et, presqu'aussitôt après, une sorte de contentement; le peuple prit la chose avec gaieté; le clergé était plutôt satisfait, et la bourgeoisie, qui pourtant y perdait son règne, n'en témoigna ni joie ni peine. Mais, après le premier moment de surprise ou de stupéfaction passé, les partis ne tardèrent pas à chercher à tirer profit de l'événement.

Ce fut une des circonstances qui se sont multipliées depuis cent cinquante ans, dans lesquelles on peut voir que ce qu'on appelle l'Autorité *supérieure* n'existe plus en France. Elle est remplacée par des Pouvoirs nés de la force ou du hasard. Et comme elle est née des événements, elle est à leur merci. Elle repose sur ce qu'il y a de plus factice et de plus mensonger au monde, c'est-à-dire sur le prétendu consentement populaire. Et cette fois la fiction fut poussée jusqu'à sa limite extrême, puisque les promoteurs ou les profiteurs du mouvement révolutionnaire imaginèrent de lui donner la consécration du suffrage universel.

A l'origine de la Grande Révolution, c'est-à-dire en 1789, se trouve l'idée non pas encore du suffrage universel, mais, du moins, en principe, l'idée de la représentation nationale, substituée à l'autorité royale dans le gouvernement de la nation. Ce fut le principe de l'autorité du peuple substituée à l'autorité du Roi qui prédomina; et, à partir de 1790, le suffrage populaire fut substitué en principe à l'autorité royale. Or, — j'en ai fait la démonstration par les textes et par les documents historiques, — jamais, excepté peut-être en 1848 et en 1871, le suffrage populaire n'a été sérieusement mis en œuvre. J'ajoute, aujourd'hui éclairé par les événements et par l'expérience que j'en ai faite depuis soixante ans, j'ajoute que le suffrage universel est impropre à l'œuvre qu'on lui impose, c'est-à-dire à gouverner la nation.

L'agitation populaire qui aboutit aux banquets, et, au sortir des banquets, à la révolution de février (27 et 28) était née on ne sait d'où ni pourquoi. L'agitation des bacheliers d'État qui prétendaient devenir électeurs comme les censitaires à 200 francs, n'avait ni profondeur ni raison sérieuse, qu'on ne pût satisfaire aisément; cette agitation avait pu être favorisée par les éléments révolutionnaires rattachés à l'idée républicaine et aussi par les menées, bien peu sérieuses d'ailleurs, du parti légitimiste; mais elle n'était l'œuvre ni des partis d'opposition ni du peuple lui-même. C'est dans les loges maçonniques que se trouve le ferment de cette révolution sans cause apparente et réelle. Cette origine de la Révolution de 1848, la vraie, transparaît dans le personnel même du gouvernement qui sortit spontanément de cette agitation, en elle-même puérile, des banquets de la Réforme. Tandis que les naïfs banqueteurs réclamaient l'adjonction des capacités à la liste des électeurs, les Loges maçonniques préparaient déjà le régime nouveau et organisaient le gouvernement.

Tandis que la Garde nationale de Paris, se suicidant, luttait dans les rues contre l'armée, soutien de son propre régime, les Loges envoyaient leurs représentants à l'Hôtel de ville et constituaient le gouvernement. En tête de ce gouvernement : Lamartine, Ledru-Rollin, Marie, Armand Marrast, Louis Blanc et l'ouvrier Albert, tous francs-maçons, sauf Lamartine. Tandis que le gouvernement se constituait en vertu de l'autorité qu'il s'attribuait à lui-même — ils étaient réunis dans une salle de l'Hôtel de ville — on vit tout à coup la porte s'entr'ouvrir et un personnage, qui n'avait point été convoqué, s'introduisit et dit : « Vous constituez le gouvernement. Je n'ai point été convoqué, mais j'en suis ; » et il s'assit prestement en prenant place au conseil. C'était Crémieux, l'avocat et le juif. Et il fut admis (1). Et cet incident est, à lui seul, toute notre histoire depuis cent ans.

Le gouvernement provisoire se composait de Dupont (de l'Eure), Lamartine, A. Crémieux, Arago, Ledru-Rollin, Marie, Garnier-Pagès, Armand Marrast, Louis Blanc, Ferdinand Flocon, Albert (ouvrier).

En province, un M. Avril débarque à Caen ; il se présente à la préfecture, où siégeait alors M. Édouard Bocher. Il montre son papier. M. Bocher se lève. M. Avril prend sa place. C'est tout. Voilà le gouvernement installé dans la province.

---

(1) C'est M. Alexandre Rey, alors rédacteur du *National*, intronisé secrétaire de ce Conseil improvisé, qui m'a raconté cette anecdote.

Telle est l'origine de l'autorité? Oui, en apparence, mais il faut savoir que ces personnages fantoches étaient les envoyés des Loges maçonniques, et que l'autorité réelle était *là*.

Cette Révolution de 1848, considérée en elle-même et isolément, ressemble à un jeu d'enfants qui s'amuseraient à démolir un édifice de sable. Mais, en réalité, elle fut l'expression d'un état social très caractérisé, non point spontané, mais au contraire préparé par un passé déjà lointain, une explosion nouvelle d'un feu qui couve depuis longtemps, comme une lave qui remue la terre de France, et qui s'échappe à certains intervalles en éruptions dévastatrices.

Les principaux personnages qui furent mis en relief alors et qui jouèrent les premiers rôles sont à cet égard des personnages représentatifs.

Les changements dans l'ordre social qui s'étaient déjà manifestés à la fin de la première Révolution, la Grande, et que Babeuf avait essayé de réaliser, avaient été préconisés de nouveau sous d'autres formes, à la suite de la Révolution de 1830. Les prédications quasi mystiques des Saint-Simoniens avaient été suivies d'enseignements plus pratiques, dont les Proudhon et les Louis Blanc étaient les apôtres. Et cet ordre de faits sociaux était la mise en œuvre des théories sociales renfermées, en principe, dans les conceptions philosophiques du siècle précédent, origine de la Révolution française. Ces idées avaient repris faveur sous l'influence révolutionnaire du Régime de Juillet. Elles eurent leur part d'influence dans le mouvement révolutionnaire de 1848; et elles furent représentées, dans le Régime nouvellement établi, par Louis Blanc. En même temps, l'ouvrier Albert représentait l'avènement du quatrième état dans le gouvernement.

Lamartine — on ne peut s'empêcher de déplorer que ce merveilleux poète, enchanteur de tant de générations, ait été mêlé à cette aventure — y figurait en sa qualité d'historien des Girondins. Il avait, avec ce libelle romantique, réveillé des ardeurs que l'on avait crues éteintes. Et sa mémoire porte la charge de sa responsabilité dans cette révolution (1).

Les erreurs d'esprit, produit d'une presse philosophique, l'ambition de jouer un rôle et de s'élever au-dessus des autres, la poussée démocratique suscitée par les idées d'égalité et encouragée par les courtisans du peuple, une sorte de frénésie de pouvoir qui se couvre de l'amour du peuple, ce fond de prurit révolutionnaire qui agitait la nation tout entière, tous ces ferments de guerre sociale eurent leur part dans cette ridicule révolution de 1848; et ce fut un avocat, Ledru-Rollin, qui se trouva à point pour personnifier ces ardeurs populaires. Mais les fantaisies de l'esprit, les rêveries de l'âme populaire, les vœux secrets de chercheurs d'aventures, eurent leur représentant dans George Sand, qui fut à la fois l'inspiratrice de Ledru-Rollin et l'expression des sentiments imprécis et déchaînés de la foule. Ce nom, si populaire alors, mêlait aux événements du jour une note de poésie, dans un temps où les âmes étaient encore toutes pleines

----

(1) M. Henry Cochin, représentant de Dunkerque, a laissé entendre que Lamartine avait pris part à la Révolution de 1848, comme une revanche de 1830. Et cela est possible en effet, pour qui a connu les sentiments des royalistes de ce temps-là.

des sentiments romanesques qui avaient inspiré, dans la première partie du siècle, tant d'œuvres populaires.

Sans que cela eût été prémédité par les premiers émeutiers un peu ridicules des journées qui précédèrent et qui accomplirent sans le savoir et sans le vouloir la révolution de Février, il se trouva un groupe d'hommes inconsidérés, étourdis et férus des principes révolutionnaires qui, profitant de l'œuvre commencée, conçurent le dessein de réaliser enfin effectivement la fameuse formule : Liberté, Egalité, Fraternité.

Ledru-Rollin, qui fait figure d'un avocat turbulent, et la nymphe Égérie George Sand, esprit troublé par la vanité féminine et par l'orgueil d'écrivain à succès, se trouvaient investis d'un rôle ; et, sans trop le savoir, ce rôle ils l'ont rempli. Ils furent au fond les artisans de l'œuvre consacrée selon la formule devenue comme l'évangile de l'esprit nouveau issu de la Révolution, « liberté, égalité, fraternité ». Mais, pour en arriver à leurs fins, ils ont achevé l'œuvre déjà commencée par la philosophie du dix-huitième siècle et par la Révolution de 1789. Et cette œuvre était la contradiction imposée par l'esprit révolutionnaire et démocratique à la nature de l'esprit français et à la tradition fondée sur cet esprit particulier. La France, c'est Napoléon qui l'a dit, est délicate et vaine : elle est sensible à la gloire, à l'honneur et à la beauté. Elle est glorieuse et égalitaire, et surtout divisée contre elle-même à l'infini, et en cela particulièrement gauloise.

L'Évangile chrétien, qui fut dès l'origine et qui est resté sa règle de discipline morale, avait

assoupli cette âme ardente, noble et quelque peu
farouche.

La philosophie du dix-huitième siècle, dont les
principes n'étaient au fond que ceux de la franc-
maçonnerie, en lui faisant perdre les bienfaits de
cette discipline morale, ne les a pas remplacés.
Elle a simplement libéré l'âme française des freins
qu'elle tenait de sa nature propre et de l'Évangile.
Autrement dit, elle a livré l'âme française à la
bête qui, comme partout, était en elle. Car
l'homme est ainsi fait !

La liberté sans frein est une contradiction
absolue de l'ordre social, et l'ordre est une fatalité
de nature ; l'égalité n'existe pas en fait, puisque
les hommes diffèrent entre eux et par les moyens
physiques et par les qualités morales, d'où résul-
tent fatalement des degrés dans l'échelle sociale ;
la fraternité est un fait d'ordre naturel mais qui ne
peut se réaliser que si la charité, c'est-à-dire une
vertu, s'en mêle. Baser une constitution politique
et une organisation sociale sur cette triple erreur
essentielle, « la liberté, l'égalité et la fraternité, »
c'était défier le bon sens et se mettre en contradiction avec la nature des choses ; et cet édifice artifi-
ciel ne pouvait tenir que parce qu'il se rattachait
encore aux traditions du passé. C'est grâce à ces
traditions, et aux forces vitales qu'elle trouve dans
le catholicisme, que la France peut survivre au
virus révolutionnaire qu'elle a, à diverses reprises,
absorbé.

Les révolutionnaires de 1848, y compris George
Sand, étaient surtout des étourneaux, sauf ceux
d'entre eux qui, étant francs-maçons, savaient
bien ce qu'ils voulaient, et qu'ils étaient les

ouvriers de l'œuvre diabolique. Et c'est parce que les autres étaient des étourneaux, qu'ils ont introduit dans les institutions françaises le suffrage universel.

Tout dans ce monde a sa loi, autrement tout se range sous une loi fatale, laquelle dérive de la nature des choses. Les sociétés humaines, les peuples ont leurs lois, comme la famille, comme l'homme isolé. Il faut aux sociétés une autorité, comme à la famille un chef. Cette autorité, qui la constitue et lui donne le pouvoir d'agir? Tout ce qu'on sait à cet égard est que, à l'origine de toutes les civilisations, ou des nations qui ont formé les civilisations, on trouve un principe supérieur, d'où dérive toute autorité sociale. On est donc en droit de conclure, de là, que l'autorité est un principe supérieur, se confondant avec la nature des choses, une nécessité sociale, aussi certaine que l'est la vie même.

Dans les premiers temps qui suivirent la révolte du 24 février et la proclamation de la République, il y eut à Paris une sorte de renversement de tout ordre et de toute règle. Un homme s'était fait connaître comme un de ces favoris des foules, qui acquièrent on ne sait comment une sorte d'autorité dans les temps de troubles civils. C'était Caussidière. Le gouvernement songea à utiliser la popularité de ce personnage pour tenter de remettre un peu d'ordre dans la ville. Caussidière obtint en effet une apparence, tout au moins, d'ordre dans les rues, mais il ne songea même pas à remettre un peu d'ordre dans les esprits. Et là, à Paris, le trouble allait jusqu'à l'entière subversion. Une ville comme Paris, en temps de révolution, ressemble à un vase plein et que l'on renverserait. Les dépôts formés de mille ingrédients innommables se déversent dans le liquide et le troublent. Ainsi la ville en révolte voit-elle surgir, des bas-fonds sociaux, toutes les malpropretés que la civilisation tout ensemble engendre et recouvre. Ce fut une propagation sans retenue ni réserve d'immondices d'ordre moral dans une certaine presse et plus encore dans les théâtres, même dans quelques-uns d'un ordre assez relevé, tels que le Vaudeville, par exemple, qui était alors établi sur la place de la Bourse. J'ai entendu raconter par Émile Augier qu'il avait, dans un autre théâtre, assisté à un spectacle dont il est tout à fait impossible de rappeler les détails. Cette société se montrait en déshabillé.

Avec l'Assemblée nationale, quand elle fut réunie, l'ordre et la décence se rétablirent partout.

Toute société a besoin d'ordre; mais cet ordre, qui l'établira? Quel sera le représentant de ce principe, d'où sortira-t-il et qui le désignera pour remplir sa fonction? Une circonstance de fait, ni calculée ni prévue à l'avance, désigne ce représentant. C'est Minos, c'est Romulus, c'est Clovis, c'est Charlemagne...

Qui les a nommés? Personne et tout le monde. La France, la race privilégiée dont on a pu dire qu'elle est le bras droit de la Providence, *Gesta Dei per Francos*, avait eu la bonne fortune de rencontrer à son berceau l'autorité, dans la personne d'une race royale, et la sagesse de la maintenir sous la forme de l'hérédité; sagesse ou bonne fortune, elle a perdu ces titres. Pire encore! elle les a répudiés. Elle subsiste néanmoins;

comme en souffrance et haletante, il lui faut une
autorité pour vivre. Elle la cherche depuis plus
d'un siècle : elle ne l'a pas trouvée dans une
dynastie créée par la victoire et disparue avec nos
défaites; elle ne l'a pas trouvée dans une représentation nationale émanée de censitaires, c'est-à-
dire de la propriété du sol. Et, à la suite de ces
tentatives avortées, des esprits débridés, des âmes
généreuses, dans un prurit d'idéal, dans une mêlée
d'appétits très matériels et de brutalité égalitaire,
l'entraînant tous ensemble tumultueusement, récla-
mèrent et proclamèrent le suffrage universel.

Ce fut un déchaînement de générosité et de justice égalitaire. On retrouve là cette race française
idéaliste, généreuse et folle. « Pensez ce que vous
voudrez du suffrage universel... Je ne le défends
pas. Je trouverais la tâche trop difficile... (1). »
L'évêque de Montauban parlait discrètement, mais
il en a dit assez pour qu'on puisse penser qu'il n'a
qu'une médiocre opinion du suffrage universel.
Eh bien! ce fut une erreur commune; et nous
y avons tous cru. Le suffrage universel direct,
appliqué à la constitution et à la formation du
gouvernement, est une de ces chimères et de ces
utopies qui peuvent séduire, et qui ont séduit les
âmes généreuses, mais qui constituent un mal de
mort pour les peuples qui l'adoptent comme fondement de leur droit public et de leur gouvernement. On le juge aujourd'hui sur les résultats qu'il
produit, sur ceux dont il nous menace; mais il est
vrai que les erreurs répandues au sujet du gou-

---

(1) Paroles de Mgr Marty, évêque de Montauban, dans une
réunion de l'Union catholique de son diocèse, le 31 mars 1912.
(*Univers* du 11 avril 1912.)

vernement des peuples sont si générales et si accréditées par les événements qui entraînent toute l'Europe vers on ne sait quel effondrement, que tout le monde a cru que le suffrage universel direct pouvait et devait être la base légitime du gouvernement. Et la vérité est, elle est devenue effrayante de réalité.

La vérité est que le suffrage universel direct, non seulement ne peut être la base d'un gouvernement, mais qu'il en est le renversement ou, si l'on veut, la contradiction. Ce système implique la loi des majorités numériques : or la majorité numérique, dans le système du suffrage universel, est aveugle, ignorante, impropre de tout point à gouverner ou, ce qui revient au même, à désigner des gouvernants. Le suffrage universel direct ne peut ni connaître ni discerner les intérêts généraux de l'État; il ne peut pas connaître davantage, chez les candidats offerts à ses suffrages, les qualités qui les recommandent. Bref, il ne sait rien de ce qu'on lui demande, et j'ajoute qu'il ne s'en soucie nullement. Non pas que le Français ne soit patriote : il s'intéresse de loin à la chose publique, mais ce n'est pas son affaire de discerner ni de juger ce qui lui convient. Il n'a même pas, au fond, le goût de s'y appliquer. Certes il est patriote et il tient à sa cocarde, mais ne lui demandez pas de s'occuper continuellement de la politique. Il a autre chose à faire, ses affaires d'abord et surtout ses plaisirs. Les Français sont ainsi faits. Ils n'aiment pas qu'on les dérange. Quand il le faut, ils sont capables d'héroïsme civique pour des affaires que, d'ailleurs, avec leur finesse un peu narquoise, ils ne distinguent pas très bien. Et puis... après tout, qu'on les laisse tranquilles! Ils sont ainsi faits.

Et ce peuple bon enfant, amoureux de ses loisirs, capable d'un effort pour un jour, mais impatient de tout joug, même de celui des lois et du civisme, impropre à ratiociner sur les systèmes et sur les mœurs; ce peuple capable de tout héroïsme et de supériorité en toute chose, n'ayez pas le fol espoir d'en faire un peuple législateur. Dites aussi que c'est un peuple trop disposé à subir le despotisme d'autrui, parce que cela le dispense de se gouverner lui-même. Oui.

Les sociétés humaines ont à toutes les époques subi la loi de la hiérarchie, condition de vie pour elles. Les races civilisées qui ont peuplé l'Asie Mineure, l'Égypte et la Grèce, et un peu plus tard l'Italie, ont peu à peu imaginé des formes de gouvernement en rapport avec leurs émancipations successives. Lorsque cette émancipation dépasse la juste mesure comme en Grèce, la Grèce en est morte, et Rome n'a échappé au même sort qu'en reconstituant et en subissant le joug d'une autorité dominante, celle des Césars à laquelle les Romains et plus généralement les Latins avaient attribué une attache divine : Divus Augustus. Ce trait du divin attaché à l'autorité est la marque de ce tempérament civilisateur au premier chef qui caractérise le peuple romain, et aussi la race latine. Les rois carlovingiens et les rois capétiens après eux avaient trouvé dans la Gaule et dans la civilisation gallo-romaine le germe et la forme de l'autorité dont la conquête les avait investis. De ces éléments multiples et divers : la force matérielle et morale des envahisseurs, la civilisation gallo-romaine et la puissance morale des évêques, est sortie la nation généreuse, forte, capable enfin de remplir sa destinée : la France.

Dans son organisation hiérarchisée, le principe d'une représentation nationale eut toujours sa place : place restreinte d'abord, à peine aperçue, difficilement maintenue, mais toujours revendiquée jusqu'à ce qu'elle trouvât sa formule dans l'organisation des Communes et dans la formation des États généraux. La race gallo-romaine avait absorbé l'invasion des Francs et de beaucoup d'autres Germains; mais elle en triompha en fin de compte; et la France sortit de ce creuset, alimenté par tant de métaux d'origine et de natures diverses, en un acier brillant et souple, fort et résistant.

Les divers éléments de cette race qui s'est appelée la France n'ont jamais été absorbés complètement jusqu'au point de disparaître. Nos Rois en ont fait une patrie, avec ses communes, ses cités, ses villes, ses parlements et les divers ordres de citoyens. Ils instituèrent même le régime représentatif, sous la forme des États généraux. Les Français n'ont jamais subi la honte d'un troupeau sous la houlette d'un maître. Ce fut une faute inexplicable et funeste de la Royauté de n'avoir pas convoqué les États généraux depuis 1614 jusqu'à 1789. A cette dernière date, il était trop tard !

Le moule dans lequel la France a été formée et dans lequel elle a, pendant près de dix siècles, grandi et vécu, a été brisé en 1789, et ses débris dispersés n'ont pas encore été réunis dans une forme nouvelle définitive.

Mais, de même qu'aux jours de sa formation, mais par des procédés nouveaux, sa volonté aura sa part dans sa reconstitution future et peut-être prochaine. Déjà son assentiment a été nécessaire, et il s'est manifesté dans les moments de crise aiguë comme en 1789, en 1848 et en 1871. Dans ces circonstances épiques, la consultation de la nation, sous la forme du suffrage universel, peut avoir sa raison d'être et son efficacité. Mais lorsqu'après ces crises traversées, la nation a repris le cours de ses destinées, confier son sort et sa direction au suffrage universel est pure folie. C'est un sourd ou un aveugle abandonné à lui-même sur les grands chemins.

Les convulsions intestines qui bouleversent la France depuis 1789, et celle qu'elle venait de subir en 1848, attestent l'état de désorganisation dans lequel elle se trouve et dans lequel elle est maintenue. Et, pour expliquer cet état d'anarchie qui ne tend à rien moins qu'à sa ruine, il faudra en chercher la cause secrète, bien étrangère à sa volonté. Et cette cause, on la trouve, on commence seulement à la discerner et à la reconnaître dans la franc-maçonnerie, laquelle n'est elle-même que l'instrument inconscient de la Juiverie. Pourquoi la Juiverie intervient-elle dans un ordre de faits qui lui semble étranger? Ce problème et sa solution sortent du cadre du tableau que je me propose uniquement de tracer : le tableau des événements dont j'ai été le témoin. Dans la série de ces événements, et dans la recherche de leurs causes, j'ai rencontré l'action politique et sociale de la secte franc-maçonnique, laquelle est l'organe actif de la Juiverie. Je n'ai aperçu cela que très tard, mais je l'ai vu, et je le dis.

Que la nation se trouve naturellement appelée

à se prononcer dans les grandes crises nationales, cela se comprend, et cela se doit : mais la mettre quotidiennement en jeu dans le gouvernement, cela est fou et contraire au bon sens. La raison en est simple : c'est que le suffrage universel, c'est-à-dire la population dans tous ses éléments, est dans l'impossibilité radicale de juger et de traiter les questions que soulève le gouvernement normal et régulier de la nation. Le gouvernement populaire appliqué à la conduite ordinaire des affaires publiques est un régime de primaires ; et il représente une nation qui marcherait les pieds en l'air et la tête en bas.

La Révolution de 1848 fut un des actes chaotiques qui se produisent en France, depuis qu'en 1789 elle a brisé la forme gouvernementale dans laquelle elle avait grandi et vécu. La France n'a pas pu, jusqu'à présent, reconstituer le moule nouveau dans lequel elle doit poursuivre sa destinée.

En introduisant le suffrage universel dans le moule politique que les révolutionnaires de l'époque avaient imaginé, on n'a réussi qu'à rendre la situation plus difficile et inextricable. Cette impossibilité de vivre est rendue plus sensible encore sous le régime républicain et démocratique, vers lequel la France a successivement et peu à peu dérivé. Il y eut à Rome un très grand Roi, du nom de Servius Tullius, qui sut résoudre le problème : il y mit l'esprit politique et le sens juridique qui caractérisent la race latine. Ce ne fut que six cents ans après, période pendant laquelle la République avait vécu sous la forme patricienne, ce fut alors que la démocratie romaine aboutit à son vrai destin qui est le césarisme : la puissance sans limite de la multitude, résumée dans la main d'un homme qui s'appellera César et Octave.

Le cens électoral de 400 francs sous la Restauration, et de 200 francs sous le gouvernement de Juillet, réclamé en 1848 par les capacités, c'est-à-dire par la bourgeoisie pourvue de diplômes universitaires, avait été emporté comme un obstacle fragile par le souffle en tempête de 1848. Et la nation l'acclama elle-même comme un exutoire à ses maux, un peu, à vrai dire, imaginaires.

D'un côté les prédications empiriques des novateurs comme les Saint-Simoniens, les revendications populaires suscitées par les socialistes en renom avaient semé le levain des révoltes et des révolutions. Et, d'autre part, les prédications des novateurs en fait d'organisation sociale, les emprises de l'Université sur l'âme nationale, les résistances que d'ardents apôtres suscitaient contre l'œuvre universitaire sur l'âme française ; les attaques dirigées contre l'Église, cet ensemble de résistances et de mécontentements fut le levain qui souleva toutes les âmes dans ce temps-là.

Tandis que la presse et les réunions populaires faisaient rage, des manifestations bruyantes de l'esprit populaire se produisaient de toutes parts.

Mais si l'on veut avoir une idée exacte de la Révolution de 1848, il faut dire que le fait insurrectionel des journées de Février, qui donna lieu au renversement du trône et à l'abolition de la charte de 1830, fut ignoré en province. Imprévu, et en quelque sorte accidentel, le fait initial déchaîna tout un ordre de faits nouveaux ; mais ces nouveautés n'étaient pas entrées dans les prévisions des étourneaux qui accomplirent en 1848 l'acte du renversement du trône et de l'ordre de choses établi.

Les derniers temps de ce régime, depuis 1840 environ, avaient au contraire donné l'illusion d'un apaisement de l'esprit révolutionnaire ; il semblait que les partis avaient abdiqué. Mais il suffit d'une étincelle pour rallumer un incendie mal éteint. On put juger alors que les causes de trouble intérieur qui agitaient le pays depuis près de cent ans persistaient sous la couche d'un calme apparent, et qu'elles se réveillèrent plus violentes que jamais. D'une part, les prédicateurs socialistes avaient fait parmi la classe ouvrière des prosélytes que l'on ne soupçonnait pas ; d'autre part, le parti royaliste, soulevé par esprit de vengeance contre le trône de Juillet, reprit confiance. Il crut qu'il pourrait trouver un regain de popularité dans la nation, fatiguée de révolutions, et en qui la foi monarchique n'était pas tout à fait morte. Le clergé catholique enfin se mêla au mouvement qui s'emparait alors des âmes, et, avec un élan sincère, il sut enrôler les masses populaires dans une sorte de croisade à l'intérieur, pour Dieu et pour l'Église.

Le mouvement politique imprimé au corps social par les révolutionnaires de Paris prit ainsi et tout d'abord l'apparence d'un mouvement religieux. On vit alors le clergé des villes, revêtu du costume ecclésiastique, parcourir les rues en processions d'un caractère politico-religieux, et se prêter à la cérémonie de plantation et de bénédiction des arbres de la Liberté. Il bénissait ces arbres et il donnait ainsi publiquement la consécration de l'Église à la Révolution de 1848. Mouvement socialiste, mouvement politique, mouvement religieux, toutes les idées, tous les intérêts qui agitaient la France se trouvèrent remis en question; et, cette fois encore, l'énigme révolutionnaire se trouva posée devant le pays.

Cet état des esprits donna lieu aux manifestations qui en sont l'accompagnement nécessaire. Clubs ouverts, réunions publiques, banquets patriotiques, chants populaires, la *Marseillaise* et le *Chant du Départ*, les drapeaux développés en tête de groupes de citoyens en promenade à travers les rues, etc... Rien n'y manqua. Il n'y manqua pas même *la grande peur* de 1789. Un certain jour, on apprit que des brigands parcouraient les campagnes, pillant, saccageant, incendiant moissons et maisons. Qui? Quoi? Où? Comment? On ne savait pas au juste; mais des émissaires effarés portaient partout la nouvelle, et, partout dans les campagnes, dans les villages et jusque dans les villes, on entendait le tambour; les gardes nationaux se réunissaient, et en grande hâte on se rendait ici et là, à la poursuite des brigands. Cela dura deux jours, et de brigands, on n'en vit nulle part. Je le sais, j'y étais, étant enrôlé dans la garde nationale de Caen, qui avait été reconstituée et qui fonctionnait avec la plus rigoureuse discipline militaire.

La révolte du 24 février 1848, qui avait été soulevée par le parti révolutionnaire du *National*, fut en quelque manière un signal de déclanchement général. Les partisans des diverses factions politiques ou sociales avaient poursuivi leurs trames secrètes à la faveur des régimes constitutionnels divers qui s'étaient succédé depuis 1789; ils crurent le moment venu de faire prévaloir leurs desseins.

Le monde religieux mis en mouvement par la querelle universitaire s'agitait et reprenait courage ; le parti légitimiste, tout d'abord en joie de la revanche de 1848 contre 1830, se reprit à l'espérance ; d'autre part, et même après les premiers moments d'amertume causés par la catastrophe de Février, l'idée d'une revanche de l'idée monarchique, fût-ce au profit de la branche aînée des Bourbons, représentée par le comte de Chambord, était acceptée par un grand nombre d'Orléanistes ; l'espoir d'une Restauration intégrale de l'idée monarchique fut accueilli et adopté par un grand nombre d'anciens partisans de la maison d'Orléans. Et c'est alors que les projets de *fusion* furent mis en avant par des partisans sincères et passionnés de la monarchie. Et en même temps, il parut que la révolution de Février avait été le signal du triomphe du quatrième état, du monde ouvrier, travaillé depuis plusieurs années déjà, et soulevé par les prédications des socialistes populaires, tels que Proudhon et Louis Blanc, et par les agitateurs en renom, tels que Barbès, Blanqui, Caussidière et d'autres encore dont l'*Histoire*, comme a dit Victor Hugo, en parlant de Dupin, le président de l'Assemblée nationale, dont l'*Histoire a perdu le nom*.

Le fait minuscule du 24 février disparaissait au milieu de ce grand mouvement de l'esprit, ou, si l'on veut, des passions diverses qui s'agitaient au fond de l'âme nationale. Il en résultait qu'à l'heure où le gouvernement improvisé à l'Hôtel de ville de Paris, dans la journée du 24 février, décréta le suffrage universel et la réunion d'une Assemblée constituante, la petite querelle de la Garde nationale de Paris contre M. Guizot et par répercussion contre le roi Louis-Philippe était oubliée et s'était fondue dans un vaste mouvement, de nature révolutionnaire si l'on veut, mais qui n'était qu'une édition nouvelle des agitations intestines qui remuaient la France depuis près de soixante ans. Après le premier moment de surprise, désespoir des uns, joie des autres, revanche et cruel retour des choses, la France se retrouverait comme elle avait été en 1789, en face d'un ordre de choses détruit et en demeure d'en organiser un nouveau.

Il ne fut pas plus difficile aux aventuriers de 1848 de décréter le suffrage universel et de proclamer la République, qu'il ne l'avait été aux constituants improvisés et sans mandat de 1789 de décréter la ruine de l'ancien Régime dans la nuit du 4 août. Tout s'arrangerait le lendemain! Et voici cent cinquante ans que ce lendemain dure, et que rien n'est arrangé! Et la France se trouve encore aujourd'hui au même point où elle était en février 1848, dans les douleurs et dans les angoisses de l'enfantement!

Mais alors, le lendemain du 24 février 1848, on était tout à la joie, ou du moins à l'espérance! Les sectaires de la révolution sociale, les royalistes, les catholiques se livraient à toutes les ardeurs d'une foi ardente et aux joies anticipées de l'espérance. Ce fut dans cet état d'esprit que la France, en possession du suffrage universel, composa la Constituante de 1848. Et comme il est arrivé toujours, quand le pays a été appelé à se prononcer dans sa liberté sur ses destinées, il voit juste et il va droit au but. Il désigna, pour le règlement de ses affaires, les meilleurs et les plus dignes. La Constituante de 1848 fut élue dans cet esprit.

La composition même du Gouvernement provisoire indiquait qu'il était sorti d'une poussée populaire. L'élément socialiste y tenait une place excessive, par rapport au nombre des sectaires socialistes qui avaient contribué à la victoire des journées |de Février. Au milieu de la population parisienne un peu ébahie du mouvement qu'elle avait déchaîné, l'élément socialiste, de formation assez récente, se montra d'autant plus exalté qu'il avait recueilli à peu près tous les avantages de cette aventure. Il se persuadait volontiers que c'était son avènement qui avait été l'enjeu et le fruit de la Révolution. De là, des manifestations multiples et enflammées, auxquelles Lamartine, improvisé orateur comme il était poète, eut à faire face, et qu'il bravait d'ailleurs avec courage et avec des dons d'orateur admirables.

Pendant plusieurs semaines, après le 24 février, la société française fut comme débridée. Les autorités constituées fonctionnaient à peu près, mais l'autorité effective était transportée dans la rue, sous le nom d'un certain Caussidière, qui, selon son dire, faisait de *l'ordre* avec le *désordre*. Et, de fait, ce révolutionnaire travesti en homme d'ordre fut utile à cette heure. Aussi bien, par une sorte de consentement général, l'ordre public était maintenu. La Garde nationale fut partout, non rétablie, car elle n'avait pas cessé d'exister, mais réformée, et fonctionna militairement, en même temps qu'elle se vit partout renforcée de recrues nouvelles. Tout le monde fut porté de cœur à s'associer au mouvement général. Il y eut comme une sorte de renouveau national. Le parti qui avait triomphé en 1830, qui d'ailleurs représentait plutôt des intérêts que des idées politiques, avait disparu, ou se tenait coi ; le parti bonapartiste n'apparaissait pas encore ; et d'ailleurs il ne s'était pas reconstitué depuis 1815 ; mais les partis monarchiques avaient repris confiance : ils se mêlaient au mouvement en vue de le diriger. D'autre part, la faction républicaine triomphait. Encore était-ce plus vrai à Paris que partout ailleurs. Car en province le parti républicain n'existait et ne se montrait guère. Il ne se constitua qu'aux approches des élections qui allaient s'ouvrir.

Le Gouvernement provisoire avait en effet décrété que les élections destinées à former une Assemblée constituante auraient lieu le 25 avril ; et c'est dans le décret de convocation qu'apparut, pour la première fois, le suffrage universel.

Art. 5. — Le suffrage sera direct et universel.

C'est dans ce mot sournois *direct* qu'était le venin.

Mais déjà, dès le lendemain de sa formation, c'est-à-dire dès le 26 février, le Gouvernement provisoire s'était trouvé aux prises avec des difficultés d'ordre matériel qu'il avait dû résoudre à l'improviste, au moyen de mesures dont il n'avait pas prévu les conséquences.

La Révolution du 24 février avait occasionné de grands troubles dans la vie intérieure du pays et de Paris principalement. Leur effet immédiat avait été de suspendre le travail sous toutes ses formes, et de là le chomage forcé et, après l'exaltation des troubles civils, le tumulte dans la rue, les chants, les cris, les ivresses de toute sorte, et, au bout, la misère et la faim.

Dès le 26 février, en face de ce danger et de cette angoisse de la misère, le Gouvernement institua

le régime des ateliers nationaux. Il se constituait
ainsi à l'état d'industriel public, chargé d'occuper
et de nourrir... quel nombre d'hommes, de femmes
et d'enfants? — Il ne le savait pas, ni ne pouvait le
prévoir. Ce n'était pas le citoyen Albert ou même
le grand poète Lamartine qui pouvait savoir ce que
deviendrait une vaste réunion d'hommes, ainsi
jetés en tas en dehors de leurs occupations journa-
lières, chargés de travaux pour lesquels ils n'étaient
pas faits !

Le Champ de Mars avait été transformé en un
vaste atelier. Il avait alors un aspect tout différent de ce qu'il est aujourd'hui; c'était un vaste
espace inculte entre l'École militaire et la Seine.
Au delà de la Seine, sur la rive droite, le Trocadéro, qui était alors une sorte de tertre abrupt
formé de rochers et d'un terrain en graviers. On y
donna à cette époque en spectacle aux Parisiens
une représentation d'un des épisodes de la guerre
d'Espagne en 1823 : la prise du Trocadéro, avec
jetée d'un pont sur la Seine et tous les accompa-
gnements d'une guerre régulière. Les travaux faits
dans ces terrains à l'époque de l'Exposition de
1878, la construction du palais de l'Exposition et
les transformations effectuées dans le Champ de
Mars par l'Exposition de 1889 ont complètement
changé l'aspect de cette région de Paris. En février 1848, cette région était inculte, et les travaux
qu'on y pouvait faire n'étaient que des travaux de
pure forme, des remuements de terres et de graviers sans utilité et sans objet. On espérait ainsi
tenir sous la main la population ouvrière, dé-
chaînée par les prédications socialistes et par la
faim.

En même temps, le Gouvernement provisoire avait décrété la réunion d'une Assemblée nationale, qui serait chargée de fonder les institutions nouvelles. La date en était fixée au 25 avril. Dès ce moment, il se fit un vif mouvement d'agitation dans le pays.

C'est un fait tout à fait digne d'attention que le mouvement insurrectionnel, qui avait abouti à la chute de la Monarchie de Juillet, n'eut aucun effet de conséquence ou d'autre sorte sur les élections générales. On eût dit une simple émeute qui aurait renversé un édifice sans base et sans solidité. Il nous semblait que le pays placé inopinément en face de ses destinées, s'occupait à peine de cet événement. On vit bien alors que cet édifice de 1830 n'avait vraiment aucune racine dans le pays. Il avait disparu d'hier, et déjà on n'y pensait plus. Aucun des personnages attachés à ce Régime n'eut l'idée de proposer de le relever ou n'osa le faire.

D'autre part, il n'y avait pas encore de parti bonapartiste dans le pays. La lutte allait donc s'établir entre républicains, royalistes légitimistes, catholiques et socialistes; encore, ces derniers, représentés par des personnages en renom, n'avaient-ils guère de clientèle proprement dite.

D'autre part, les royalistes, les anciens et les ralliés, formaient et fomentaient des projets de fusion entre les deux branches de Bourbons. J'ai pris note autrefois d'une conversation dans laquelle M. Thiers me raconta, à Versailles, les détails de ces négociations auxquelles lui-même s'était trouvé mêlé, et qui échouèrent par la volonté obstinée de la duchesse d'Orléans, Hélène, comme l'appelait le roi Louis-Philippe, lequel se prêtait de son côté à un rapprochement entre les deux branches de la maison royale de Bourbon. Au fond, les plaies ouvertes en juillet 1830 étaient encore trop vives; et, des deux parts, les partisans de la maison royale ne se souciaient guère d'une alliance. Mais cette visée d'une restauration avait ranimé dans les âmes des royalistes toute la ferveur de la passion politique, ravivée par les espérances que l'on pouvait concevoir après la longue attente des dix-huit années du Régime de Juillet. Tous ceux qui ont vécu dans cette fournaise des passions politiques d'alors ont pu connaître la violence et aussi la grandeur des sentiments de cet ordre qui animaient des âmes nobles et des cœurs patriotes. Un groupe de jeunes gens — c'est M. le vicomte de Saint-Pierre qui me l'a raconté, et il faisait partie de ce groupe — avaient résolu d'aller chercher le comte de Chambord, qui habitait alors Lucerne, en Suisse, à la frontière. Ils avaient formé un régiment d'hommes résolus; ils auraient ramené le Prince à travers la France et ils l'auraient rétabli sur son trône de Roi. La démarche fut faite près du Prince par quatre jeunes gens, parmi lesquels M. de Saint-Pierre lui-même. Le Prince refusa. Il avait peut-être raison, car, à la réflexion, c'était une aventure.

Pour la première fois depuis 1789, la France se trouvait libre, en ce sens qu'elle pouvait se prononcer sur sa propre destinée sans être opprimée par un acte violent et extérieur, ou sous le joug de circonstances étrangères à sa volonté. Il est inutile à cet égard de rappeler le servage révolutionnaire à dater de 1790, de l'Empire et même de 1830. En 1848 la France fut vraiment libre.

Pas tout à fait pourtant : en ce sens que sa volonté, faussée par une faute antérieure, ne put prévaloir contre les éléments révolutionnaires qui subsistaient en elle ; et, d'autre part, la scission du parti monarchiste persistait à produire ses effets. Non que les partisans de l'Orléanisme aient tenté alors de restaurer le trône de Juillet ; mais la plupart d'entre eux préférèrent joindre leur adhésion et par conséquent leurs votes à ceux des républicains, plutôt que de se joindre au parti royaliste et d'assurer sa victoire. J'en eus la preuve vivante à Caen, où M. Édouard Bocher, préfet du Calvados la veille, très aimé dans le pays normand, doué de tous les dons, affirma sa foi républicaine dans les clubs formés alors en vue des élections. Ce fait était significatif. Il n'était pas particulier à la ville de Caen. Il sembla partout que le parti orléaniste avait disparu du sol. Il ne se manifesta nullement. Mais, plutôt que de se joindre au parti monarchiste qui avait repris confiance dans cette circonstance, il s'unit avec le parti républicain ; il serait plus vrai encore de dire qu'il constitua le parti républicain en province, car jusqu'alors le parti républicain n'y existait pas, ou si peu qu'il ne comptait pas dans l'opinion générale.

En notant cette particularité de la Révolution de 1848, on comprend mieux ce qui se passa beaucoup plus tard à l'Assemblée nationale constituée en 1871, après la funeste guerre. A cette époque, le parti royaliste, représenté très sérieusement dans l'Assemblée nationale, put concevoir l'espérance de restaurer le trône au profit de M. le comte de Chambord, représentant légitime de la dynastie capétienne. Avec l'appoint des Orléanistes, une majorité dans ce sens pouvait se former dans l'Assemblée. Des espoirs et des tentatives de fusion se firent alors. Mais, à l'exception de M. le comte de Paris et de quelques-uns des Orléanistes de l'Assemblée nationale, le plus grand nombre de ces derniers ne se prêta jamais sincèrement à ces projets; et en définitive ce fut le parti orléaniste qui les fit échouer. C'est ainsi que, de même, en 1848, les candidats orléanistes qui se présentèrent aux élections et ceux qui furent élus se prononcèrent pour la République, et firent échouer les espérances d'une restauration monarchique, que l'on avait pu sérieusement concevoir à cette époque. Il y eut cependant quelques Orléanistes de la veille qui se rangèrent, avec sincérité, parmi les partisans d'une restauration monarchique, dans la personne de M. le comte de Chambord.

Revenons à 1848. Je fus témoin alors d'un conciliabule dans lequel se noua un accord de même genre, et il y en eut de pareils partout. C'était chez M. le comte de Bourmont, qui avait réuni à sa table d'anciens royalistes et des orléanistes avérés de la veille, sincères partisans d'une fusion. Parmi ces derniers se trouvait M. Coste, savant professeur à l'Institut de France, et qui avait eu des relations d'amitié avec M. Guizot. Il raconta à ce dîner que, au temps où il avait été question d'un mariage du comte de Chambord avec une princesse de Russie, il avait été envoyé à Vienne par M. Guizot, pour faire rompre ces projets de mariage et pour faire réussir d'autres projets d'une alliance avec une princesse de Modène, que l'on jugeait impropre à donner des enfants à son mari, quel qu'il fût. Il se rendit donc à Vienne, muni des ins-

tructions du roi-Louis Philippe et de Guizot; et
comme il était fort dévoué à la dynastie régnante
d'alors, il dirigea ses manœuvres dans le sens indi-
qué. Jusqu'à quel point contribua-t-il au résultat?
Je ne sais; toujours est-il que les projets d'alliance
avec la Russie furent rompus, et que le comte de
Chambord épousa la princesse que l'on savait ou
que l'on jugeait impropre à devenir mère.

A la fin du repas, Mme la comtesse de Bourmont chanta une chanson royaliste, et cela ne sur-
prit personne. Dans ce temps-là encore, on chantait à la fin des repas. Généralement on dînait à
midi ou à une heure. A la fin du repas, chaque
convive chantait sa chanson, ou sa romance, sans
musique bien entendu. La musique de salon, les
concerts même, n'étaient point de mode alors; et
on était plus gai dans ce temps-là qu'on ne l'est
depuis que la musique de salon est devenue de
mode. Les chansons de Béranger, les chansons à
boire étaient surtout en grande vogue; point ou
peu de romances, et tout cela sans musique. Mon
Dieu! ce n'était pas du Rossini ni du Wagner
(Dieu merci pour ce dernier), c'était du français
simplement, c'est-à-dire que c'était gai, animé,
amusant, et cela valait bien ce que l'on a appelé
depuis la musique de salon; MM. les jeunes Français d'aujourd'hui font les dégoûtés, et ils s'a-
musent en s'ennuyant. Grand bien leur fasse!
Chacun a sa manière. La manière qui consiste à
rire, à se divertir, à prendre la vie gaiement et
sans pose, n'est pas si sotte. C'était la manière de
ce temps-là.

Dans cette région de la Normandie comme dans
toutes les autres, il se produisit alors un très vif et

très sincère mouvement d'opinion. Les idées royalistes avaient repris faveur; et elles se manifestèrent très ouvertement, sans qu'elles suscitassent aucune réprobation. Mais, comme toujours, les occupants, c'est-à-dire les républicains avaient le succès pour eux, parce qu'ils étaient en place. De graves événements avaient d'ailleurs détourné l'attention du pays vers un fait immédiat et qui occasionna tout à la fois la consternation et la terreur dans la France entière, en même temps qu'un mouvement de solidarité patriotique, tel qu'on n'en vit jamais de pareil.

Les ateliers nationaux, créés le lendemain de la Révolution (le 26 février), n'avaient pas tardé à devenir ce qu'ils devaient être, le rendez-vous des agitateurs et des révolutionnaires de tous les coins de Paris, un lieu de concentration propice aux agitations populaires et aux prises d'armes des révoltés. La misère était grande aussi, parce que l'état de convulsion civique qui avait occasionné les journées de Février avait duré, en aggravant la situation générale par la suspension du travail et du mouvement normal des affaires. La population des faubourgs surtout, surexcitée par les prédications révolutionnaires, se trouvait en proie aux besoins les plus pressants; et elle allait devenir un instrument de révolte et de guerre entre les mains des meneurs, comme il s'en trouve toujours dans les temps de révolution. Autant d'étincelles de guerre; et la guerre civile éclata en effet, violente, générale, jusqu'au centre de Paris. Ce que fut cette guerre des rues jusqu'au centre de la ville, on ne peut se le figurer sans l'avoir vu.

La Garde nationale de Paris se conduisit héroïquement. Une troupe nouvellement créée sous le
nom de Garde mobile avait enrôlé la jeunesse de
quinze à vingt ans dont on pouvait craindre qu'elle
se joignît à l'émeute. Elle se montra au contraire
admirable de discipline et de vertu guerrière. La
troupe, de son côté, fit vaillamment son devoir,
conduite par des chefs dignes d'elle; les généraux
Bréa, Du Vivier, Négrier furent tués; — l'arche-
vêque de Paris, Mgr Affre, tomba sous les balles
des insurgés, sur la barricade où il était allé porter
des paroles de paix et de pardon.

On fit appel à la province, qui montra cette fois
qu'elle ne laisserait pas une poignée de bandits
terroriser et ensanglanter Paris et la France. Une
cohorte innombrable, formée des gardes nationaux
venus de tous les points de la France, se porta
d'un cœur et d'un élan unanimes à la défense de
Paris, c'est-à-dire, alors, de l'ordre et du droit. Et
ce fut un très noble spectacle.

L'élan vers l'héroïsme, la gaieté et l'entrain dans
le danger, la générosité dans le sacrifice, la belle
humeur, l'esprit de dévouement et de patriotisme,
toutes les nobles qualités de la race se montrèrent
dans cette circonstance. Le Paris révolutionnaire
sentit cette fois qu'il ne serait pas le maître. La
population bourgeoise, d'ailleurs, se montra en
accord avec la province, et elle se battit, comme
toujours, héroïquement. Ç'a été une grande faute
de l'Assemblée nationale de 1871 de supprimer la
Garde nationale.

Le Gouvernement, en présence d'une révolte qui
menaçait de devenir maîtresse, avait fait appel
à la nation et réclamé l'aide de la province. La

province répondit à cet appel; et on sait avec quel magnifique mouvement patriotique et national elle amena à Paris, de tous les coins de la France, des Gardes nationales plus ou moins exercées, dans des costumes et avec les équipements improvisés les plus extraordinaires, qui eussent provoqué le rire, si la grandeur de cet élan national au secours de la capitale n'avait dominé tous les étonnements et imposé le respect à ceux qui en étaient les témoins. J'y étais, étant venu avec la Garde nationale de Caen, dans les rangs de laquelle j'étais enrôlé.

Lorsque la guerre civile eut pris fin, le Goûvernement, représenté par l'Assemblée nationale qui, tout entière, était rangée sur les marches du Palais-Bourbon, nous passa en revue.

Ces masses de gardes nationaux venus de tous les coins de la France, avec des costumes divers, des uniformes variés, dont quelques-uns dataient de la première République, mal équipés, mal organisés, comme à la débandade, mais fiers et admirables après tout, ayant le sentiment du devoir civique vaillamment accompli, défilèrent fièrement devant cette Assemblée et se dispersèrent sur la place de la Concorde, pour retourner chacun dans leur région, avec le juste sentiment d'orgueil d'avoir été là.

La ville de Paris, dans la partie où avait sévi la guerre civile, présentait l'aspect d'une ville qui a subi les rigueurs d'un siège et d'un assaut. Depuis le Panthéon jusqu'à la place de la Bastille et tout le faubourg Saint-Antoine, ce n'était qu'une ruine : les maisons dans les rues très étroites dans ce temps-là, étaient effondrées et ne formaient qu'un amas de ruines; c'était un spectacle navrant, coupé de proche en proche par des barricades qui subsistaient en ne laissant qu'un étroit passage rendu à la circulation; partout des écroulements de maisons, des effondrements, des traces de sang et de ruines, spectacle extraordinaire et affreux, qu'on ne saurait imaginer sans l'avoir vu.

L'ordre matériel était rétabli à la suite de batailles véritables qui avaient coûté cher, et dans lesquelles la Garde nationale et la Garde mobile formée de jeunes garçons enrôlés pour les soustraire à des engagements criminels, se conduisirent en héros véritables, auxquels s'étaient joints, sans souffrir de la comparaison, les Gardes nationaux accourus de la province et arrivés à temps pour prendre part à la lutte. Le récit de ces tristes journées a été écrit ou le sera sans doute. Pour qui en a été témoin, la vision est restée ineffaçable.

Le général à qui le Gouvernement provisoire avait confié la défense de Paris s'était noblement conduit. Il portait un nom cher aux vieux républicains, c'était le général Cavaignac. Il reçut le prix de sa vaillance.

Le 28 juin, l'Assemblée nationale confia le pouvoir exécutif au général Cavaignac, qui devait prendre le titre de Président du Conseil des ministres et nommer le Ministère. Grâce à mon uniforme de garde national, j'étais parvenu à me faufiler dans l'intérieur de l'Assemblée nationale, installée dans un bâtiment de fortune élevé dans la cour intérieure du Palais-Bourbon. J'assistais à la séance où le général en tenue, habit noir et cravate blanche, prit possession de ce pouvoir dictatorial et prononça un discours empreint de la *brevitas imperatoria* et de l'élévation des sentiments que les circonstances imposaient. Ce fut très noble et très grand.

N'est-ce pas un de ces spectacles tout à fait particuliers, où la France se montre sous le plus admirable aspect, quand son cœur se hausse à la hauteur de circonstances tragiques? Ce général vainqueur, qui accepte une dictature, sans phrase et sans ambition personnelle autre que celle de remplir un grand devoir, et qui le remplit en effet!

Le Gouvernement provisoire avait disparu. L'Assemblée souveraine abdiquait entre les mains d'un soldat. Ce soldat remplissait son office de gardien de l'ordre et de la paix publique, et organisait toutes choses pour que cette Assemblée souveraine préparât sa propre succession, et pour que les pouvoirs dont il venait d'être nanti fussent remis à la nation. Cette Assemblée souveraine, usant de sa souveraineté pour la transmettre à une autre assemblée qui serait élue après elle et de par sa volonté!

Certes, la France, accoutumée à accomplir de belles actions, a oublié celle-là, semble-t-il. Il me plaît de la consigner ici, parmi tant d'autres actions que j'ai vues de près, et dont aucune ne lui est comparable.

La Constitution du 4 novembre 1848 était à peine votée que l'on s'occupa de la présidence de la République. L'élection à ce poste éminent avait été fixée au 1ᵉʳ décembre suivant.

Au premier moment, l'opinion publique mit en avant les candidatures des personnages qui avaient joué un rôle depuis la Révolution de 1848, Lamartine, Ledru-Rollin, Louis Blanc et Cavaignac, qui avait fait bonne figure au premier rang ; mais, presque aussitôt, on entendit, à l'étonnement général, prononcer un autre nom : c'était celui du prince Bonaparte, le même qui avait couru des aventures pendant le Régime de Juillet : une entreprise de révolte à Strasbourg, suivie d'un emprisonnement de courte durée, et une autre à Boulogne suivie d'une incarcération au fort de Ham ; et enfin l'évasion du prisonnier de ce fort de Ham, sous un déguisement d'ouvrier maçon. Ce nom n'était pas alors entouré d'une auréole bien brillante. Le rôle qu'il avait joué en Italie, pendant sa jeunesse, le représentait comme ayant été affilié aux ténébreuses pratiques des carbonari. Les tentatives multiples de révoltes et de troubles civils faites en France, en vue de reprendre possession de l'Empire, tentatives accompagnées de circonstances qui n'avaient pas eu le caractère héroïque que ces actes réclament, ces souvenirs n'avaient pas grandi l'héritier de Napoléon dans l'opinion publique. Cette opinion, tout entière alors aux idées de liberté, était très éloignée d'une restauration de l'Empire, dont les souvenirs n'étaient nullement sympathiques aux directeurs de l'esprit public de ce temps-là. Mais les meneurs de cette candidature qui allait surgir surent mettre en œuvre tous les ressorts d'une conjuration, qui, à vrai dire, fut merveilleusement conduite.

Les hommes qui se firent les instigateurs de cette candidature étaient passés maîtres en cette matière. On y intéressa une fraction importante de la haute bourgeoisie, de celle principalement qui

avait une grande situation commerciale ou financière, et qui, de ce chef, avait eu à souffrir et s'ef-
frayait beaucoup des suites de la Révolution de
1848. On ouvrit une souscription destinée aux
frais de la candidature du Prince, et on ne manquait pas d'y intéresser des capitalistes, à qui on
laissait entrevoir les récompenses qui seraient
accordées aux donataires généreux. On s'assura
le concours d'une presse retentissante, on fit jouer
tous les ressorts d'une conjuration légalisée par la
constitution même ; on rappela les grands souvenirs d'Austerlitz et d'Iéna ; on fit réapparaître les
grenadiers de la garde, et les aigles, et aussi tout
l'appareil de ces sortes de spectacles rétrospec-
tifs. On fit entreprendre au Prince un voyage à
travers la France, avec un grand fracas d'annonces, de spectacles, de banquets et de représen-
tations propres à ameuter et à surexciter les populations amoureuses de bruit, de tintamares, de
déploiements de luxueux équipages et de démons-
trations surchauffées. On put voir alors comment
et par quels procédés se forge une opinion publique
et s'organise de toute pièce l'enthousiasme populaire. Le Prince était d'ailleurs très propre à ce rôle
de candidat un peu fantastique. Il était bien né,
doué de qualités intellectuelles et morales supérieures, et il semble qu'il avait été prédestiné aux
aventures. Il en avait du moins le goût et il les
avait toujours cherchées. Tout jeune, il s'était mêlé
aux ténébreuses pratiques des loges maçonniques
d'Italie. Par la suite, il avait mis en pratique, pour
son propre compte, le goût des conspirations
propres aux menées des carbonari : il s'était épris
des chimères sociales des écoles saint-simoniennes.

Et plus tard il tenterait de réaliser les rêves qui avaient hanté sa cervelle; et, avec cela, aimable, de grand cœur et bienfaisant.

Quand on revient par la pensée sur ces événements si lointains, on ne peut s'empêcher de faire de singulières réflexions. Cet homme, qui portait le nom des Bonaparte, en endosse le titre, les papiers, l'héritage; et de ce bagage composite il constitue un domaine impérial; et la nation, sans discussion aucune, le reconnaît comme héritier légitime de ce domaine.

Lui-même y a cru. Il y a cru opiniâtrément : deux fois il a imaginé des conspirations militaires dans le but de révolutionner le pays de France : expulsé de France, il y était revenu obstinément après avoir fomenté à Strasbourg la révolte dans l'armée. Et enfin, il réclamait les suffrages populaires au nom de titres contestés, contradictoires avec l'idée de l'ordre social. N'y a-t-il pas là matière à réflexion?

Le prince Napoléon Bonaparte fut élu par 5 472 540 voix, tandis que Cavaignac n'en recueillait que 1 448 107, et le pauvre Lamartine 20 954!

Dans la séance de l'Assemblée nationale du 20 décembre 1848, le Prince prononça le serment ainsi conçu :

« En présence de Dieu et devant le peuple fran« çais représenté par l'Assemblée nationale, je jure
« de rester fidèle à la République démocratique
« une et indivisible et de remplir tous les devoirs
« que m'impose la Constitution. »

Et le Président ainsi installé dit :

« Citoyens représentants, les suffrages de la nation et le serment que je viens de prêter commandent ma conduite future, mon devoir est tracé ; je le remplirai en homme d'honneur. Je verrai des ennemis de la Patrie dans tous ceux qui tenteraient de changer par des voies illégales ce que la France tout entière a établi... etc. »

Le prince Bonaparte s'était installé au palais de l'Élysée. Il ne sembla pas, dans les premiers temps, que son élection eût la signification d'une restauration de l'Empire. Qu'il eût dès ce moment, lui et les confidents qui l'entouraient, tels que de Persigny (qui s'appelait, je crois, Fialin) et de Morny, qui avait été un familier des princes d'Orléans, des projets de restauration ultérieure, cela est possible, mais son attitude était correcte ; et il observait avec exactitude les rites des Régimes constitutionnels.

Son élection ne produisit pas sur le pays l'effet d'une restauration impérialiste. On s'occupait déjà des élections générales, qui avaient été fixées au 13 mai 1849. L'état général, du moins à l'intérieur du pays, avait reçu une secousse par le fait de la Révolution de février, des journées de Juin et de l'élévation du président de la République, mais il n'était pas encore modifié profondément. La République proclamée en février 1848 suivait sans contestation son cours.

L'état politique de la nation, mal assis depuis si longtemps, mais de plus en plus déséquilibré depuis la Révolution de 1848, avait remis en question tous les problèmes de cet ordre. D'autres problèmes d'ordre intérieur se trouvaient également en jeu ; et, au premier rang, l'état de l'Église de France et l'Université.

La République n'avait pas alors le caractère

qu'elle a pris depuis, et qui serait plus spécialement
la forme politique des sectes antireligieuses et anti-
sociales. On la considérait comme une institution
politique mieux appropriée qu'une autre aux principes de la Révolution française, mais qui n'avait
nullement le caractère essentiel d'être la forme
sociale appropriée aux idées antireligieuses et en
particulier antichrétiennes, et surtout hostiles à
l'Église catholique. Mais, par là même qu'elle devait
être la forme libérale de la société moderne, elle
autorisait toutes les oppositions d'ordre politique.
A l'heure précise où nous sommes, la République
était la forme légale et indiscutée du régime politique issu de la révolution de Février : elle se trouvait en face de la seule opposition qui pût se manifester, celle de l'opinion royaliste ; et cette opinion
royaliste ne pouvait, en raison des circonstances,
avoir d'autre représentant et d'autre organe que le
parti légitimiste, attaché à la fortune de la branche
aînée des Bourbons, représentée par M. le comte
de Chambord. Les partisans de la maison d'Orléans s'effaçaient alors ; et ceux d'entre eux qui
prirent part à la lutte électorale se rangèrent du
côté des républicains, plutôt que de renforcer le
parti légitimiste.

Le clergé descendit aussi dans l'arène électorale.
La question religieuse était alors posée dans le
monde politique, en opposition principalement
avec l'Université.

La date précise à laquelle se placent les événements que je raconte marque une étape dans cette
course que je poursuis à travers le siècle écoulé.
Il me convient de faire ici une pause, comme un
voyageur fatigué qui se repose sur le bord du

chemin, et qui se remémore les particularités de la
route qu'il vient de suivre et. de celle où il va
s'engager. Jusqu'à cette station, le voyage a mis en
lumière des points de vue qui se sont effacés depuis,
comme des centres lumineux éteints désormais,
et ne laissant de traces que dans la mémoire de
ceux qui les ont vus. Avant de franchir la limite où
je suis arrivé, je voudrais reproduire les impressions que j'ai reçues à cette heure où je vais entrer
dans une ère nouvelle.

*
* *

La physionomie, les mœurs, les caractères spécifiques de chaque province étaient, pendant le
commencement du siècle, maintenus par les difficultés des communications; et chacune d'elles était
attachée à son mode particulier de vivre. Cet état
de choses avait quelque ressemblance avec l'état
de la Gaule avant qu'elle fût devenue la France;
Fustel de Coulanges note qu'il y avait quatre-
vingts régions séparées dans la Gaule, habitées par
des populations de races diverses et non fondues
ensemble. C'est ce qui explique l'état de division
des habitants des Gaules qu'avait constaté Jules
César, et ce qui avait facilité sa conquête.

La différence des origines et des races entretenait, dans cette vaste contrée d'hommes, un état
de division qui causa leur défaite définitive lorsque
les Gaulois tentèrent de résister à la conquête. La
venue de quelques tribus de Germains conquérants, les Wisigoths, les Goths et les Francs, un
peu plus tard les Normands, avaient multiplié les
causes de division. Ce furent les rois Carlovin-

giens avec le grand empereur Charlemagne et,
après eux, les rois Capétiens qui fondirent, dans
une nation enfin unifiée, tous ces éléments divers,
et qui en firent la nation française. Ce sont eux qui
ont constitué la France.

Et c'est pour cela que les Capétiens s'étaient
établis de bonne heure sur la Loire, comme au
centre de cet échiquier multiple, dont ils avaient à
unir toutes les pièces, dans cette admirable unité
qui s'appela le royaume de France. Et c'est là
aussi qu'était la source des sentiments filiaux qui
vibraient dans l'âme de cette nation, attachée
à la race de ses Rois comme des enfants à leur
père.

Mais c'est à Paris, l'ancienne Lutèce, que s'était
affirmée, comme en un centre naturel, la nation
distincte des autres nations de l'Europe. C'est à
Paris que l'âme de la race avait pris conscience
d'elle-même ; et c'est là aussi que s'était concentrée la force vitale de la nation, avec tous les éléments essentiels d'une société organisée, les administrations civiles agissant et mettant en œuvre
les principes d'autorité essentiels qui dominent et
gouvernent un État.

Mais Paris avait sa physionomie propre, comme
chaque province avait la sienne. Sa population
avait aussi son originalité particulière. Sans doute
elle s'alimentait et s'accroissait sans cesse par des
apports venus de la province, mais ces éléments
additionnels, très clairsemés dans les commencements, se fondaient dans la masse sans l'altérer.
Et quant aux éléments exotiques venus du dehors,
ils n'apparaissaient même pas isolément. Les Allemands et les Juifs étaient ignorés, de même qu'on

ne voyait pas en tête des maisons de commerce,
comme de nos jours, tant d'appellations aux con-
sonances exotiques, d'Allemagne ou d'Angleterre.

On était à Paris entre Parisiens; et il est très
vrai que le Parisien avait un air, une physionomie,
un langage à part, comme avaient les Gascons en
Gascogne et les provinciaux en général, chacun
chez eux. On était tous bons Français, et cela se
sentait bien à certains jours; mais, tout de même,
on était parisien; et, de l'être, on était un brin fier.

La ville, en ce temps-là, n'étant pas encore
devenue cosmopolite, avait conservé son caractère
particulier, comme ses habitants.

La ville de Paris n'a pas subi seulement des
modifications d'ordre matériel, elle en a subi
d'énormes dans sa physionomie en quelque sorte
morale, je veux dire dans sa population, dans ses
mœurs, dans ses habitudes, dans ses modes de
vivre. Ainsi, les Parisiens du cru se considéraient
un peu comme gens de qualité un tantinet supérieure : ils ne le faisaient pas trop sentir, étant
aimables et délicats comme les Français le sont;
mais tout de même ils le croyaient, et on le voyait.
Aimables cependant, gens d'esprit et de bonne
humeur, et polis comme, généralement, les Français le sont, ou du moins comme ils l'ont été et
comme ils le redeviendront, quand il leur convien-
dra de redevenir de leur race.

Le cosmopolitisme a gâté Paris et les Parisiens.
On le doit à des causes auxquelles, je pense, on
ne peut rien. Mais si le cosmopolitisme a des avantages d'un ordre particulier qui, à mon faible
entendement, m'échappent, il a le grave inconvé-
nient de changer non pas seulement les apparences

des choses, mais surtout le fond des choses et principalement le moral d'un peuple, ce qui le distingue des autres. Il fond les qualités particulières d'une race dans un ensemble, où elles se perdent sans rien gagner au mélange.

Ce cosmopolitisme est facilité et réalisé par des modifications dans l'état matériel d'un pays ou d'une ville. Les procédés de circulation, si profondément modifiés par des inventions qui tiennent du prodige, ont occasionné ces déplacements de populations qui sont devenus comme un besoin de vivre.

Aussi peut-on attribuer ce cosmopolitisme aux changements qu'a subis la ville de Paris depuis cinquante ans...

Ces changements ont été tellement complets qu'on se représente difficilement cette ville telle qu'elle était, même lorsqu'on l'a vue ainsi. L'Empire a transformé cette ville; on pourrait dire qu'il l'a défigurée; ce qui serait un blasphème auprès des générations nouvelles, lesquelles sont excusables parce que, n'ayant pas vu l'autre temps, elles ne peuvent en goûter la saveur. Il y a aussi un rapport inconscient entre les choses et les idées du jour, et on ne saurait en apprécier les débris quand la cassure s'est faite.

Je ne saurais reproduire entièrement l'antique Lutèce telle qu'elle existait en 1848, et telle qu'elle m'est restée dans les yeux. Quelques détails seulement. En ce temps-là donc, la ville était resserrée dans ses murs; et elle n'avait pas reçu les accroissements que lui donna le deuxième Empire, en décrétant l'annexion des communes suburbaines. Les frontières de la ville étaient singulièrement rétré-

cies; par exemple, du côté de l'ouest, le bureau
de l'octroi était situé sur la rue du Faubourg-
Saint-Honoré, à peu de distance de l'église Saint-
Philippe-du-Roule, à l'endroit où se trouve un
arrêt d'omnibus sur l'avenue Friedland, et, du côté
des Champs-Élysées, sur la place de l'Étoile. Les
Champs-Élysées eux-mêmes n'étaient pas bordés
de maisons; il n'y en avait qu'une près de la bar-
rière de l'Étoile, et c'était une brasserie. L'avenue
Montaigne n'était pas bordée de maisons; on n'y
voyait qu'un immeuble, qui servait de lieu de réunion où se donnait le bal Mabille, rendez-vous des
désœuvrés et des gens de loisirs. Aucun des grands
boulevards percés plus tard, lors de la transformation de la ville par les architectes, n'existait; ni
le boulevard Saint-Germain, ni le boulevard Malesherbes, ni l'avenue de l'Opéra. Le grand boulevard se terminait presque à la hauteur des portes
Saint-Denis et Saint-Martin; ni rue Lafayette,
ni boulevard Saint-Michel, ni boulevard Montpar-
nasse, ni boulevard Voltaire, ni avenue d'Iéna, non
plus que toutes celles qui aboutissent à cette heure à
l'Arc de Triomphe, ni même boulevard Haussmann.

On peut se faire une idée de l'aspect intérieur
de Paris, quand on saura que la voie la plus
large, après les boulevards, était la rue Vivienne.
Tout un pâté de maisons, dit la Butte des Moulins, entre la rue des Petits-Champs et le Palais-
Royal, a disparu. La vie intense de Paris était
localisée dans le cercle formé par les boulevards, par le Palais-Royal et la place de la Concorde : celle-ci divisée en quatre régions protégées
par des fossés sur les côtés. Le palais des Tuileries, séparé du terre-plein par un large fossé, se

terminait aux deux ailes sur la rue de Rivoli et sur
les quais, sans les prolongements qui l'ont relié
plus tard à l'ancien Louvre. La place du Carrousel
était alors remplie par tout un quartier, dont les
maisons vieilles et délabrées s'avançaient jusqu'auprès de l'Arc de Triomphe. Autour de Notre-
Dame, le quartier Saint-Louis était encore intact.
De l'autre côté de la Seine, de petites rues étroites
montaient jusqu'au Panthéon; ces anciens quartiers avaient encore leur physionomie particulière.
L'église de l'Abbaye, où avaient eu lieu les massacres de la Révolution, existait encore; mais tout
le mouvement, toute l'activité semblaient concen-
trés autour du Palais-Royal et au Palais-Royal lui-
même. Les grandes messageries de province
déversaient chaque jour une population nouvelle
dans les quartiers avoisinants. Les grands cafés,
tels que Véfour, attiraient et retenaient tout ce
monde, grouillant, actif, agité, mouvementé,
débarqué chaque jour de tous les coins de la
France. Le café de la Rotonde était un lieu de
rendez-vous toujours rempli de visiteurs et de
consommateurs. Là semblait concentrée toute la
vie parisienne, qui peu à peu se déplaça pour se
porter vers les boulevards et surtout le boulevard
des Italiens. C'est sur le boulevard que se trouvaient des cafés renommés, entre tous le café
Tortoni, qui fut un lieu de rendez-vous célèbre, où
chaque jour se rencontraient, vers les cinq heures,
les promeneurs, les dandys, les maîtres de la vie
parisienne. Les théâtres ne s'étaient pas multipliés
comme de nos jours, sur le boulevard qu'on appelait le boulevard du Crime parce que, je pense, le
théâtre de ce lieu était celui où se jouaient les

drames sombres et propices aux exhibitions et aux scènes de meurtre, mais on y trouvait aussi quelques théâtres joyeux et amusants qui attiraient la foule. Les salles de spectacle étaient alors peu nombreuses : l'Opéra situé rue Le Pelletier, les Italiens à la salle Ventadour, occupée aujourd'hui par la Banque de France, le Vaudeville situé sur la place Louvois, un autre sur la place de la Bourse, le Palais-Royal et enfin le Théâtre-Français.

Les rues n'étaient pas encombrées alors comme elles le sont aujourd'hui. Il n'y avait ni omnibus, ni fiacres. Les voitures étaient de simples cabriolets ouverts sur le devant; et on s'asseyait auprès du conducteur. Pour se rendre dans les environs de Paris, il n'y avait que des voitures publiques qu'on appelait des gondoles !

Le Bois de Boulogne était un bois véritable, traversé seulement par une route mal entretenue, qui conduisait à Saint-Cloud, et par des sentiers étroits. Point de lacs, ni de jardins, ni de restaurants ouverts. C'était encore la simple nature.

Paris était donc tout autre qu'il est aujourd'hui. C'était encore la grande capitale, tant par les grands souvenirs dont il était, en quelque sorte, le représentant figuratif, que par sa physionomie particulière, et aussi par une sorte de nationalisme à part, qui distinguait sa population du reste de la population de France.

C'est ainsi que, par la variété des populations demeurées distinctes, chacune dans sa province, par la variété des éléments composant la population parisienne, avec son caractère propre et son âme bien française, la France concentrée, sans être uniforme, était bien l'image de cette ancienne

Gaule qui avait servi de moule à cette nationalité diverse et unifiée, qui a constitué la patrie la plus féconde en grandes choses et en grands hommes qu'on ait encore vue sous la calotte des cieux.

Certes, parmi les idées et les passions qui ont fomenté les troubles civils en France depuis cent cinquante ans, il en est beaucoup que la raison réprouve et que le patriotisme condamne; mais il faut dire à l'honneur des Français qu'il s'y mêlait de nobles mobiles, et au premier rang l'amour de la liberté. Et cet entraînement vers la liberté, qui devait produire de grands changements dans l'état politique de la nation, n'était pas dû seulement aux doctrines philosophiques enseignées pendant le dix-huitième siècle, doctrines viciées en grande partie par des sentiments de révolte contre l'idée religieuse et contre le catholicisme en particulier. En fait, les idées de liberté ont de tout temps élevé les esprits et les âmes en France; et on trouve l'expression la plus noble de ces sentiments dans l'*Histoire universelle* de Bossuet, laquelle était destinée à faire l'éducation du Dauphin de France. On sent, à lire cette œuvre magistrale, que le grand évêque avait la conception la plus haute de la politique et des droits des citoyens.

Il parle de la liberté et de l'égalité, qui étaient le fond des doctrines gouvernementales de la Grèce et de Rome, comme pourrait le faire un Français du dix-neuvième siècle, si ce n'est que les Français de notre temps, du moins ceux qui dominent les autres, ravalent la politique aux conceptions grossières et sauvages des citoyens primaires. « Sous ce nom de liberté, écrit-il, les Romains se figuraient, avec les Grecs, un état où personne ne fût sujet que de la loi, et où la loi fût plus puissante que les hommes (1). »

Il y aurait beaucoup à prendre pour nous-mêmes dans la peinture qu'il fait des causes de la ruine de Rome :

« Vous voyez, écrit-il, les causes des divisions de la République, et finalement de sa chute, dans les jalousies de ses citoyens et dans l'amour de la liberté poussé jusqu'à un excès et une délicatesse insupportable. »

Et cet autre trait :

« De même que vous avez vu le projet de république dressé sous la monarchie par Servius Tullius, qui y donna comme un premier goût de la liberté au peuple romain, vous avez aussi observé que la tyrannie de Sylla, quoique passagère, quoique courte, a fait voir que Rome, malgré sa fierté, était aussi capable de porter le joug que les peuples qu'elle tenait asservis... »

« La raison de ce changement (de la république en monarchie) est que la division entre les ordres n'a pu passer parmi les Romains que par l'autorité d'un maître absolu, et que, d'ailleurs, la liberté était trop aimée pour être abandonnée volontairement. Il fallait donc peu à peu l'affaiblir par des prétextes spécieux et faire par ce moyen qu'elle pût être ruinée par la force ouverte. »

Et cette peinture des temps qui avaient suivi les troubles civils :

« Rome, épuisée par tant de guerres civiles et

____

(1) Bossuet, *Discours sur l'Histoire universelle*; 3e partie, chap. VII.

étrangères, se fit tant de nouveaux citoyens, ou par brigue, ou par raison, qu'à peine pouvait-elle se reconnaître elle-même parmi tant d'étrangers qu'elle avait naturalisés. Le Sénat se remplissait de barbares : le sang romain se mêlait ; l'amour de la patrie, par lequel Rome s'était élevée au-dessus de tous les peuples du monde, n'était pas naturel à ces citoyens venus du dehors ; et les autres se gâtaient par le mélange... Ceux qui se voyaient ruinés n'avaient de ressource que dans les séditions et, en tout cas, se souciaient peu que tout pérît après eux... Les grands ambitieux et les misérables qui n'ont rien à perdre aiment toujours le changement...

« Je me suis attaché principalement à vous découvrir les causes universelles et la vraie racine du mal, c'est-à-dire cette jalousie entre les deux ordres, dont il vous était important de considérer toutes les suites. »

A combien de ces traits ne pouvons-nous pas nous reconnaître, gens de France !

Le repos de ma station se termine naturellement sur ces considérations émises par le grand évêque, précepteur du Dauphin de France, et qui n'ont jamais cessé d'inspirer les conducteurs de cette race de France, composite de Latins, de Gaulois et de Francs.

La période électorale était ouverte pour la nomination d'une Assemblée législative ; et, cette fois, Paris ne pesait pas sur la province de son poids accoutumé. La révolte du mois de Mars et l'état troublé de la capitale lui avaient fait perdre de son crédit ; l'opinion était en quelque sorte libérée, et le sentiment vrai de la province put se manifester avec plus de vérité que dans les temps ordinaires. Les idées directrices concentrées à Paris pèsent, dans l'état ordinaire des choses, d'un poids excessif sur la province, et l'action impulsive qui part de là est oppressive. Cette fois, il semblait que Paris avait démérité, et que son influence accoutumée lui-échappait. Le suffrage universel n'avait pas subi la subordination des partis agités et des passions populaires : il pouvait se subordonner à des influences locales; mais ces influences mêmes n'obéissaient point alors à des préoccupations démagogiques ou d'un ordre inférieur.

Au-dessus des mouvements de la démagogie, pour le moment subjuguée, les grands intérêts nationaux se trouvèrent placés au premier rang des préoccupations des partis. Parmi ces partis, la fraction républicaine avait satisfaction; et elle n'avait pas d'autre intérêt que de se maintenir et de mériter de plus en plus la confiance du pays. Cet intérêt dirigeait les choix en général vers des hommes dignes de représenter les populations. Le parti bonapartiste ne s'affirmait pas comme parti de prétendants : le Prince tenait un langage et gardait une attitude constitutionnels.

Le sentiment religieux s'était ranimé et était devenu actif par l'espoir que l'on pouvait envisager des changements favorables. L'un des évêques les plus connus par leur énergie et par leur zèle dans la défense de l'Église et dans la lutte contre l'Université de France fut élu : Mgr Parisis, évêque de Langres, puis d'Arras.

On se trouvait, cette fois encore, dans une de ces circonstances rares, dans lesquelles la nation pouvait être consultée directement et répondre en connaissance de cause. Les questions posées étaient simples et claires. Dans un tel cas, mais dans ce cas-là seulement, le peuple peut être consulté avec sincérité et répondre avec vérité, parce qu'il comprend ce qu'on lui demande et qu'il ne s'agit pas de faire acte de gouvernement, au rebours de ce qui se pratique avec le Régime parlementaire, où on demande au peuple de se prononcer sur des actes de gouvernement et de législation qu'il ne connaît pas et qu'il n'est pas en mesure de connaître.

Le parti républicain fut encore largement et, en général, bien représenté. Parmi les électeurs, un grand nombre a des préférences pour les gens en place ; et, au-dessus de cet intérêt vulgaire, il règne aussi dans la nation un goût marqué pour la liberté et pour l'égalité, et ce goût leur semble, peut-être à tort, plutôt favorisé par le Régime républicain que par un Régime différent. En cela le peuple français pourrait bien se tromper, mais, après tout, il est permis d'avoir un penchant, même aveugle, pour des idées qui ont leur noblesse.

Les élections étant faites, la transmission des pouvoirs de l'Assemblée constituante à l'Assemblée législative se fit avec solennité. Le Prince-Président fit l'exposé de la situation du pays, dans un message terminé par ces mots : « J'appelle sous le drapeau de la République et sur le terrain de la constitution tous les hommes dévoués au salut du pays. Je compte sur leur concours et sur leurs lumières pour m'éclairer, sur ma conscience pour me conduire, sur la protection de Dieu pour accomplir ma mission. »

Il était peut-être sincère, qui sait?

La composition du ministère était de nature à rassurer les intérêts conservateurs : on y voyait figurer MM. Odilon Barrot, Dufaure, de Tocqueville, de Falloux, Passy, de Tracy, Lanjuinais. Les auspices du nouveau Régime étaient donc favorables. A peine sortie des angoisses de la veille, la France reprit vite son naturel aimable, actif, de bonne et vieille allure. Mais elle avait en elle un germe de malaise et peut-être de grave péril dont elle souffrait : c'était le mal philosophique, la maladie de la Révolution. Au fond, c'est la lutte éternelle, menée sourdement à travers les siècles contre le catholicisme; l'ennemi s'est dénoncé lui-même : c'est le juif. Mais, dans les temps qui ont suivi la Révolution, on était loin d'avoir déterminé le mal avec cette précision. On s'en prenait uniquement au mode d'éducation donné à la jeunesse; et comme Napoléon, assimilant l'enseignement public à tous les autres services publics, avait attribué le service de l'enseignement à l'État lui-même, ce fut l'Université qui supporta toute la responsabilité des maux que l'enseignement public a engendrés.

Déjà, sous le Gouvernement de Juillet, la lutte avait été menée vigoureusement par Montalembert, par Lacordaire et par d'autres vaillants catholiques. Elle reprit avec une ardeur nouvelle après la Révolution de 1848, mais alors avec des chances de succès très supérieures, parce que ce fut une grosse fraction des représentants de la bourgeoisie et du clergé qui reprit la lutte. Et elle pouvait s'appuyer sur l'état de décomposition morale que la Révolution de 1848 avait mise au grand jour.

Le danger social ouvrait tous les yeux, et une majorité énorme découvrait dans l'éducation universitaire la cause du danger social.

Ce n'est pas en vain que la Révolution française avait jeté dans le monde des idées nouvelles : la liberté, l'émancipation des peuples; ce n'est pas en vain que Napoléon avait mis en œuvre toutes ces idées tendant en fait à la transformation fondamentale du monde occidental : libération des peuples, anéantissement des organismes du passé, émancipation des esprits et modifications en toutes choses : dynasties, peuples, royaumes et empires! Mieux ou plus mal : qui le sait? — C'est la réalisation du mot de la Bible : *tradidit mundum disputationibus hominum.*

A peine le congrès de Vienne, le conciliabule des chefs de gouvernement d'autrefois, réuni en 1815 dans le but de remettre de l'ordre dans le remue-ménage de l'Empire, à peine ce sénat des Rois rétablis sur leur trône avait-il eu le temps de rédiger ses procès-verbaux, que l'esprit révolutionnaire avait repris son empire. La Révolution de 1830 avait commencé l'œuvre émancipatrice; 1848 allait la continuer. Après la France revenue à son point de départ, l'Italie, sa voisine, suivait son exemple. Là, comme en France, en 1789 — nous le savons maintenant; on l'ignorait encore hier, en Italie surtout, — l'œuvre de la franc-maçonnerie, œuvre qui tend à la révolte de l'homme contre Dieu (l'antique duel de l'ange et de Satan) avait fait des ravages insoupçonnés.

Les projets de la secte, en apparence et pour se rendre populaire, tendaient à l'émancipation des nations; et ils n'avaient en vue, en réalité, que de secouer le joug des gouvernements qui, en fait et généralement, étaient très débonnaires, mais que l'on représentait comme des Régimes politiques indignes d'hommes libres, et déshonorants : c'étaient les derniers vestiges d'un passé, qui, après tout, avait peut-être fait son temps, comme tout ce qui est destiné à finir. Mais les sectateurs de la juiverie franc-maçonne poursuivaient un but bien différent : le renversement du règne de Dieu même, qui a laissé à l'homme, comme insigne de sa supériorité parmi les créatures, la liberté de penser et d'agir. On connaît maintenant l'œuvre des sectes maçonniques. Ces factions souterraines avaient repris l'entreprise et la tactique révolutionnaires de 1789, tendant au renversement des Pouvoirs établis, pour y substituer la souveraineté du peuple. Les chefs de cette conjuration s'attaquaient aux diverses souverainetés qui se partageaient l'Italie, et parmi elles la souveraineté du Pape sur les territoires qu'on appelait les États du Pape, l'œuvre de Charlemagne.

La Révolution de 1848 en France fut comme le signal du déclanchement général. Tout d'abord, le mouvement révolutionnaire, dont la maison de Savoie se fit volontiers l'instrument, se déclara dans le nord de l'Italie, contre la domination de l'Autriche en Lombardie et à Venise. La secousse révolutionnaire se fit sentir partout dans la péninsule, et Rome, même Rome l'immuable, se mit à l'unisson.

Le pape Pie IX, dont l'âme chrétienne n'était fermée à aucune vue humaine, pourvu que le sanctuaire catholique fût respecté, se prêta tout d'abord à l'œuvre d'émancipation civile et politique, réclamée à Rome comme partout. Il consentit à substituer à son pouvoir autocratique, dans les États de l'Église, un Régime parlementaire avec tous les éléments qu'il comporte, y compris un ministère dirigeant sous les ordres du pouvoir exécutif. Il semble que les erreurs de ce Régime, tel que la France l'avait subi, n'avaient pas encore éclairé les chefs d'empires. Le pape Pie IX avait donc organisé un gouvernement parlementaire, et le sous-chef de ce gouvernement en fut aussi la première victime : c'était M. Rossi, qui avait été autrefois ambassadeur de France à Rome, et que le Pape avait mis à la tête de son gouvernement avec le titre de ministre, président du conseil. L'assassinat de Rossi fut le premier acte du nouveau Régime : il en fut le caractère propre. Le Pape s'exila, quitta Rome; et ce fut le signal d'une révolution qui, s'étendant à toute la péninsule, ébranla tous les petits États qui, sous des Régimes politiques similaires, constituaient l'Italie.

Il ne se pouvait pas que l'Autriche demeurât impassible devant cet ébranlement des États de la péninsule dans laquelle elle avait sa place. Ce n'est pas ici le lieu de raconter les phases de son intervention, mais il ne se pouvait pas faire que la France y restât indifférente. Celle-ci ne pouvait rester étrangère surtout aux incidents de la révolution à Rome et en particulier à l'exil du Saint-Père. Tant il est vrai que la France est attachée au Saint-Siège par des liens qui tiennent au cœur même, c'est-à-dire à la vie.

Aussi les affaires d'Italie avaient-elles eu un

retentissement profond dans la France entière et à l'Assemblée nationale, qui résumait en elle et la France même et son gouvernement.

La foi religieuse avait été ravivée par la Révolution de 1848, et elle était à la fois raffermie et vaillante. Les faits accomplis à Rome et surtout la fuite du Saint-Père avaient alarmé les consciences et suscité des colères toutes politiques, tant il était naturel et admis que la France était liée au Saint-Siège, et que rien de ce qui touchait le Pape ne lui était étranger. Ces mouvements de sympathie et de colère devaient se faire sentir à l'Assemblée nationale, en qui se résumaient la vie et le gouvernement de la France. D'ailleurs, les affaires de religion étaient — tout le monde le sentait bien — le fonds et le tréfonds de la politique d'alors, comme elles le sont encore de nos jours, comme elles le sont d'ailleurs partout et toujours. N'est-ce pas un sentiment commun à tous les âges et à tous les hommes, que leur destinée ne se règle pas définitivement sur cette terre, et que cette destinée implique un au-delà?

Cette affaire, d'apparence étrangère à la France, allait se dresser comme le drapeau de la guerre civile entre les partis. Elle avait ranimé toutes les ardeurs de cette lutte toujours ouverte depuis 1789, mais qui, avec d'autres apparences, de nature à tromper l'esprit public, n'est en réalité qu'une guerre de religion. On était très loin alors d'apprécier les faits de cet ordre comme on peut le faire de nos jours, parce que, en ce temps-là, les questions sociales se présentaient à tous les esprits sous la forme politique : quoi qu'il arrivât, c'était toujours la Révolution qui était mise en cause, que-

relle intestine entre les partisans de l'état politique
de l'ancien Régime et ceux du nouveau. Les partisans passionnés du nouvel ordre de choses trouvaient là une occasion nouvelle de proclamer
les principes qui avaient triomphé lors du mouvement insurrectionnel de février 1848, et de
se porter à leur défense, alors qu'ils les prétendaient mis en péril par une intervention de la
France pour la protection du Pape et pour la
défense de ses droits régaliens sur les États de
l'Église. Sous couleur de politique, c'était au fond
à la religion catholique qu'ils s'en prenaient; et
la nature de la querelle ainsi travestie lui donnait
le caractère de violence sans issue qui s'attache
aux luttes de cet ordre.

Lorsque l'Assemblée législative décida que la
France interviendrait pour protéger le Pape contre
les énergumènes qui menaçaient et son pouvoir
temporel et sa vie, le parti républicain, qui se réclamait des principes de la Révolution, entra dans
une sorte de fureur qui rappelait les scènes de la
Convention. Ledru-Rollin fut le porte-parole de
cette levée de boucliers. Il fit publiquement appel
à la force et menaça l'Assemblée d'une insurrec-
tion populaire. « La Constitution, dit Ledru-Rollin,
a été violée. Nous la défendrons par tous les
moyens possibles, même par les armes. » — « C'est
appel à la guerre civile, » dit le président Dupin.

La majorité de cette Assemblée montra un
esprit de résolution très ferme et adopta les mesures propres à prévenir cette prise d'armes dont
on la menaçait.

Le Prince-Président trouvait là l'occasion de
faire acte d'autorité et de manifester. Dans une

proclamation adressée *au Peuple français*, il disait :
« Quelques factieux osent encore lever l'étendard
de la révolte contre un Gouvernement légitime,
puisqu'il est le produit du suffrage universel. Ce
système d'agitation entretient dans le pays les
malaises et la défiance qui engendrent la misère ;
il faut qu'il cesse. Il est temps que les bons se
rassurent et que les méchants tremblent.

« La République n'a pas d'ennemis plus impla-
cables que ces hommes qui perpétuent le désordre.
Élu par la nation, la cause que je défends est la
vôtre, est celle de vos familles, comme celle de
vos propriétés, est celle du pauvre comme du
riche, celle de la civilisation tout entière. Je ne
reculerai devant rien pour la faire triompher. »

Il n'est pas difficile rétrospectivement de trouver
dans cette proclamation le germe et l'indication
même des faits et gestes du 2 décembre 1851 ;
mais, à cette époque de 1849, on était à mille lieues
de soupçonner les desseins secrets de Louis-
Napoléon. Dans les cercles de haut goût et même
dans le monde des intellectuels, il était admis que
l'on dût tourner le Président en dérision, et ne pas
attacher d'importance à ce qu'il faisait et à ce qu'il
pouvait dire. Il était d'ailleurs impeccable dans ses
propos et dans ses actes. Les choix mêmes qu'il
faisait pour les fonctions de ministres ne dénotaient
de sa part aucun mauvais dessein. Et toutefois, il
ne négligeait pas l'apparat qui plaît aux foules et
qui est l'accompagnement habituel des grandes
charges de l'État et en particulier de la première.
Il avait fixé sa résidence à l'Élysée. Il s'était
déclaré général de la Garde nationale, et il portait
un uniforme de la garde. On en riait un peu, mais

au fond c'était une manière de prince et de chef
d'une nation militaire, qui lui permettait de passer
des revues et de figurer comme soldat. Il tenait la
maison de l'Élysée sur un pied de grand seigneur,
sans affectation toutefois. Et, un certain jour, on
apprit qu'il allait recevoir au château des Tuileries
et y donner un bal. Il rappelait ainsi à la population qu'il avait rang de prince, et qu'il pouvait
être l'hôte du palais des Rois. Mais tout ce manège
se faisait comme à la sourdine. Les parlementaires, gens de qualité supérieure et suprême-
ment habiles comme on sait, ne faisaient qu'en
rire.

Les affaires de Rome, après avoir passionné le
public éclairé et patriote, n'intéressaient plus que
médiocrement la nation, devenue un peu sceptique.
Après les dernières épouvantes de guerre civile,
elle aspirait au repos. Le général Oudinot, quit-
tant la plage de Civita-Vecchia, était entré dans
Rome, but inavoué de l'expédition. Le Pape y était
rentré après quelque temps d'exil. L'ordre était
rétabli à Rome.

La société policée de province se prit tout à coup
d'une frénésie de plaisirs et de divertissements,
dont elle avait été sevrée pendant le Régime de
Juillet.

A l'intérieur, le Prince-Président prit des mesures
de réparation et de préservation, en accord avec la
majorité de l'Assemblée. Il donna un commandement militaire à Changarnier, qui se remuait beaucoup, et qui a toujours fait l'effet d'un héros
manqué. Le général de la Moricière jouait aussi
un grand rôle dans cette Assemblée, où il faisait
très bonne figure.

Les maîtres de l'instruction et de l'éducation sous l'Ancien Régime avaient été exclusivement les ordres monastiques et le clergé. Il faut être borné, comme le sont les trois quarts des politiciens, pour dire que les Français de ce temps-là ont vécu dans une sorte de cécité intellectuelle — et ce serait le cas de dire que cette cécité n'est pas du côté qu'ils prétendent. Il serait ridicule d'entreprendre la défense sous ce rapport des anciens temps ; la civilisation moderne protesterait, et elle n'a pas besoin d'être défendue. En fait, le peuple proprement dit était aussi instruit qu'il l'est de nos jours, peut-être davantage... J'ai eu l'occasion de consulter les registres de l'état civil de la commune de Banvou (Orne) pour faire des recherches généalogiques, et j'ai pu constater que la plupart des actes de l'état civil de l'Ancien Régime sont signés par les comparants, tous gens de la campagne et d'humble condition. Il n'est pas sûr qu'il en soit de même de nos jours.

Napoléon, suivant en cela l'impulsion donnée par les hommes de la Révolution, tels que Talleyrand et Condorcet, et donnant à cette partie de l'organisation sociale le caractère qu'il donnait à toutes les autres, une sorte de formation militariste, Napoléon avait créé l'Université.

C'était l'institution destinée à former l'esprit français dans le moule nouveau de la Révolution. On avait, il est vrai, emprunté à l'Ancien Régime quelques-uns des organes de l'enseignement public tels qu'ils avaient été employés de tout temps en France et qu'ils étaient en 1789, perfectionnés par Rollin. Mais l'idée fondamentale avait été de former les cerveaux des jeunes Français dans le moule nouveau de la Révolution. Pendant les premiers temps, et surtout pendant la Restauration, de 1815 à 1830, sous le ministère Frayssinous, la tradition ancienne avait encore prévalu dans les lycées : elle s'était même prolongée pendant les premières années après la Révolution de 1830 ; mais peu à peu l'esprit révolutionnaire s'était glissé dans l'enseignement et principalement sous l'influence de Cousin, de Michelet, d'autres encore, imbus des idées modernes et plus encore de leur suffisance. Les prédications saint-simoniennes, les publications anarchistes des socialistes, un déchaînement de productions littéraires inspirées des opinions les plus révolutionnaires, et surtout des sentiments anti-chrétiens, tout cet ensemble de causes d'anarchie intellectuelle, qui se manifestait de temps à autre par des révoltes à main armée, avait fini par émouvoir l'Église et l'opinion conservatrice, voire les libéraux, comme étaient MM. de Montalembert et Lacordaire, moine dominicain. L'anarchie intellectuelle semblait être le corollaire de l'anarchie civique, l'une procédant de l'autre, et réciproquement. Il y eut alors une sorte de sursaut dans l'opinion publique, qui se traduisit par une violente accusation contre l'Université et contre son enseignement. C'est à elle que l'on attribuait la perversion de l'esprit public et les dangers que cette perversion faisait courir à la société.

Déjà, sous le Gouvernement de Juillet, Montalembert, Lacordaire, Veuillot et leurs amis avaient élevé jusqu'à la révolte leurs protestations en faveur de la liberté de l'enseignement. Ce fut un des mots d'ordre des élections qui suivirent la révolution de Février. L'Université en France était visée comme étant le foyer des idées subversives menaçant la société même, et les élections qui avaient formé l'Assemblée législative de 1849 reflétèrent ce sentiment général. Cette Assemblée se mit à l'œuvre presque aussitôt après son installation. Le ministre de l'Instruction publique était M. de Falloux, qui, semblait-il, était prédestiné pour l'accomplir. Une commission extra-parlementaire fut nommée, qui se composait — leurs noms méritent de figurer dans cette cinématographie des temps écoulés — de MM. Thiers, président, Cousin, Saint-Marc Girardin, Dubois, Buchez, Peupin, Corne, Janvier, Laurentie, Bellaguet, Freslon, de Montalembert, de Corcelles, Fresneau, Poulain de Bossay, Cuvier, Michel, de Melun, Riancey, Cochin, abbé Sibour, Roux-Lavergne, de Montreuil, Housset, A. Chevalier, Mgr Parisis, l'abbé Dupanloup. — A son tour, une seconde commission, parlementaire celle-là, et qui se confondit plus ou moins avec la première, fut composée des quinze députés suivants : Mgr Parisis, MM. Thiers, de Montalembert, Beugnot, Fresneau, de Melun, Janvier, l'abbé de Lespinay, Baze, Sauvaire-Barthélemy, du Fougerais, Barthélemy Saint-Hilaire, Salmon, le pasteur Coquerel, Rouher. Elle choisit comme rapporteur le comte Beugnot.

L'œuvre de ces commissions a fait époque. Elle est la *loi de 1850* par excellence ; et elle a gardé ce titre, qui a sa signification. La *loi de 1850* est devenue dans la langue politique comme un signe de contradiction contre la tyrannie révolutionnaire et contre l'Université. La discussion mit en présence, sous couleur de la loi, les révolutionnaires avérés et les Français qui, sans être imbus de sen-

timents de réaction violente, étaient résolus à réagir
contre les idées fausses qui, sous l'étiquette de 89,
tendaient à pervertir le sens national, et, notamment dans les affaires d'enseignement, à transformer l'âme française, et à l'arracher surtout aux
croyances religieuses, où elle puise sa vitalité et
sa valeur d'influence dans le monde.

La discussion de cette loi, dans la commission
et en séance publique, donna lieu aux débats les
plus émouvants. M. Thiers était bien revenu des
opinions ultra-libérales qui, lors des premiers
temps de sa vie, l'avaient poussé dans les rangs
révolutionnaires. Il m'a raconté, beaucoup plus
tard, en 1871, dans son salon de Président de la
République à Versailles, il m'a raconté qu'il eut
alors à soutenir des luttes violentes contre ses
propres amis, tels que Barthélemy Saint-Hilaire. Il
était bien revenu de toutes les vieilles niaiseries
jacobines qui prétendent faire du maître d'école
l'apôtre du nouvel évangile politique. « J'aurais
voulu, me disait-il, que l'on désignât, pour être
maîtres d'école, les vieux sonneurs de cloches, »
et il mimait le geste de ces vieux instituteurs tirant
la corde des cloches et prisant. « J'ai offert alors,
m'a-t-il dit, aux évêques qui siégeaient à l'Assemblée nationale de restituer au clergé l'enseignement primaire! Ils ne crurent pas pouvoir accepter cette proposition. » C'est qu'il était convaincu
que l'enseignement primaire a son caractère et ses
limites propres, qui sont fixés par l'âge de l'enfant et qui doivent limiter les connaissances distribuées à tous les enfants indistinctement, jusqu'à
l'heure où chacun d'eux réglera sa direction normale, en raison de l'état de sa famille dans le

monde. Telle est la règle que la raison indique
dans cet ordre d'idées ; et cette règle, pas plus qu'aucune autre, n'a jamais empêché les enfants excep-
tionnellement doués par la nature d'émerger hors
du rang social où leur famille est placée.

Les débats soulevés dans l'Assemblée nationale
étaient à la hauteur du sujet, et aussi à la hauteur
des hommes distingués qui, dans tous les partis,
siégeaient au Palais-Bourbon. Le grand public prenait feu dans cette affaire ; et, à cette occasion, se
ranimaient les débats politiques : telle ou telle
solution étant plus ou moins favorable à la thèse
de la liberté de l'enseignement.

On sentait confusément que la solution républicaine n'était pas définitive ; ou, du moins, les partis croyaient pouvoir sous cet abri préparer chacun
leur avenir. L'opinion légitimiste était redevenue
en faveur dans certaines provinces, et on y manifestait ouvertement dans le sens d'une restauration monarchique. C'est ainsi que dans le Calvados,
pays d'élevage, on ouvrit une souscription pour
offrir une paire de chevaux blancs à M. le comte
de Chambord. J'étais à Paris alors. Il me sera
permis de rappeler un fait, si menu qu'il paraîtra
insignifiant, et qui pourtant est de ces petits riens
qui illuminent un large espace autour d'eux.

Cette souscription étant faite, on recueillit les
noms des souscripteurs et on en fit un cahier destiné à être mis sous les yeux de M. le comte de
Chambord ; et, comme j'étais alors à Paris, mes
amis de Caen avaient pensé que je pourrais
remettre ce cahier au représentant à Paris de
M. le comte de Chambord, qui était, je crois me le
rappeler, M. le duc de B... Me voilà donc attitré

comme ambassadeur et quelque peu fier de cette
dignité. J'allai à plusieurs reprises frapper à la
porte du duc, qui ne me reçut point, et, après plusieurs tentatives inutiles, je laissai simplement le
paquet dont j'étais chargé chez le concierge.
Oncques je n'en entendis parler. Ce que me fit
éprouver cette petite déconvenue, ce fut plutôt de
l'étonnement. Je n'ai jamais admis que l'on pût
facilement m'atteindre ; et j'ai au fin fond de moi
un certain brin de fierté qui me met au-dessus de
tout. Et puis je m'amuse à regarder les sottises
d'autrui. Mais je crois volontiers que des causes
dignes d'intérêt ont dû parfois souffrir des sottises des gens qui les servaient.

Pendant ce temps-là, le Prince-Président, avec
une habileté consommée, continuait à jouer le
rôle de chef délégué de l'État, sans manifester
aucune velléité de sortir de ce rôle. Néanmoins
il tenait son rang de chef d'État, et il se montrait
aux populations dans un certain apparat qui
n'avait rien de provocant, mais qui mettait en
relief sa qualité de Prince.

Il tenait maison ouverte à l'Élysée et même, afin
sans doute de tâter l'opinion ou de l'acheminer
vers des idées de restauration impériale, il ouvrit
les salons des Tuileries, et il y donna des fêtes.
J'ai eu l'honneur d'y danser près de lui avec
Mlle Ordener, la fille du général Ordener, fils lui-
même du général Ordener qui, avait commandé
lors du dernier combat soutenu à Versailles contre
les alliés, en 1814. Le Prince ne s'était pas encore
dégagé des façons et du langage exotiques qu'il
avait gardés de son long séjour à l'étranger. Il était
comme gêné dans son uniforme de général de la

Garde nationale, qu'il avait imaginé afin d'avoir les
airs d'un chef d'armée; mais il mettait beaucoup
de bonne grâce dans ce rôle de chef d'État républicain, qui dissimulait avec art les desseins que,
sans aucun doute, il méditait.

L'Assemblée nationale avait, depuis deux ans,
traversé à son honneur des périodes difficiles. Elle
avait conduit la politique de la France dans les
affaires du Saint-Siège et de Rome avec le sentiment des devoirs de la France envers la Papauté;
elle avait eu raison des tentatives de sédition
jusque dans son sein; elle avait discuté avec éclat
et voté une loi réparatrice sur l'enseignement
public; elle renfermait des notabilités éminentes
dans tous les genres; mais la division irréductible
des esprits annihilait toutes ses qualités, en même
temps qu'elle ruinait tous les espoirs du pays. Elle-
même sentait son impuissance, et cet état d'anarchie morale se manifestait par l'impossibilité de
gouverner. Le Prince-Président, au lieu de seconder les tentatives du gouvernement de la majorité,
se contentait, sans doute avec quelque dérision,
d'exécuter son mandat de chef du Pouvoir sans
moyens de l'exercer. L'excès de sa correction se
tournait en habileté. Il ne faisait rien en apparence pour contrarier l'autorité de l'Assemblée;
mais il ne faisait rien pour la seconder. Il semblait
même prendre plaisir à rendre publiquement ridicule l'impossibilité où se trouvait la majorité de
gouverner. Celle-ci avait pour centre de délibération, en dehors des séances du Palais-Bourbon, un
cercle célèbre à cette époque, établi rue de Poitiers : le groupe de la rue de Poitiers avait pris
l'importance d'une sorte de ministère à côté, de

chambre constitutionnelle, composée en majeure
partie de députés royalistes. Pour comble de confusion, l'Assemblée renversait ministères sur ministères, et naturellement le Prince-Président se
prêtait à ce jeu de massacre, qui avait pour
effet de discréditer l'Assemblée nationale et de
dénoncer son impuissance. Du 9 janvier au 28 octobre 1851, il y eut quatre ministères différents :
le dernier était composé de telle manière qu'il
aurait dû faire soupçonner les intentions secrètes
de l'Élysée : c'étaient des personnalités inconnues,
n'appartenant pas même à l'Assemblée nationale
des fonctionnaires, tels que MM. Daviel, procureur
général à Rouen, à la Justice ; Giraud, professeur
de droit, à l'Instruction publique ; de Thorigny,
préfet de la Somme, à l'Intérieur, etc., à l'exception
toutefois du ministre de la Guerre, le général de
Saint-Arnaud, qui avait la réputation d'être un
soldat résolu et propre à un coup d'État. En
même temps on nommait un M. de Maupas préfet
de police.

A partir de ce jour, la confusion se fit de plus en
plus complète à l'Assemblée législative. La presse
politique accumulait chaque matin les menaces,
les avertissements, les appréhensions, les annonces
de coup d'Etat, toutes rumeurs correspondant à
l'état de l'esprit public, tandis que l'Élysée restait
close à toute manifestation d'aucun genre, et que
les invitations à un bal officiel étaient lancées
pour la soirée du 1er décembre.

Par suite de circonstances vraiment providentielles, dont je rends-grâces à Dieu, j'étais alors au
centre de ce mouvement d'affaires et d'idées,
étant attaché au cabinet du ministre de la Justice.

J'exprime ici bien faiblement ma reconnaissance
envers M. Brunet, conseiller à la cour de Caen, qui,
grâce à l'intervention, toute-puissante alors, de
M. le comte de Guernon-Ranville auprès de M. de
Royer, ministre de la Justice, m'avait fait obtenir
cette fonction, d'ailleurs très modeste et sans rétri-
bution pécuniaire. J'étais donc là au centre du
mouvement politique de l'époque, et je puis affirmer que, le 1er Décembre 1851, il n'y avait pas à
Paris une seule personne, sauf bien entendu quelques rares affidés, qui se doutât que le coup préparé de longue date à l'Élysée allait être exécuté
pendant la nuit du 1er au 2 Décembre. J'étais allé
le 1er Décembre à la séance de l'Assemblée législative, et j'y avais entendu un très éloquent discours
de Michel de Bourges, qui signalait les dangers que
couraient l'Assemblée et la République. Le ministre
était interpellé. Berryer était intervenu en quelques
paroles énergiques et même violentes. Le ministre
de l'Intérieur, M. de Thorigny, qui était tout à fait
étranger à ces scènes parlementaires, ignorant
peut-être lui-même des complots dont on l'accu-
sait, essaya en vain de placer quelques mots, in-
terrompu sans répit par des rires éclatant de
toutes parts. Ce fut une scène lamentable et risible, mais les rieurs ne devaient pas tarder à se
trouver de l'autre côté.

Le matin du 2 Décembre, le concierge du petit
hôtel du Béarn, où j'occupais rue de Lille une petite
chambre au sixième étage, vint m'éveiller et m'apprit qu'un coup d'État avait eu lieu pendant la nuit;
que la troupe s'était emparée du Palais-Bourbon;
que les députés étaient arrêtés; que la ville était en
rumeur, etc., bref une révolution. Vite, je me levai

pour aller à la Chancellerie, place Vendôme. En
passant sur le quai, devant la caserne de cavalerie
qui occupait l'immeuble près de la rue du Bac,
transformé aujourd'hui en un hôtel occupé par
l'établissement des Dépôts et Consignations, j'aperçus plusieurs voitures cellulaires affectées au transport des prisonniers. J'appris alors que ces voitures
étaient destinées à transporter dans les forts, à
Vincennes et aux environs de Paris, les députés
qui avaient été arrêtés pendant la nuit. On donnait
encore d'autres détails; et, par exemple, qu'un
certain nombre de députés s'étaient réunis dans
la matinée à la mairie du X⁰ arrondissement,
située alors rue de Grenelle-Saint-Germain; qu'ils
avaient été dispersés par la troupe, et quelques-
uns arrêtés. Bref on ne voyait que gens effarés; et
une sorte d'épouvante régnait déjà dans l'intérieur
de Paris. A la Chancellerie, je ne trouvai que le
chef de cabinet. Il m'apprit que le garde des
Sceaux, M. Daviel, avait été prévenu vers 3 heures
du matin de ce qui se passait. Il l'avait ignoré,
n'étant pas du complot. Il avait fait ses malles, et
il était parti sans en demander davantage. Pas de
ministre. Celui qui avait figuré sur les listes mi-
nistérielles publiées dès le matin était M. Rouher,
mais il n'était pas venu occuper son poste. J'ai su
depuis que M. Rouher, qui n'était pas dans le secret,
avait voulu se dégager de toute responsabilité dans
cette affaire et qu'il avait même, par des affiches
publiées, démenti qu'il fît partie du gouvernement
institué à la suite du coup de force pratiqué pendant la nuit. Ce que je puis affirmer, c'est qu'aucun garde des Sceaux ne vint à la Chancellerie
pendant au moins trois jours, et qu'après cet in-

tervalle de temps, le poste fut occupé enfin par M. Abbattucci. M. Rouher avait sans doute fait des réflexions, et il ne tarda pas à prendre place autour de la table servie.

L'acte accompli durant la nuit du 2 Décembre 1851 toucha la fibre sensible de cette nation : je veux dire l'honneur. Elle se sentit blessée et humiliée par l'intervention de troupes détournées de leur devoir par le chef de l'armée et employées à violer les lois et à opprimer la liberté civique. Elle n'a pas un goût effréné pour les institutions politiques que l'on intitule libérales, mais elle a un sentiment profond de sa dignité. Elle' sentit d'autant plus la blessure faite à cette dignité que, en raison des ordres donnés et, disait-on, grâce aux libéralités distribuées, l'armée de Paris prit les allures et la fougue violente d'une soldatesque.

La population de Paris, non pas seulement celle des faubourgs, mais dans diverses parties de la ville, se souleva contre le coup d'État ; et il y eut une bataille qui dura près de huit jours, dans les régions éloignées du centre, et au centre même, en plein boulevard, si bien qu'une maison occupée par le magasin très connu des Sallandrouze, sur le boulevard Montmartre, fut démolie par la canonnade. J'y étais, et j'en fus témoin.

Les consignes transmises aux sentinelles de tirer sur les citoyens qui n'obéiraient pas aux ordres donnés étaient d'une brutalité excessive : un brave homme qui passait sur le trottoir de la rue Vivienne, en face de la Bibliothèque Richelieu, et qui n'entendit pas sans doute l'ordre donné par une sentinelle de quitter le trottoir, fut tué sur place ; il y en eut beaucoup d'autres exemples. Les ordres étaient formels, et la troupe était excitée, disait-on, par des distributions de vivres et d'argent sans compter! Les auteurs et les acteurs principaux du complot avaient reçu la mission de vaincre à tout prix. Ils furent impitoyables. La résistance des Parisiens, provoquée beaucoup moins par la politique que par des sentiments de dignité et de fierté, fut ce qu'elle pouvait être, générale, courageuse et insignifiante, ayant à lutter contre une armée entière détournée de ses devoirs, enfiévrée et conduite par des chefs déterminés qui avaient mis leur tête dans l'entreprise! C'étaient le général de Saint-Arnaud, le général Magnan, M. de Maupas, M. de Morny, et enfin le chef suprême et le bénéficiaire du coup, le prince Bonaparte.

Les personnages les plus importants qui avaient été arrêtés pendant la nuit, tels que Thiers, Lamoricière, Cavaignac, Berryer, et beaucoup d'autres furent envoyés en exil, mais cet exil dura peu. Ils purent rentrer après quelques semaines de séjour à l'étranger. Quelques-uns cependant ne rentrèrent pas en France, tels que M. Deschanel retiré en Belgique, Challemel-Lacour, un grand nombre moins connus et le plus illustre de tous, Victor Hugo, qui, par un sentiment louable d'une certaine manière, mais aussi un tantinet par façon de pose devant l'histoire, refusa de rentrer en France, et subit cet exil volontaire à Jersey et à Guernesey. C'est là que, plus tard, il composa un recueil de chants virulents, contre le régime destructeur de la liberté : ce furent *les Châtiments*, qui purent pénétrer en France, par des voies détournées.

La France entière sentit le frisson de l'injure reçue. Sauf le commencement de guerre civile provoquée après 1830 par la duchesse de Berry, et qui d'ailleurs ne se produisit que dix mois après les événements de Juillet 1830, la France était restée sinon tout à fait insensible, du moins inerte, à la suite des révolutions accomplies en 1830 et en 1848 à Paris. Il ne peut pas être question de 1814 et de 1815, où tout avait l'aspect de batailles. Cette fois la province se révolta sous l'affront fait à la dignité de la France par un acte qu'il est impossible d'amnistier. Il y eut des soulèvements sérieux et armés dans plusieurs provinces, et principalement dans le centre et dans le midi de la France. Ce furent de vraies batailles, menées avec la même brutalité qui avait caractérisé la guerre des rues de Paris. Il fut, là encore, évident que les auteurs de l'acte du 2 Décembre avaient la résolution arrêtée de vaincre, et d'employer pour cela toutes les ressources de la France, que l'acte accompli dans la nuit du 2 Décembre mettait entre leurs mains. Ce fut terrible et funèbre. Et pendant qu'on était en veine de chambardement, on créa une magistrature d'office composée mi-partie d'officiers et de magistrats, qui eut la mission, décrétée par la loi, de juger les citoyens qui avaient pris les armes pour résister aux conséquences du coup d'État. On donna à cette juridiction le nom de Commissions mixtes. On peut juger cette fois encore, mais cette fois d'une façon tout à fait exemplaire, de ce que valent devant la force les lois et les principes dont elles sont inspirées. C'était ce que le Prince-Président appelait « replacer la pyramide sur sa base (1) ».

____

(1) Le 29 mars 1852, neuf mois environ avant la proclamation

Les exécutions, soit par le fer, soit par l'exil, ou par les effets consécutifs de cette triste guerre, favorisèrent plus tard les deux manies, l'une essentiellement française, l'autre démocratique, je veux dire le goût des distinctions et l'âpreté au gain, plus substantiel, qui seront la caractéristique des victimes du 2 Décembre. Lorsque, après la guerre de 1870, on eut fondé la République, on songea naturellement à la revanche; et rien ne sembla plus conforme à cette fureur de rétroactivité que de récompenser les *victimes du 2 Décembre*. On les récompensa, ceux du moins qui avaient survécu, par l'attribution d'une bonne rente sur l'État. Mais, alors que les victimes du 2 Décembre devaient avoir en 1871 au moins quarante ans, celles qui figurent encore au budget de 1913 devraient être âgées de plus de quatre-vingts ans. C'est qu'on a perpétué dans la famille le legs national, qui de père en fils sert à décorer et à récompenser les victimes du 2 Décembre. C'est une noblesse héréditaire. Tocqueville avait déjà, dans son livre sur les États-Unis d'Amérique, constaté que les démocraties sont les modes de gouvernement les plus onéreux.

Pour en finir avec cet épisode sanglant et triste de l'aventure du 2 Décembre 1851, après que les Commissions mixtes eurent prononcé des peines sans nombre, dont quelques-unes suivies d'exécution sanglante, et une quantité innombrable d'exils

de l'Empire, le Prince-Président, à l'occasion de l'ouverture de la session des Chambres, convoqua les sénateurs et les députés chez lui, dans la salle des Maréchaux, et leur dit : « Depuis trop longtemps, la société ressemblait à une pyramide qu'on aurait retournée et voulu faire reposer sur son sommet; je l'ai replacée sur sa base. »

en Algérie ou dans les colonies de Cayenne et d'autres régions, on institua à la Chancellerie un bureau spécial dit des grâces, à la tête duquel on plaça heureusement un très galant homme et fonctionnaire d'élite — il y en avait dans ce temps-là — qui apporta, dans l'étude des dossiers soumis à son examen, l'esprit le plus sûr et l'âme la plus ouverte à la compassion, M. de Biauzat, sous les ordres de qui j'eus l'honneur de servir à cette époque. Il va de soi que l'on grâciait tant qu'on le pouvait, et d'ailleurs je dois dire que le garde des Sceaux d'alors s'y prêtait volontiers. C'était M. Abbattucci, qui avait remplacé M. Rouher : brave homme, d'esprit libéral et naturellement appelé par son origine à servir le nouveau Gouvernement.

QUATRIÈME PARTIE

SECOND EMPIRE
1852-1870

Le prince Louis-Napoléon avait constamment
poursuivi le dessein de succéder à Napoléon Ier sur
le trône de France. Il avait même suscité des
révoltes à l'intérieur de la France, en vue de réaliser son rêve; il avait usé de la renommée attachée à son nom pour devenir président de la République, fondée sur le suffrage universel... C'est
tout; était-ce assez? L'autorité seule est d'origine
divine, en ce sens que les races humaines, grou-
pées, on ne sait comment, en nations diverses,
sont naturellement soumises à un pouvoir supérieur, à qui incombe la charge de les gouverner,
c'est-à-dire de les maintenir dans un certain ordre
assurant aux individus la sécurité, les moyens de
vivre et la jouissance des biens offerts à l'homme
par la Providence. Qui désigne ce pouvoir supérieur? On ne sait. Mais ce qui est d'origine divine,
c'est l'autorité considérée en elle-même, et sans
laquelle il n'y a pas de nation, c'est-à-dire un
groupe d'hommes unis par les liens communs
d'origine, de coutumes, de langage et de caractères.
Les nations bien douées et qui ont la mission de

remplir un rôle dans les destinées du genre humain, savent découvrir et désigner la personne qui devra incarner l'autorité. Il n'est pas défendu de penser que la Providence peut désigner elle-même la personne ou la famille qui sera revêtue de l'autorité, et qui remplira le rôle de guide ou de chef pour la nation privilégiée en vue d'une mission spéciale. Ainsi, pour la race gallo-romaine devenue la France, Clovis, Charlemagne et Hugues Capet reçurent la mission d'exercer l'autorité : il est du moins permis de le penser, quand on considère l'œuvre humaine de cette nation privilégiée, qui s'appelle la France.

Lorsque l'autorité est à l'abandon ; lorsque, par exemple, elle est livrée à la discrétion d'une nation désordonnée, qui a perdu le sens de ses vrais intérêts et de ses obligations envers Dieu, abandonnée à ses passions et à ses prétentions ; lorsque, pour exprimer ce désordre par un seul mot, la nation prétend livrer l'autorité au suffrage universel, c'est-à-dire s'attribuer à elle-même le pouvoir de représenter et d'exercer effectivement l'autorité, on peut prévoir et affirmer que cette nation prépare sa dissolution et organise sa propre ruine, parce qu'il y a non pas antinomie, mais du moins des différences essentielles entre la nation qui doit être gouvernée et l'autorité qui la gouverne. Depuis cent vingt-cinq ans, la France est à la recherche d'un représentant de l'autorité dont elle a besoin.

Louis-Napoléon Bonaparte crut trouver la source de l'autorité dans le suffrage universel. C'est par le suffrage universel qu'il entendit faire consacrer le coup d'État. J'ai déjà eu, et j'aurai l'occasion de dire ce que je pense du suffrage universel. En réalité, le Prince avait cherché l'autorité en lui-même, par un acte de son pouvoir présidentiel, et plus encore dans son héritage impérial.

Il décréta que son élévation sur le trône impérial serait soumise à la ratification du peuple français par le procédé du suffrage universel. Il est à peine besoin de dire que le suffrage universel répondit comme on le lui demandait. Et pourtant la ville de Paris manifesta son sentiment au sujet du coup d'État de Décembre, en refusant, par une minorité imposante, son assentiment. Ce que fut d'ailleurs cette consultation? Il est superflu de le dire, comme il serait un peu naïf de croire que ce fut sérieux.

Le Prince avait, longtemps à l'avance, préparé l'organisation du Régime politique qu'il méditait de fonder. Cette organisation était en principe calquée sur celle de l'an VIII. Il décréta que l'Empire étant rétabli dans son principe fondamental, les institutions devaient être conformes à cette conception générale d'un retour au système impérial de Napoléon Ier, daté de l'an VIII.

La Constitution ne fut pas soumise à la ratification de la nation. Il allait de soi que le rétablissement de l'Empire impliquait celui des institutions politiques de ce Régime.

Après que les gros embarras de cette aventure à physionomie politique furent surmontés, tout reprit son cours naturel, comme si rien ne s'était passé. C'était un accident de route de plus que la France avait rencontré et franchi dans le cours de sa marche trébuchante, agitée, avec quelques stations de calme dans l'insécurité, qui constitue son histoire depuis plus de cent ans.

Le nouvel Empereur avait, au dire de tous les hommes qui l'ont approché, des qualités de cœur et de caractère, qui étaient propres à susciter autour de lui des affections et des dévouements sincères. Ses actes dénotaient une sorte de dualité de nature, qui tenaient à la fois de son origine et des nécessités que cette origine avait fait naître.

Il était de race noble, et cela se sentait dans ses rapports avec son entourage et avec les personnes à qui il avait affaire : et il nourrissait en lui une goutte de venin révolutionnaire, qui lui venait d'accointances lointaines et qu'il avait entretenu par le besoin de conspirer, qui semble avoir été chez lui de nature autant que de nécessité. Son conseiller le plus intime et peut-être le plus écouté était M. de Morny, qui fut plus tard créé duc. On attribuait à M. de Morny une naissance qui le rapprochait fort du Prince. Quelle qu'elle fût d'ailleurs, c'était un homme fort distingué dans sa personne et d'une capacité politique peu ordinaire : grand seigneur par beaucoup de côtés, et qui rendait à l'Empereur de très grands services. Après qu'en qualité de ministre de l'Intérieur, M. de Morny eut contribué grandement au succès du coup d'État et à l'établissement du Régime impérial, l'Empereur le plaça à la tête du Corps législatif en qualité de président : et, là encore, il contribua puissamment à la mise en œuvre et au succès des nouvelles institutions.

Ces institutions avaient été créées, en grande partie, sur le modèle de celles de l'an VIII, comme nous l'avons rappelé.

Un Sénat à vie, un Corps législatif, non pas muet comme celui de l'an VIII, mais clos (les séances

n'étaient pas publiques); un Conseil d'État, et tout
le mécanisme administratif, lequel d'ailleurs n'a-
vait pas été modifié sous les gouvernements divers
successivement institués depuis l'an VIII. C'était,
moins le Tribunat, tout le système imaginé par
Sieyès et adopté par Napoléon après le 18 Bru-
maire.

Ces arrangements dans les parties hautes du
Gouvernement et de la nation se firent sans grande
difficulté, dans le conseil privé de l'Empereur. Le
pays en avait connaissance par le *Moniteur universel*, comme s'appelait alors le *Journal officiel;* et
le mécanisme politique ainsi remanié et en mouvement, le pays n'y prit garde. On se remit à
vivre, en renouant la chaîne pour un moment
interrompue. Et c'est ainsi depuis plus d'un siècle;
quelque jour la nation est secouée comme par un
mouvement sismique; après la secousse passée,
qui a duré un moment, la vie reprend le train
ordinaire, comme si rien n'était changé, sauf
quelques étiquettes modifiées ou remises à neuf,
sur les murs et en tête du papier officiel.

La France, considérée comme nation formée
d'éléments divers sans être très différents les uns
des autres, n'a ni le goût de la politique, ni même
les aptitudes propres à ce genre d'occupation.

Elle s'occupe de ses affaires particulières, ou de
celles d'autrui; et elle a le goût du loisir. Ne lui
demandez pas de faire son choix entre les cen-
taines de constitutions d'Aristote, ni surtout de se
donner la peine d'appliquer ce choix. Quand elle
a accompli l'œuvre familiale ou domestique qui lui
est dévolue par la nature, elle aime son loisir et
s'y livre avec délectation. Si, comme l'ont décidé

les grands humanitaires de 89 et des époques successives jusqu'en l'an 1913, vous lui demandez
d'instituer un gouvernement et de le faire fonctionner, c'est trop; elle se décharge de ce soin dont
on lui a dit qu'elle était si jalouse, — et elle l'a
cru, — et elle le laisse prendre par des serviteurs
officieux, qui s'en chargent moyennant des rétributions sous toutes les formes. La France, considérée sous un autre aspect également réel, est une
grande dame, qui n'a pas le goût d'administrer ses
affaires elle-même, et qui les laisse gérer par des
intendants. Et comme elle a perdu ceux en qui elle
avait confiance, et qu'elle aimait, elle se livre,
sans défense et parfois avec un entrain naïf, aux
personnages empressés à s'offrir.

Ce n'est pas que cette nation soit propre à l'asservissement. Elle est fière, et elle n'en supporterait pas le nom, quoiqu'elle le subisse sous des
appellations propres à la tromper et à la berner.
Elle a le goût de sa liberté; et elle y tient, mais
par l'effet d'une autre de ses dispositions naturelles qui est l'ingénuité, elle se laisse prendre
aisément aux apparences; elle croira que des
mots inscrits sur les murs de la cité suffisent à lui
donner le bien auquel elle aspire. Si je voulais ici
achever son portrait, je dirais qu'elle est vaine, et
qu'elle se laisse prendre aux pièges tendus à sa
vanité par des tyrans d'un jour, qui, en flattant sa
manie, abusent de son ingénuité pour lui infliger
une maîtrise indigne d'elle.

La population des campagnes avait gardé avec
une certaine piété le culte du *Petit Caporal*. Quelques-uns avaient même cru que c'était lui qui était
revenu. Ce n'était pas tout à fait en vain que l'on

remuait ces souvenirs dans l'âme populaire. A
Paris et dans les régions administratives de la
province, le mot d'ordre était de respecter les
vieilles traditions d'autorité qui étaient attachées à
l'idée du pouvoir.

Paris avait aussi repris son train de vie ordinaire. Il avait encore son aspect particulier.
Quoique la province fût devenue plus ouverte et
plus remuante qu'autrefois, elle n'avait pas encore
envahi la Capitale; et les étrangers n'y venaient
guère. Paris avait donc conservé sa physionomie
et ses mœurs coutumières. Le mouvement de la
population se manifestait surtout au Palais-Royal,
où s'ouvrirent, sous les arcades, les plus beaux
magasins de Paris, surtout en joaillerie et en orfè-
vrerie. Tous les rez-de-chaussée étaient autant
d'expositions féeriques des marchandises les plus
recherchées. Des hôtels, des cafés renommés, et
au premier rang de ceux-ci le café de la Rotonde,
des restaurants de tout ordre attiraient une population sans cesse renouvelée et alimentée surtout
par la province. De nombreux hôtels situés dans
le voisinage du Palais-Royal recevaient les étrangers, et surtout les provinciaux qui débarquaient
en nombre chaque jour; les voitures, les dernières
diligences et les dernières malles-postes avaient
leur gîte dans les rues environnantes. C'était alors
le centre du mouvement de la population parisienne et provinciale.

Les promenades fréquentées étaient le jardin
des Tuileries et les boulevards, en particulier le
boulevard des Italiens. Les Champs-Élysées étaient
alors à l'état de solitude et quasi déserts. A partir

du rond-point actuel jusqu'à l'Arc de Triomphe, il n'y avait ni habitants ni habitations. Le bal Mabille, seul, attirait le monde des plaisirs : le soir on y allait voir gesticuler Chicart et sa danseuse. Pendant la journée, le Parisien de ce temps-là fait ses affaires, dans les magasins, dans les études, dans les cabinets d'affaires, au Palais de Justice, à la Bourse, — tout le monde travaille. Mais on ne voyait point alors, dans les rues et dans les rez-de-chaussée, cette agitation, cette foule bigarrée et en même temps uniforme, qui remplit et encombre aujourd'hui la ville prodigieusement transformée. Les communes voisines n'avaient pas encore été annexées; la cité ancienne avait conservé sa physionomie. Il y avait un endroit de cette ville, universelle par son rayonnement et si originale dans ce temps-là, où un certain monde fréquentait, le monde le plus parisien de Paris e la promenade la plus parisienne aussi : c'était le boulevard des Italiens, depuis la Madeleine jusqu'aux rues de Richelieu, d'un côté, et Montmartre de l'autre. Des cafés célèbres, où l'on trouvait la meilleure chère du monde, y recevaient une élite de la société parisienne et de la colonie étrangère. Les cercles en renom y attiraient le monde de premier rang, et le café Tortoni, situé à l'angle de la rue Taitbout et du boulevard des Italiens, servait de point de ralliement à la jeunesse dorée de ce temps-là. Il s'y est dépensé plus d'esprit, plus de gaieté, plus de grâce et de belle humeur française que oncques on n'a vu nulle part ailleurs depuis.

Des théâtres, depuis l'Opéra situé rue Le Pelletier et les Italiens, salle Ventadour, et depuis Les Français, qui attiraient alors un public choisi, par le talent supérieur d'acteurs et de chanteurs de premier ordre, jusqu'au théâtre du Palais-Royal, où un groupe d'acteurs comiques, jamais égalés depuis cette époque, jouaient des pièces de l'esprit le plus français et le plus amusant, jusqu'aux théâtres situés très haut sur le boulevard que l'on appelait le boulevard du Crime parce qu'on y jouait des pièces dramatiques de l'art le plus sombre. Là aussi se trouvaient les Funambules, renommés par le jeu des pantomimes alors célèbres, et le théâtre de la Gaîté, rendez-vous de tous les amateurs de gaieté de bon aloi.

Après les théâtres, certains cafés, comme le café Napolitain et Tortoni, et des restaurants en renom recevaient tout un monde de gai loisir. En temps de Carnaval, toute cette ville se livrait aux joies naïves et regardées aujourd'hui comme des divertissements d'ordre inférieur, mais vivants et de bonne humeur française. Les bals masqués faisaient fureur; et il n'était pas jusqu'à la promenade du Bœuf gras à travers les rues et les boulevards de la ville qui ne servît à l'amusement de cette foule, oubliant pour un jour les tracas et les fatigues de la vie. Les bals masqués de l'Opéra étaient vivants et vraiment gais. Bref, la ville entière se livrait avec entrain aux délassements et aux joies des quelques journées du Carnaval. Les masques circulaient dans les rues et amusaient cette foule à la recherche de tout ce qui pouvait la divertir. De longues files de voitures découvertes remplies de gens masqués et costumés circulaient à la file, depuis la Madeleine jusqu'à la Bastille : le soir et la nuit, et tout le long de ces journées dédiées aux plaisirs, on s'amusait.

Le temps de Carême amenait une sorte de suspension de la vie tumultueuse et agitée du Carnaval; mais vers la fin, et par exemple le jour du
Vendredi saint, c'était une vieille coutume renouvelée de l'ancien temps de faire le pèlerinage de
Longchamp : et l'on pouvait voir les somptueux
équipages du faubourg Saint-Germain, mêlés aux
plus riches voitures de la chaussée d'Antin, mon-
tant à la file, pour en revenir avec le même cérémonial, la grande voie des Champs-Élysées.

Le monde de loisirs passait alors à Paris les
mois d'hiver. Les relations mondaines étaient
fréquentes pendant la saison. La vie sociale était
empreinte de bonne grâce et de simplicité. On
dansait au piano accompagné d'un flageolet ou
d'un violon. On dansait, à la française, contredanse
et valse, auxquelles on adjoignit dans ce temps-là
la polka et la valse à deux temps. Les rafraîchis-
sements étaient de la plus grande simplicité : eau
sucrée, sirops et du thé tout au plus.

Pendant les premières années du second Empire,
Paris était resté dans les limites de son ancien
octroi; et les communes voisines n'avaient pas été
absorbées, comme elles l'ont été depuis. C'est
ainsi, par exemple, que l'octroi du côté ouest était
établi un peu plus haut que l'église Saint-Philippe-
du-Roule, à la hauteur du boulevard Friedland, et
à la place de l'Étoile derrière l'Arc de Triomphe de
la Grande Armée. Les plus grandes voies ouvertes
à la circulation étaient la rue de la Paix, la rue
Royale, la rue Vivienne, la rue Richelieu et les
boulevards. L'hôtel Ventadour, affecté depuis à la
Banque de France, était encore le théâtre des
Italiens; et l'Opéra était situé dans la rue Le Pelle-

tier, au fond du passage, dit de l'Opéra, ouvert sur les boulevards.

Napoléon III, durant les longues années de sa préparation à ses futures destinées, avait évidemment médité sur les projets qu'il se proposait de réaliser. Les œuvres furent parfois contrariées par des incidents imprévus; mais elles avaient pour la plupart été préconçues en vue de plans arrêtés d'avance. Les unes avaient trait aux embellissements intérieurs dans Paris, qui devaient marquer son règne; les autres, d'une politique plus profonde et plus aventureuse, se rapportaient à l'idée générale de la revanche de l'aigle impériale contre les puissances européennes coalisées en 1814 et 1815 contre l'Empire.

Sans doute, aussi, Napoléon III s'inspirait dans cet ordre d'idées de ce qu'il avait vu à Londres. Il ne lui importait guère non plus de laisser à Paris le cachet particulier de cette ancienne capitale du royaume de France; et il a paru avoir eu en toutes choses la préoccupation de donner un aspect nouveau aux choses matérielles marquant l'ère réouverte de l'Empire. On pourrait dire sans exagération qu'il transforma la ville de Paris, et qu'il en fit une cité nouvelle. L'œuvre accomplie est d'ailleurs grandiose; et Paris devint sous son règne une autre ville, accrue, modifiée, transfigurée et faisant figure de capitale d'Empire.

La transformation commença par la résidence même du chef d'État. On fit disparaître les vieilles rues qui encombraient une large part du Carrousel et on relia l'ancien Louvre au pavillon de Marsan dans toute la longueur de la rue de Rivoli; de même on rattacha le palais de Henri II au pavillon du bord de l'eau ; ces deux pavillons formant alors l'extrémité des deux ailes du palais des Tuileries.

Tout un quartier de la ville, que l'on appelait la Butte des Moulins, disparut peu à peu en vue du percement de l'avenue de l'Opéra. On construisit tout d'une pièce le boulevard Malesherbes, avec l'église Saint-Augustin, et d'autres grandes voies encore, telles que la rue Lafayette, le boulevard Voltaire, la place de la République, en même temps que se garnissait de maisons l'avenue des Champs-Élysées. Paris se trouva ainsi transformé comme par l'effet d'une baguette magique. Le magicien était l'Empereur lui-même. Mais le principal exécuteur de cette opération prodigieuse fut le baron Haussmann, qui, nommé préfet de la Seine en 1853, occupa ces fonctions jusqu'aux premiers jours de 1870, aidé par un architecte de génie, M. Alphand. A partir du jour où l'Empereur confia ses projets à M. Haussmann et où ce dernier les exécuta, Paris ne fut plus Paris : il est devenu autre chose de très grand, très magnifique, très populeux et très hospitalier, jusqu'à la promiscuité, mais aussi très différent d'une autre manière. Il est peut-être moins français et moins cher au cœur des Parisiens.

Les grandes manifestations de la vie sociale et nationale avaient encore une physionomie intime et essentiellement française. C'est ainsi, par exemple, que les courses de chevaux, qui avaient pour théâtre le champ actuel du Bois de Boulogne avaient conservé leur caractère primitif.

Rien d'exotique n'en déparait la physionomie. Point de parade ni d'exhibition de modes excentriques, ni de paris surtout. Le public était uniquement attiré par le spectacle de la course, et il se passionnait pour les jockeys qui portaient les couleurs de la France. C'était du délire quand un cheval français remportait le prix; et le bon peuple qui remplissait le champ de courses, libre alors des banques interlopes et des marchandises qui l'encombrent maintenant, se livrait aux manifestations les plus bruyantes de cette joie vraiment patriotique.

On ne voit plus rien de pareil maintenant, ni dans la foule ni dans le monde chic qui remplit les tribunes. C'est à peu près à dater de cette époque que se manifesta une sorte de délaissement du sentiment purement national, sacrifié à divers engouements exotiques. L'engouement pour tout ce qui est étranger, objet du culte des faux dandys de ce temps-ci, commence, semble-t-il, à écœurer les vrais Français de France. Quand l'exotisme cessera d'être à la mode, ce sera le signal d'une ère de relèvement.

A la date où je suis arrivé, l'œuvre de décomposition sociale n'était pas encore apparente; et, si elle était déjà commencée, on n'aurait pas pu la pronostiquer.

Paris, ni dans son état matériel, ni dans ses mœurs générales et privées, n'avait perdu sa physionomie d'antan; et sa population conservait aussi ses mœurs particulières.

La province, après le premier choc ressenti, et lorsque les foyers de révolte furent éteints sous la forte compression d'une répression sans pitié, avait également repris son aspect accoutumé. Gens des campagnes et gens des villes revenaient à leurs habitudes, qui avaient encore conservé quelques bribes des traditions anciennes. L'industrie et les inventions mécaniques appliquées à la transformation de la matière et aux œuvres jadis réservées au travail manuel n'avaient pas encore produit tous leurs effets. Les travaux des champs utilisaient dans une large mesure les bras des ouvriers des campagnes. Le mécanisme industriel n'avait pas encore remplacé le travail manuel, ni pour cultiver la terre, ni pour engranger les récoltes. Mais, et surtout, les lois militaires ne recrutaient pas alors toute la jeunesse des générations successives; et la plus importante partie de ces générations échappait ainsi à l'attrait du séjour des villes.

Après les ébranlements, successifs que subit notre pays, maintenu depuis longtemps dans une sorte de déséquilibre, il retrouve toujours l'usage de son bon esprit, fait non pas d'insouciance, mais de bon sens et d'une belle dose de raison. Aussi longtemps que la bête qui est en elle, comme en toute nation, n'aura pas anéanti les beaux dons que la nature lui a prodigués, elle pourra survivre à ses révolutions. Il suffira pour cela d'un secours nécessaire, à savoir : que Dieu lui vienne en aide!

Les impressions d'un homme qui a vu les choses dont il parle ne peuvent ressembler à quoi que ce soit d'un récit historique. S'il réussit à se dégager de toute opinion préconçue, le tableau qu'il trace des époques qu'il a traversées a sûrement une grande part de réalité. D'ailleurs les événements auxquels il a assisté, les hommes qu'il a vu passer sur la scène du monde ont en eux une part de réalité et une part de fiction; parce que, dans le monde, tout se teint des nuances variées du prisme qui colore la vie.

A le juger par les actes de sa vie si mouvementée et si diverse, l'empereur Louis-Napoléon Bonaparte, ou Napoléon III, n'était pas d'un seul bloc. Comme la plupart des hommes, sinon tous, il était, non pas fourbe, mais divers. Il était rêveur et réaliste; il imitait volontiers Napoléon Ier et il avait l'ambition d'être compté parmi les dynasties établies : il rêvait d'être un chaînon de famille traditionnelle; et il affectait parfois d'être un parvenu heureux : c'est ainsi qu'il imitait son grand-oncle, en se mésalliant par un mariage avec une simple mortelle.

En politique, il y avait en lui de l'homme de tradition et du carbonaro. Il paraît bien, à le juger par ses actes, qu'il nourrissait au fond de l'âme le projet d'avoir la revanche de Waterloo, et qu'il avait considéré cette revanche comme devant être la consécration de sa dynastie. De là, la série de guerres qu'il a entreprises et jusqu'à la dernière, dont la fin devait déjouer si horriblement ses espérances.

Mais je n'entends nullement écrire l'histoire de Napoléon III ni celle de son règne. C'est un tableau que je voudrais tracer, en reproduisant avec exactitude, et sans en tirer des conclusions ou des effets de plume, les faits et les personnages que j'ai vus pendant cette période.

L'Empereur devait avoir hâte de se marier : le double souci d'avoir une cour et de consolider la dynastie l'y engageait. Avait-il fait des tentatives d'alliance avec quelques filles des maisons régnantes et notamment, comme on l'a dit, avec une princesse russe? Je l'ignore. Dépit ou amour? il fixa son choix sur une personne de noblesse, mais non de race royale, qu'il avait, disait-on, remarquée pour sa beauté, Mlle Eugénie de Montijo.

Le mariage fut célébré en grand apparat à Notre-Dame, et suivi de brillantes fêtes. L'Empereur, soit par goût, soit par calcul, reconstitua une Cour avec toutes les pompes, le cérémonial, le personnel de haut rang, et la suite, qui rappelaient certaines désignations pompeuses des personnes attachées autrefois à la personne de Napoléon Ier et de Joséphine. Ce fut une résurrection de la Cour impériale et des services d'honneur en tout genre qui accompagnent, embellissent et entravent la vie des Majestés. Des fêtes publiques furent organisées pour célébrer l'événement et pour y associer la population parisienne. Le duc de Morny imagina lui aussi une renaissance parlementaire, en donnant au Palais-Bourbon une fête merveilleuse, à laquelle l'Empereur et l'Impératrice assistaient. La Ville de Paris dut manifester également; et le préfet de la Seine prépara et organisa une fête fort belle. La France enfin donna le concours qu'elle donne à tout ce qui la remue et l'amuse.

Jusqu'à l'avènement de Napoléon III, les mœurs et les habitudes sociales de la France n'avaient pas notablement changé. La construction successivement avancée et l'usage de plus en plus fréquent des lignes de chemins de fer avaient, il est vrai, modifié sensiblement le genre de vie des Français, jusqu'alors casaniers et attachés chacun

à son sol natal; les relations de la province avec
Paris avaient un peu modifié les mœurs de l'un et
de l'autre; toutefois les changements réalisés
n'étaient pas très apparents.

Et, par exemple, les provinces du nord gardaient
encore, du moins, comme une empreinte très
superficielle, les traces d'occupations étrangères,
dans les habitudes, dans le langage même, et
dans certaines façons d'être très caractéristiques.
L'œuvre de Vauban était encore intacte; et presque
toutes les villes du Nord, de l'Artois, de la Picardie
et de l'Ile-de-France étaient encore fortifiées :
ainsi Arras, Douai, Valenciennes, Amiens, Doul-
lens, Saint-Quentin, Laon, Soissons, Avesnes, Le
Quesnoy, Cambrai, et peut-on dire toutes les
villes de cette contrée étaient fortifiées. Lille et
Maubeuge sont les seules qui aient été maintenues
à la garde de nos frontières du nord. Plaise à
Dieu que le génie militaire ait été dans cette
affaire le génie de la France! La langue usuelle de
ces contrées gardait encore la trace d'idiomes
étrangers, et les coutumes, les manières, les habitudes de corps et d'esprit étaient empreintes de
vieux lambeaux des manières de vivre d'autrefois.

La population était dense alors, dans les provinces; et on voyait partout de nombreux groupes
d'enfants qui grouillaient, et qui vivifiaient les villages. Les vieux usages existaient encore, fêtes,
cérémonies de religion, et jeux en commun. Les
familles riches n'avaient pas encore déserté les
campagnes pour la ville. Elles y menaient ce qu'on
appelait, bien souvent par politesse plus qu'en
réalité, la vie de château. Tout au moins elles

étaient des centres de lumière et d'urbanité, qui maintenaient la France entière à un certain degré de civilisation intime, supérieur à l'existence habituelle des autres nations.

Tout ce monde des campagnes, châtelains et simples villageois, avaient encore, à cette époque, conservé les habitudes religieuses, qui autrefois maintenaient tous les Français dans une sorte d'intimité familiale, du moins à certains jours et à certaines fêtes de l'année. Les mœurs étaient en général très régulières. La promiscuité des villes et les dépravations presque fatales de la vie de garnison n'avaient pas alors vicié et déformé la jeunesse française, qui était restée saine et forte et féconde en enfants.

Après les premières effervescences calmées qui avaient suivi le coup d'État, les Français, qui au fond ne demandent qu'à être gouvernés, subissaient volontiers le Régime impérial. Ce Régime d'ailleurs, habilement conduit par des chefs intelligents et par des administrateurs capables, se montrait débonnaire et bienfaisant aux yeux de la population, dont il servait bien les intérêts matériels. Et enfin, on a eu souvent dans le siècle écoulé l'occasion de le constater, la France, qui est une grande dame, n'a pas le goût de garder longtemps sa mauvaise humeur ni de mâchonner ses rancunes.

Les fonctions publiques avaient conservé leur importance sociale et leur décorum. On n'y entrait pas encore comme dans une basse-cour; et cette aristocratie du dernier siècle avait gardé son rang et ce qu'on pourrait appeler ses privilèges quasi héréditaires. La magistrature avait encore

conservé ses traditions et ses privilèges honori-
fiques ; elle avait aussi gardé ses anciennes mœurs
et, avec son honorabilité, son rang à part dans le
monde. En un mot, les corps de la nation, telle que
la Révolution l'avait faite, avaient conservé les privilèges d'honneur qui leur avaient appartenu ; et ils
avaient encore leur place à part dans la société
nouvelle. Dans le monde officiel, l'honorabilité
était la règle, et les infractions à certaines exi-
gences de moralité et de tenue étaient jugées sévèrement. Les idées du temps imposaient, au moins
extérieurement, une certaine décence dans les
mœurs et même dans la tenue extérieure, chez
tout homme revêtu d'une part quelconque de l'autorité. Le débraillement extérieur atteste un dédain ou un mépris de la règle, qui témoigne en
général d'un relâchement pareil dans l'exercice de
la fonction. Les hommes politiques qui exigent
chez les fonctionnaires de bonnes mœurs, au moins
extérieures, sont des gens avisés, qui savent que
tout se tient dans les choses et dans les affaires de
ce monde. La mauvaise tenue extérieure chez les
fonctionnaires implique presque à coup sûr le
relâchement du devoir.

Napoléon III n'était pas par nature un despote ;
son caractère personnel et les accidents de sa vie
ont gouverné sa conduite, et il a témoigné tout à
la fois d'une continuité de vues très tenace et d'une
certaine incohérence dans les idées directrices.
C'est qu'il y avait en lui deux hommes, le successeur d'une dynastie qu'il voulait implanter, et le
sectaire imbu des doctrines sociales qu'il tenait à
la fois de son esprit nébuleux et des vicissitudes
de sa vie. L'homme privé chez lui, au dire des

personnes qui l'ont approché, était plein d'aménité et de bonne grâce ; l'homme public, à le juger par ses actes, était incohérent, partagé entre la pensée intime de fonder, ou plutôt de reconstituer, et, d'autre part, de consolider la dynastie napoléonienne et d'accommoder les idées de la Révolution avec les principes d'autorité ; et de réaliser le type d'une de ces royautés modernes, à la fois constitutionnelles et autoritaires. Il espérait sans doute, qu'avec le temps, il pourrait résoudre ce problème compliqué. Il y employait d'ailleurs les ressources d'un esprit façonné aux intrigues et aux ambiguïtés d'une politique tortueuse. On se le représente assez facilement appliqué, dans son cabinet, à préparer et à faire jouer les ressorts de cette politique, et gardant, avec les apparences d'un souverain dominant de haut les affaires publiques sans y mettre directement la main, la pensée directrice de toute sa conduite, c'est-à-dire l'idée de la revanche de Waterloo, et, d'autre part, l'obsession du passé qui le rivait aux sectes maçonniques et révolutionnaires. Il dissimulait ce cabinet d'affaires sous les dehors d'une Cour impériale pleine de magnificence. Il est d'ailleurs difficile de faire, dans la ligne de conduite de Napoléon III, la part des fatalités d'une situation très complexe et celle d'une volonté préconçue.

Dans les premiers temps il s'agissait d'établir le Régime nouveau, dont la caractéristique était l'autoritarisme.

L'idée fondamentale du nouveau Régime était en effet de rétablir le principe d'autorité, et de mettre fin au désordre gouvernemental et à l'insécurité, qui

étaient le résultat naturel des idées révolutionnaires, attachées à la forme républicaine ou constitutionnelle des gouvernements antérieurs. Le
coup d'État du 2 Décembre, accompli par la violence, caractérisait la forme nouvelle du Gouvernement ainsi établi. Lorsque les violences eurent
cessé, le gouvernement régulier étant formé et
constitué, l'autorité administrative fut armée de
moyens d'action remplaçant les fusils, mais aussi
effectifs pour le maintien de l'ordre. La dictature fut armée de toutes pièces, du haut en bas
de l'échelle gouvernementale. On aurait pu répéter
le mot : « L'ordre règne à Varsovie ». La machine
de forme constitutionnelle fonctionna d'ailleurs
sans troubler l'ordre établi. Le Sénat était soumis;
le Corps législatif était comme muet. La candidature officielle tenait la main à ce qu'il fût composé
de députés inoffensifs. A tous les degrés de
l'échelle administrative, le mot d'ordre était de
ronfler; et le pays, après le premier moment passé
des résistances, se mit sans trop de regret à ce
diapason constitutionnel.

Cette appellation de candidature officielle veut
être expliquée. En réalité, ce fut un mode particulier de votation destiné à remédier au mal du
suffrage universel. Lorsque, à la première Restauration, les funestes inspirateurs de Louis XVIII
rétablirent le Régime constitutionnel de 1790, ils
avaient essayé de mitiger les périls du suffrage populaire, en introduisant dans la loi constitutionnelle
le principe du cens électoral, lequel fut d'abord de
500 francs d'impôts, et abaissé, après la Révolution
de Juillet, au chiffre de 200 francs. La Révolution
de 1848 avait déchaîné le monstre, en supprimant

même ce frein du cens électoral. Sans le rétablir,
Napoléon III le remplaça par la candidature officielle, c'est-à-dire par l'intervention de l'administration dans la lutte électorale. C'était un procédé
dont il était trop facile d'abuser, et qui devait avoir
pour effet d'introduire dans l'administration tout
entière des procédés de corruption, qui devaient
produire nécessairement les plus fâcheux effets sur
la moralité générale du pays. La candidature officielle avait pour résultat de régulariser une sorte
de marchandage entre l'autorité gouvernementale
et les gouvernés. Elle dénaturait, non pas seulement
le droit de souveraineté appartenant au peuple,
mais le gouvernement même exercé par l'autorité politique. Elle défigurait le Régime constitutionnel fondé sur l'élection, et elle discréditait en
même temps l'autorité gouvernementale. Son seul
mérite était de pallier, dans une certaine mesure,
les vices essentiels du principe même du suffrage
universel. Ce procédé de gouvernement contribua
beaucoup à miner l'autorité civile, en suscitant
contre elle les résistances, qui se changèrent
promptement en ressentiments sans frein, de la
part des candidats évincés et vaincus par l'autorité gouvernementale, mise au service de leurs
adversaires. Dans ces duels de nature politique, ce
n'étaient pas seulement les principes qui étaient en
jeu, c'étaient encore et surtout les intérêts d'ordre
plus ou moins avouables. Mais, dans le champ clos
électoral, tout prend aisément et uniquement les
couleurs de la politique ; ce qui fait passer toutes
les vilenies. Et ces luttes suscitaient fatalement de
formidables amas de colères et de ressentiments,
autant de causes de faiblesse pour le Régime établi.

A un certain moment la tension devint tellement menaçante que l'Empereur crut l'heure arrivée de la détendre, en revenant aux pratiques antérieures des gouvernements constitutionnels. Pas
tout à fait pourtant, car il maintint les pratiques
des candidatures officielles, mais il en revint peu
à peu au Régime parlementaire, en rendant la
publicité aux séances du Corps législatif, et à l'ensemble des institutions une certaine élasticité.
Petit à petit, la voie s'élargit des concessions faites
à l'opinion publique. Celle-ci, sous forme d'articles
de journaux, ou même de pamphlets anonymes
mais écrits avec des plumes acérées tenues par
des mains habiles, s'enhardissait graduellement
et se manifestait à l'aide de procédés dangereux.
L'opposition libérale s'émancipait peu à peu ; et on
ne devait pas tarder beaucoup à la voir menaçante.

Ce fut aussi l'occasion de l'entrée en scène, et
sur toutes les scènes, de l'élément juif, qui jusqu'alors avait généralement été tenu à l'écart de
la société française. La Banque allait triompher
avec les spéculations sur les terrains, les démolitions d'immeubles et les reconstructions. Un autre
élément vint s'ajouter encore à ce mouvement
d'affaires, qui donnait au monde parisien l'aspect
d'un foyer d'incandescence. C'était le développement des lignes de chemin de fer, qui mettait en
jeu tout un monde d'affaires, d'émissions de
valeurs, de spéculations sur les titres. En même
temps, les routes et les chemins mettaient de plus
en plus en communication et en mouvement les
populations des villes et les campagnes. Tout à la

fois tendait, avec une intensité extrême, au développement des relations entre hommes et des
affaires en tout genre qui en étaient la suite naturelle.

Ce fut le point de départ d'une période nouvelle,
pendant laquelle l'argent tint le premier rôle, et
aussi, par voie de conséquence, l'homme d'argent. Or, parmi les hommes d'argent se trouvèrent
au premier rang et surgirent tout à coup des ban-
quiers juifs, qui se trouvaient là comme sortis de
terre, pour tenir la banque de cette puissante personne, la France, en voie d'enfantement financier.
Leurs noms? c'étaient, après les Rothschild, les
Péreire, les Mirès, les Camondo, etc. Ces hommes
furent les créateurs d'une richesse nouvelle, la
richesse financière, reposant sur des calculs fondés
ou non et représentée par des titres en papier,
remuée, discutée, achalandée à la Bourse. Déjà,
sous le gouvernement de Louis-Philippe, la finance
israélite avait pris une extension considérable,
puisque c'est en 1844 que Toussenel publia son
livre : *Les Juifs, rois de l'époque,* livre alors peu
remarqué, mais plus tard célèbre. La spéculation
était née, ou du moins reprenait une fois encore
possession du marché français et aussi, hélas! des
âmes des Français. Ce fut le point de départ de
grands changements dans l'âme nationale, dans
les fortunes des Français, dans leur mode de vivre
et aussi de sentir. L'antique honneur a reçu par
le fait de ces changements de terribles blessures!
Les mœurs commerciales y subirent des atteintes
graves, les mœurs sociales et mondaines des
déchéances lamentables, parce que celles-ci sont
irrémédiables. A dater de cette époque, les Juifs

forcèrent la porte de la société française et, pis
encore, des familles françaises.

Dans le monde officiel, les choses avaient conservé leur ordre accoutumé. Comme je l'ai dit, on
y maintenait encore les vieilles habitudes de régularité et d'honorabilité. Un certain signe des temps
caractérise toutefois cette époque. Et c'était un
signe bien étrange sous un règne qui aurait pu
se réclamer de la gloire militaire. Il est pourtant
certain que, vers la fin de l'Empire, l'esprit militaire avait sensiblement baissé, jusqu'au point de
se transformer en un sentiment contraire. Et c'est
un fait bien extraordinaire dans le pays de France,
où tout ce qui touche à l'armée rencontre le point
sensible. On ose à peine l'écrire, mais le fait est
certain, et tous les contemporains de ce temps-là
ont pu l'observer. Il est tellement en opposition
avec le sentiment le plus général peut-être du
peuple français qu'il veut être expliqué.

Ce n'est certes pas la peur des coups et la défaillance du sentiment de l'honneur qui furent la cause
de ce singulier phénomène. La France n'a pas subi
une telle déchéance. Mais tout l'éclat donné au
pouvoir souverain ne pouvait faire oublier tout à
fait et si vite l'humiliation du coup d'État, auquel
l'armée avait coopéré avec un zèle, avait-on dit, suscité par des moyens de corruption peu avouables.
D'autre part, les idées de liberté et même d'une
République n'avaient pas été étouffées entièrement
par les mesures nécessairement dictatoriales qui
avaient suivi. Une fraction importante de la classe
bourgeoise et la génération nouvelle étaient encore
imprégnées des sentiments qui, depuis la Révolu-

tion, hantaient l'âme des Français. De là, sans doute, l'espèce d'affaissement qu'avait subi l'esprit militaire, qui, d'ordinaire en France, prime tout. Tout est complexe dans les affaires de ce monde. Cette sorte de mauvaise grâce à l'égard de l'armée, que l'on put constater pendant cette phase du Régime impérial, ne fut pas sans servir de texte à des reproches et à des récriminations mutuelles, lorsque surgit tout à coup la formidable menace de guerre entre la Prusse et la France. Ajoutez les réminiscences d'un passé lointain, dont les Français se souviennent, avec la vision des invasions et du reste. Hélas! est-il un parti en France qui ait le droit de triompher des faiblesses des autres? Il paraît vrai de dire que la classe relativement supérieure de la nation ne s'est pas associée, du fond du cœur, aux faits d'ordre militaire qui ont signalé le règne de Napoléon III.

Ce règne pourtant a été rempli par des guerres et des opérations militaires qui ont eu, en conséquence finale, les résultats les plus considérables dans l'état de l'Europe. Quoique Napoléon III ne fût pas un guerrier par nature, il semble s'être complu à guerroyer. Il n'y avait pas été poussé par des circonstances imprévues. Il semble au contraire qu'il avait apporté sur le trône des conceptions générales qui le conduisaient nécessairement à ces conséquences; et que, à un second point de vue, il avait obéi à des nécessités provenant de ses relations premières avec les sociétés secrètes dont le siège était principalement en Italie. La revanche de Waterloo, d'une part, et, de l'autre, des promiscuités plus ou moins fatales avec les pires révolutionnaires du monde moderne sont au fond des résolutions de l'Empereur pendant le cours de son règne.

Dès le début de ce règne, c'est au principal vainqueur de 1814 et de 1815, à l'Empire russe, que Napoléon III déclara la guerre. Cette guerre coûta à la France beaucoup de sang et d'argent, sans grand profit, sauf pour l'honneur de nos armes, qui fut vaillamment soutenu par les troupes conduites par des hommes de guerre véritables, parmi lesquels se distingua le maréchal de Mac-Mahon à la suite de la prise de Malakoff et dont le mot légendaire « J'y suis, j'y reste » est attaché à son nom.

Ce n'était pas sans peine que le gouvernement français avait mené à bien cette campagne.

Par une sorte d'instinct qui gouverne les peuples aussi bien que les hommes, la France n'avait pas, en quelque sorte, pris parti dans cette guerre, qui ne lui disait rien. Sans doute, on s'associait de cœur aux péripéties de la campagne, qui fut meurtrière, et par les maladies décimant l'armée et par les rudes combats que soutinrent vaillamment les troupes russes. Il est vrai aussi, — et comment en eût-il été autrement? — il est vrai qu'après la guerre finie, après la prise glorieuse de Sébastopol, la France acclama son armée au retour de l'Orient. Mais, par cet accord secret qui unit les sentiments de tout un peuple dans les cas de crise nationale, les Français n'accordèrent au triomphe définitif qu'un sentiment assez froid. En outre, les profits de cette guerre étaient problématiques.

Par une fatalité de sa situation personnelle, les guerres entreprises par Napoléon III eurent le

caractère d'actes personnels au souverain, plus
que d'événements nationaux. Cependant, en 1859,
lors de la guerre d'Italie, dirigée contre l'Autriche,
il eut l'appui d'une partie de l'opinion publique
française. Cette guerre, il la faisait sous l'impulsion de ses ressentiments dynastiques et aussi des
tendances qui l'avaient poussé jadis dans les rangs
des révolutionnaires italiens. Les Français qui
encourageaient alors Napoléon III étaient généralement opposés aux croyances religieuses qu'il
avait promis de sauvegarder; et la plupart de ces
Français formaient le parti qui devait un jour renverser l'Empire.

Lorsque le comte de Cavour, poursuivant son plan
fort habile, entreprit de chasser l'Autriche du territoire italien, l'Empereur trouva l'occasion bonne
de faire la guerre à un des champions du soulèvement de l'ancienne Europe de 1814 et de 1815.
L'Autriche avait fait partie de la Sainte-Alliance. Il
se joignit aux Piémontais pour faire la guerre à
l'Autriche. Il y gagna, il est vrai, le comté de Nice
et la Savoie. C'était beaucoup, mais la contre-
partie diminue singulièrement la valeur de cet
avantage, quand on considère que Victor-Emmanuel et le comte de Cavour, après avoir dépouillé successivement de leurs États, non seulement l'Autriche, mais encore le duc de Modène, le
duc de Parme et Florence, et le roi de Naples et le
Pape lui-même, purent constituer, à nos portes,
un royaume d'Italie destiné à devenir un obstacle
et un danger pour la France, et un rival pour elle
dans la Méditerranée. Cette création à nos portes
d'un royaume unifié sous le sceptre des rois du
Piémont était le résultat forcé d'une politique tor-

tueuse, incertaine, dans laquelle se trouva engagé et comme empêtré l'empereur Napoléon III, qui traîna toute sa vie péniblement les liens d'anciennes attaches avec les pires conspirateurs, ennemis surtout de la Chrétienté. Il avait au fond de l'âme le sentiment de ses devoirs envers la Papauté : il était, on peut le supposer, rentré dans le giron de l'Église. Il fit quelques efforts pour arrêter le roi Victor-Emmanuel dans la voie qui le menait à Rome. Son attitude et sa conduite, dans cette extrémité où il se trouva placé à la suite de ses fautes ou de ses faiblesses antérieures, dénotent son incertitude, son embarras, et au fond sa faiblesse en face d'anciens amis ou complices. Il est difficile et grave de se faire juge des mobiles si divers, raisonnés ou inconscients, qui dirigent la conduite des hommes; et pourtant, quand ces hommes sont des chefs d'État, l'intérêt des peuples a sa place dans le jugement que l'on porte sur cette conduite. A ce titre, le jugement qui frappe l'empereur Napoléon III s'inspire de l'intérêt de la France gravement atteint par la formation sur son flanc et au centre de la Méditerranée d'un royaume unifié sous le nom d'Italie. Mais ce qui condamne surtout l'attitude de Napoléon III, c'est le sort fait à la Papauté par les Italiens, au mépris du droit supérieur des souverains, au mépris de la Chrétienté, au gros dommage causé non seulement à Rome, mais encore à toutes les nations qui relèvent d'elle par le lien sacré de la subordination, envers le chef souverain du monde catholique. La souveraineté du Pape, réduite à Saint-Pierre, au Vatican et à ses jardins, domine encore le monde : la dynastie napoléonienne, dans la personne de

Napoléon III et dans celle de son fils, a eu une triste fin.

La France cependant, en dehors de son gouvernement, a combattu pour le droit et pour la Croix comme elle l'a toujours fait : telle est sa destinée! Comme au temps des Croisades, ses enfants se levèrent pour aller au secours de Rome et du Souverain Pontife. Il se trouva un grand chef pour les conduire, c'était le général de Lamoricière, un des héros des guerres d'Algérie, nouveau chevalier sans reproche et sans peur. Quelques milliers de héros comme lui, soldats volontaires du pape Pie IX, s'engagèrent sous son drapeau et livrèrent bataille pour la défense de Rome, du Souverain Pontife et de la Croix. Il ne sera pas dit, du moins, grâce à cette poignée de braves, que la France a failli à l'honneur et à ses devoirs dans le péril extrême de l'Église catholique. Gloire à eux!

Les fausses conceptions politiques et humanitaires qui obsédaient Napoléon III le poussèrent à laisser amputer le Danemarck d'une de ses provinces et à laisser écraser l'Autriche à Sadowa. Que dire de l'entreprise mexicaine! Napoléon III installant au Mexique un empereur européen, l'archiduc Maximilien d'Autriche, et l'abandonnant bientôt, dans une situation désespérée! La funeste expédition servit à mettre en relief et à désigner pour d'autres désastres l'odieux Bazaine.

L'Empereur s'occupait beaucoup de l'armée, à laquelle il s'appliqua à redonner son ancien lustre. Il avait créé une garde impériale, dans laquelle les officiers étaient sollicités d'entrer par certaines faveurs. Il aimait à se montrer aux troupes; et il y faisait bonne figure de cavalier. La population de

Paris et celle des provinces n'étaient pas insensibles aux spectacles militaires; et elles se complaisaient aux manifestations de cet ordre. L'armée a toujours été en faveur en France; et le pays s'associe avec un entraînement joyeux aux honneurs rendus au drapeau. C'est dans le sang. Aussi les bruyantes manifestations dont les corps d'armée, en revenant des théâtres de ces guerres diverses, furent l'objet, trouvèrent sur pied tous ces bons Français qui aiment l'armée et qui sont soldats dans l'âme. On applaudissait la belle tenue au retour, la vaillance des soldats à la guerre, mais on ne s'associait pas, du fond de l'âme, au succès des batailles gagnées, parce qu'on ne voyait pas bien quel en était le profit, et qu'au fond on n'avait point dans le cœur la haine du vaincu.

Napoléon III fut l'objet de plusieurs attentats; et le plus connu, celui du théâtre de l'Opéra, rue Le Pelletier, qui fit tant de victimes, était dirigé contre l'ancien conspirateur, par ses complices d'antan présumés. On raconta alors que Orsini, le principal auteur de l'attentat, avait dénoncé lui-même les causes de son crime, commis contre le Prince qui, disait-il, avait manqué à ses serments et trahi la cause des révolutionnaires italiens, et principalement au serment maçonnique qui l'avait associé à tous les révolutionnaires francs-maçons du monde entier. Qu'y a-t-il de vrai? Le grand public ne l'a pas su, mais cette version correspondait à l'opinion générale sur les liens qui avaient rattaché le prince Louis Bonaparte aux sectes révolutionnaires d'Italie.

Napoléon III avait à un haut degré le sentiment des devoirs attachés à son rang. Il avait entouré

le trône d'un appareil de magnificence propre à
relever dans la population l'idée d'un trône et
d'une dynastie. La Cour impériale, avec tous ses
accessoires pompeux d'écuries, de chasse, de sé-
jours dans les résidences impériales, avait été mise
sur ce pied dans l'intention de relever le principe dynastique, et de fixer dans l'imagination
populaire la couronne du chef sur la tête des
Napoléon. Cette préoccupation d'ordre dynastique
rencontrait des dispositions d'un autre ordre chez
l'Impératrice, mais telles néanmoins qu'elles con-
tribuèrent à ajouter à l'éclat de la couronne. Et
enfin l'entourage du Prince se mettait à l'unisson.

La société, celle même qui se tenait à l'écart
des Tuileries, suivait peu à peu le mouvement. De
ce concours d'entraînements vers le luxe, vers les
fêtes, les spectacles et les manifestations de toute
sorte, résultait un mouvement social qui, à de
certains moments, put paraître même quelque peu
désordonné.

Pendant la seconde période du règne de Napoléon III, il se produisit à Paris et dans les châteaux
un débordement de luxe, de plaisirs et de joies
bruyantes, qui rappelait, de très loin il est vrai, la
Cour de Versailles dans les derniers jours de la
Monarchie : même fièvre de plaisirs accompagnée
d'égarements à beaucoup de points de vue funestes ; même futilité et aussi même moralité
relâchée, avec toutefois moins de vraie politesse,
moins de grâce et d'esprit féminin.

Les mêmes causes produisent toujours les
mêmes effets. On peut dire que, depuis le commencement du dix-septième siècle jusqu'à nos
jours, le déclin de l'idée catholique dans le monde

occidental a conduit au déclin des mœurs et de la
vitalité sociale. La crise de 1789 s'est perpétuée
dans le cours du dix-neuvième siècle, avec quelque
temps d'arrêt pendant la Restauration, pendant
même le Régime de Juillet, et à de rares intervalles
d'éclaircie dans cette atmosphère rendue obscure.
Elle dure encore, non sans aggravation, mais aussi
non sans une éclaircie qui semble pronostiquer la
fin de ces ténèbres. A l'heure où nous sommes du
règne de Napoléon III, le désordre social présentait quelque chose de licencieux et de déréglé qui
attestait une moralité fort abaissée. Et comme tout
s'empreint du caractère général d'une époque, ce
fut le temps de l'apogée de l'opérette grivoise et
très osée, qui fut la gloire d'Offenbach et de
quelques auteurs dont la Juiverie était la marque.
Il est vrai que, dans ces œuvres inspirées de l'esprit
du temps, tout était spirituel, paroles et musique,
et que les théâtres français servaient à l'amusement du monde entier. Le monde entier s'ébaudis-
sait chez nous à l'Exposition universelle de 1867.
C'était à la veille de Sedan.

En même temps, le commerce subit de grands
changements dans ses procédés. Les relations économiques avec le monde entier se multiplièrent;
les transactions à l'intérieur devinrent nombreuses
et constantes. De son côté, l'agriculture se trans-
formait peu à peu, et profitait des progrès accomplis dans les modes de cultures, et dans les systèmes d'exploitation et d'échanges. Il y eut alors
un renouveau de prospérité générale, qui accroissait la fortune publique, en même temps qu'elle
améliorait matériellement la condition des travail-
leurs et des propriétaires, principalement dans les

campagnes. Celles-ci n'étaient pas encore généralement désertées au profit ou, selon les points de vue,
au détriment des villes. Une certaine pondération,
dans les éléments divers de la richesse publique,
constituait un état général de bien-être et de prospérité qui contribuait à la popularité du Régime
impérial. Cette popularité était réelle et sincère
dans les campagnes, et même dans la fraction laborieuse et moyenne de la population des villes. Il
restait encore dans les hautes classes des familles
demeurées fidèles au souvenir des anciens Régimes, mais quelques-unes se détachaient peu à
peu du passé; petit à petit, le groupe des fidèles
s'éclaircissait au profit des Tuileries Impériales.
C'est le train ordinaire des choses. Et, en résumé,
il y eut alors un temps d'apaisement et de ralliement véritable. Ce n'est pas à dire que tous les
Français, républicains, orléanistes ou royalistes,
eussent abjuré, mais les fidèles des causes politiques se fatiguent d'attendre, du moment où leurs
espoirs apparaissent comme chimériques. Il y eut
alors un temps de repos et d'oubli dans l'oasis
toujours cherchée et toujours perdue du Paradis
terrestre de la politique.

Ce fut le temps où le Gouvernement impérial
put suivre ses tendances, qui n'étaient pas toutes
bonnes. L'Empereur était bien forcé, pour diriger
les affaires publiques, d'avoir recours à des hommes
dont le passé appartenait aux Régimes politiques
antérieurs. Ils s'y étaient formés à la science de
l'administration et du gouvernement, tels MM. Du-
ruy, Delangle, Rouland et, le premier de tous,
celui qui devait être et rester le pilote du Régime,

M. Rouher. La plupart d'entre eux, sinon tous,
étaient imprégnés des idées du temps sur les
grandes questions qui dominent l'humanité. Amateurs du pouvoir politique parce qu'ils l'exerçaient,
ils avaient la tare générale dans les affaires d'ordre
religieux. Étant hommes d'ordre, ils appréciaient
la valeur de la religion au point de vue de l'aide
qu'elle prêtait à l'autorité publique, mais ils ne
lui soumettaient pas leur propre conscience : et
ils subordonnaient cet ordre de choses à leur ordre
à eux, c'est-à-dire à celui du Régime impérial. Ils
avaient vis-à-vis de l'Église et de Rome les égards
qui, de leur vrai nom, s'appellent de la condescendance, mais rien de plus. Et l'Empereur gardait,
vis-à-vis du Pape, le ton un peu rogue de l'impéria-
lisme du Concordat. A de certains moments, le gouvernement crut devoir entrer dans la voie des mesures rigoureuses, notamment contre la Société de
Saint-Vincent-de-Paul. D'autres que lui, beaucoup
plus tard, en ce sens ses successeurs, ont imité et
aggravé cet exemple. Après la Révolution, l'autorité publique avait été restaurée par un homme de
guerre et de génie, mais il y manquait le respect
et la compréhension des principes supérieurs, qui
sont le fondement même de l'autorité. Le respect
extérieur de l'autorité et la subordination envers
elle remplaçaient *l'honneur de servir*. Servir! avait
été le mot d'ordre glorieux de tout un peuple pendant des siècles. Le sens profond du mot était
déjà perdu. Il n'a pas été retrouvé. Le sentiment
de l'intérêt et l'appétit de se hausser ont remplacé
dans les âmes le vrai sentiment du devoir. Le second Empire, tout en rétablissant l'idée de l'autorité
dans les institutions et dans le gouvernement, ne

pouvait réimprimer dans l'âme des fonctionnaires
l'idée, d'une certaine manière religieuse, du respect
hiérarchique et de l'accomplissement du devoir.

A la suite des actes dictatoriaux accomplis par Napoléon III et d'un temps de silence ou, si l'on veut,
d'apaisement, résultats habituels d'événements
tragiques, l'esprit public se redressa peu à peu.
La Presse, les cercles politiques ou, pour mieux
dire, selon le langage du temps, les salons politiques reprirent peu à peu faveur, et il y eut comme
un échappement de soupape, après une pesée du
pouvoir un peu forte. Les lettres, la musique, tous
les arts reprirent leur essor; et ce fut encore un
bel élan du génie national. Dans tous les camps,
la Presse eut des virtuoses, qui chaque matin fournissaient aux lecteurs, de plus en plus friands de
cette prébende quotidienne, l'aliment qui leur convenait. Les rédacteurs du *Constitutionnel* jouaient
les rôles de thuriféraires du pouvoir; Villemes-
sant dans le *Figaro*, Peyrat dans l'*Avenir national*,
de la Guéronnière dans le *Gaulois*, Emile de Girardin dans la *Presse*, Louis Veuillot dans l'*Univers*,
Prévost-Paradol dans le *Journal des Débats*, Pierre
Véron dans le *Charivari*, et d'autres feuilles moins
célèbres suscitaient, en les entretenant chaque
matin dans l'esprit public, les sentiments les plus
vifs de la nation, et tenaient en éveil sa curiosité
toujours avide d'apprendre et savourant toutes
les nouveautés. La grande époque littéraire
ouverte par le mouvement romantique des débuts
du siècle n'était pas fermée. Elle avait repris son
cours avec le rayonnement du génie de Lamartine,
de Victor Hugo, de Musset, de George Sand, du

grand Balzac, d'Émile Augier, de Dumas fils, de Labiche, etc. En même temps le barreau brillait du plus vif éclat; et l'éloquence semblait y avoir trouvé asile, depuis qu'elle avait été bannie des Chambres politiques. Berryer, entre tous le premier, faisait entendre ses belles harangues, dont les plus retentissantes étaient inspirées par ses sentiments politiques, comme dans le procès des Montmorency; à côté de lui, Marie, J. Favre, Crémieux, Lachaud, Chaix d'Est-Ange, Dufaure, Paillet et tant d'autres faisaient du Palais de Justice un étonnant Forum, où l'on entendit alors les plus nobles accents de la plus haute éloquence. La musique, avec Meyerbeer, Rossini, Verdi, Gounod, etc... et des artistes supérieurs, était à l'unisson des œuvres puissantes et charmantes des poètes, des peintres comme Ingres, Flandrin, Rousseau, Millet, et de statuaires, comme Rude, Etex, etc.

Il y eût à cette époque une période pendant laquelle l'art sous toutes les formes reprit son empire, soustrait à un pouvoir politique oppressif au début, et qui peu à peu, sous la pression de l'opinion ou peut-être par la volonté intelligente du maître, se relâchait de ses rigueurs. Il y eut alors un beau rayon de lumière qui illumina le règne, mais en suscitant dans les âmes des mouvements peu favorables au Régime lui-même. Toute cette fantasmagorie brillante s'est terminée par les drôleries de Meilhac, d'Halévy, d'Offenbach et d'autres Juifs, qui, à la grande joie des Français d'alors, mettaient le génie français en caricature.

Cette période intermédiaire du règne, entre les débuts si durs et la chute si terrible, est marquée d'un trait qui restera peut-être comme significatif :

ce fut alors que les mœurs de la société française
se relâchèrent si fâcheusement. En délaissant leur
rigueur comme une gêne, cette société s'accoutuma
à vivre à bride abattue, sans plus se soucier du
qu'en dira-t-on que des jugements qu'en auraient
portés les aïeux. Pour vivre sa vie, — l'expression
n'était pas encore née, mais les classes supérieures
de la nation pratiquaient déjà la maxime — on se
débarrassa, comme d'une gêne, des scrupules de la
forme, de la délicatesse en toute chose et, pour
tout dire, de l'honneur. Ce fut le point de départ
d'une décadence, qui, cette fois, sans lien aucun
avec les idées d'ordre politique, produisit ses
effets dans l'économie domestique, dans la rigueur
des principes de vie qui avait fait la force et l'honneur des familles. On se dégageait des vieux scrupules pour paraître et pour agrémenter son mode
de vivre, on négociait son nom, le nom des aïeux,
dans des arrangements matrimoniaux, et dans ce
qu'on appelait, d'un ton équivoque, les affaires. On
s'apparentait avec la race juive pour des écus ; et
ce n'était alors qu'un commencement, une mise
en train : la haute société française a fait, depuis
lors, d'autres sauts périlleux.

La direction des esprits et la formation intellectuelle des hommes du temps, déviant de plus en
plus des idées qui avaient présidé à l'institution
de l'Université avec M. de Fontanes et, après lui,
avec M. de Frayssinous, s'étaient promptement
empreintes de la philosophie dérivée du dix-
huitième siècle, et déjà sur la voie de l'athéisme,
ou tout au moins de la philosophie kantienne.

Toute cette société issue de la Révolution était

imbue, non pas des sentiments de grossière barbarie des grands Jacobins, mais de l'esprit philosophique plus ou moins éloigné de l'évangile du
Christ. Cet état d'esprit s'était, sauf pendant une
éclaircie sous la Restauration, transmis et perpétué de générations en générations. Ce n'était
pas de l'athéisme grossier et avoué, c'était une
sorte de dilettantisme intellectuel, avec des airs et
avec des prétentions de philosophie supérieure. Et
comme il faut une doctrine réaliste pour constituer et faire vivre le corps social, on avait imaginé
une sorte de religion humanitaire, de l'invention
du Père Enfantin et de Saint-Simon; et quand ces
imaginations dites sociales furent démodées, ce fut
la philosophie pure qui dut réglementer la vie sociale, et le docteur le plus accrédité, dans ce temps
du second Empire, fut Auguste Comte. Auguste
Comte a été l'inspirateur et le guide des intelligences
à la recherche d'un idéal social, après qu'elles
eurent méconnu ou renié l'idéal évangélique.

L'empoisonnement de l'esprit public avait duré
près de cent cinquante ans, avant d'atteindre la
classe ouvrière et la population des campagnes.
Cette dernière n'a été contaminée que lentement,
par l'action surtout de l'enseignement public. La
loi de 1850, en établissant la liberté de l'enseignement, avait produit d'heureux effets même sous le
second Empire, quoique la direction supérieure de
l'enseignement public fût empreinte des opinions
philosophiques du temps et d'une sorte de défiance,
sinon d'hostilité, à l'égard de l'Église. Dans les
campagnes, la grande généralité des instituteurs
était restée imbue des idées de respect et même
d'adhésion plénière aux principes catholiques, et

le virus philosophique n'avait guère encore pénétré jusque-là.

Mais l'action plus ou moins violente et extérieure de la philosophie du dix-huitième siècle, et des théories sociales émanées de cette philosophie, avait, petit à petit, amené la société française à une sorte de délabrement moral. Les causes d'affaiblissement successif de la classe dirigeante (il en faut toujours une) sous l'Ancien Régime sont multiples. La Monarchie, transformée depuis Louis XIV en monarchie absolue, avait répudié son rôle véritable. En livrant le gouvernement aux fermiers généraux et aux intendants, elle destituait la noblesse de son rôle. De là une perturbation complète dans l'État. La Révolution a fait le reste — les classes supérieures ont subi le sort commun et une dégradation particulière — goût de la prédominance et du luxe, avec la pauvreté ou du moins un relatif appauvrissement, jeux de bourse, tripotages, marchandages de titre et de nom, mariages mercantiles, juiverie et dégradation de la race, et parfois des déchéances de probité! Toutes ces causes de décadence de la société française devaient fatalement se faire sentir, avoir des contre-coups funestes sur sa vitalité (1).

A cette époque du second Empire commence l'ère des grands changements opérés dans le mode de vivre et dans les relations respectives des Français. C'était le temps des profondes transformations opérées dans la vie nationale et même dans l'existence des particuliers, par la création

______

(1) Le caractère spécifique de la race juive est de ne se fondre avec aucune autre; et il est sans doute aussi sa raison d'être.

multipliée des lignes de chemins de fer, de la navigation à vapeur, des inventions de toute sorte, qui avaient pour effet de multiplier les rapports des hommes entre eux, de modifier leurs modes de vivre, avec leurs moyens d'existence. Ces créations d'ordre matériel, dues au génie inventif de la race, aux merveilleuses applications de la science aux arts mécaniques, et à toutes les branches de l'activité humaine, eurent aussi pour résultat de changer complètement les conditions de la richesse publique. La création des valeurs fictives, reposant sur des richesses en voie de formation, devait déterminer un nouveau système d'économie politique, en même temps que des richesses fiduciaires. Ce qu'on appelle les valeurs de Bourse entra dans la circulation comme de la monnaie courante, et ce nouveau mode de création de richesses ouvrait l'ère des spéculations basées sur l'argent, source et cause d'une modification profonde dans l'état des fortunes, et, comme conséquence, dans l'ordre moral. L'ordre moral se rattache à la solidité des fortunes et à l'origine de la richesse. Il dépend de l'état mental de la société en général. Il réside surtout dans ce qui avait été le signe particulier de la race, dans le sens profond de la probité et dans le sentiment délicat de l'honneur.

La transformation de l'état social et moral de la France était à peu près accomplie ; mais elle n'était pas le fait du seul Régime impérial. Elle était le résultat des institutions datant de la Révolution, et des idées sociales qui avaient prévalu depuis, sauf pendant quelques rares périodes de retour en arrière. Le mode de gouvernement n'y avait que peu de part. C'étaient les institutions civiles et les influences d'ordre moral qui étaient les causes réelles des changements opérés dans la nation. Le gouvernement du second Empire avait resserré les liens de ce qu'on appelle l'autorité, et, pour ce faire, il avait supprimé dans leur réalité, sinon dans les apparences, ce qu'on appelait les institutions libres; mais, lorsqu'il se crut établi définitivement il jugea possible de desserrer les liens trop appa, rents de l'autorité, et il commença à rentrer dans la voie des institutions dérivées de la Révolution.

Il avait sous la main des hommes très experts dans l'art des transformations et des transactions politiques. Ils avaient presque tous joué des rôles plus ou moins politiques, et dans les rangs des politiciens libéraux, au temps des institutions antérieures. Experts dans l'art des transformations d'ordre politique, sans grande foi et sans grande passion, ils étaient propres à opérer ce mouvement. M. Billault fut le principal agent de cette opération, à laquelle présidait M. Rouher, en toute matière fort sceptique. On rouvrit les portes du Palais-Bourbon, et les séances de la Chambre furent rendues publiques. En même temps, la presse redevint plus indépendante et les écrivains eurent plus de liberté. Dangereux présent fait aux gens de lettres et d'esprit qui savent manier la plume, et qui ont dans leur sac tous les secrets de l'art d'écrire! La presse à demi démuselée devait vite reprendre son empire; et cet empire est immense sur l'esprit des Français que les joies de l'esprit enivrent. Bref, on relâchait tous les liens du gouvernement. On obéissait à la force des choses; et en cela on suivait les inclinations de l'Empereur, qui n'avait pas l'âme d'un despote. Napoléon III avait plutôt, semble-t-il au moins, l'esprit d'un libéral, et il semble qu'il se soit prêté volontiers à un retour vers les Régimes constitutionnels. Il pensait peut-être, et on s'imaginait autour de lui, que, grâce au procédé des candidatures officielles, on maintiendrait les Chambres législatives dans le bon ordre et dans le respect des institutions.

Si, pendant cette période de relâchement dans le mécanisme gouvernemental, les lettres et les arts reprirent avec éclat leur prestige; ce fut bientôt ainsi le triomphe de l'art tintamaresque, inventé par Hervé, Meilhac et Offenbach. Ceux-ci mirent la musique et la poésie au service de l'imagination et de l'inspiration un peu abaissées de l'époque. Les Français trouvèrent très drôle de rire des sentiments élevés et nobles qu'ils n'avaient plus. Mais on riait, on s'amusait comme des petits fous, et il transpirait dans le public qu'au château de Compiègne, où l'Empereur recevait par séries une société choisie, on jouait des charades fort agréables. L'esprit, l'esprit français s'entend, avait pour un temps repris son empire : ce fut un temps de détente entre des orages.

Et déjà on aurait pu pressentir ces orages intenses, formés par une accumulation de griefs et de récriminations. La société élégante et fastueuse qui s'était formée autour du trône n'avait pas assez souci du qu'en dira-t-on. A côté d'elle, et adversativement, d'autres salons s'étaient peu à peu rétablis; et ils étaient ouverts à la fraction sociale qu'on pourrait appeler la faction sociale, laquelle s'était reformée peu à peu, et comprenait toutes les parties de ce qu'on appelle aussi le monde, et qui constituaient ce qui est, en politique, l'Opposition. Ce monde d'opposants faisait accueil à tout ce qui dans les arts, dans les lettres, dans le journalisme surtout, représentait le mieux l'esprit français ranimé et vivifié par l'esprit du parti. C'est un duel dans lequel un gouvernement a toujours le dessous. Les gens raisonnables qui s'abstiennent font en réalité le jeu des mécontents, et, qu'ils le veuillent ou non, font l'appoint des oppositions triomphantes.

De ce côté, la guerre se faisait à coups de satires aiguës dirigées sous toutes les formes contre la Cour, et contre les courtisans, et déjà ouvertement contre le Régime lui-même. Le gouvernement d'alors était plutôt débonnaire, et déjà il se laissait gagner à la main par l'opposition, qui, en France, dans la France d'alors mise en goût par tant de révolutions, a toujours pour elle l'assentiment du gros public. Le gouvernement était entré dans la voie du libéralisme gouvernemental; et dans cette voie, il est très difficile de fixer des limites, et surtout, quand elles sont posées, de les faire respecter. Sous la poussée plus ou moins active, mais toujours agissante de l'opposition, la satire des journaux et même de quelques écrivains d'élite se montrait de plus en plus hardie et dangereuse, les clubs se rouvraient où l'on entendait des harangues révolutionnaires, et il y eut dans les rues des troubles difficilement réprimés.

Soit que le gouvernement ait eu la pensée de faire diversion à cet esprit d'opposition renaissant, soit qu'il y fût porté par l'idée de consacrer par une grande manifestation les progrès accomplis dans l'ordre économique, il résolut de faire une grande Exposition, dans laquelle figureraient les produits sous mille formes de l'industrie française, et ses inventions de tout ordre appliquées à tous les genres de production nationale.

Cette Exposition de 1867, la deuxième depuis l'établissement du nouvel empire, occupa tout le Champ de Mars, transformé pour la circonstance en une ville féerique. Des souverains de l'Europe entière vinrent en France à cette occasion; et, parmi les hommes connus qui les accompagnaient, on vit le comte de Bismarck, qui dès ce temps-là méditait son coup de Jarnac. Pendant la durée de cette Exposition, ce fut à Paris une explosion de manifestations en tout genre. La Cour et la Ville rivalisaient de fêtes, de joyeux entrain, de plaisirs et de folles dépenses. Ce fut une grande foire universelle, joyeuse, brillante et bruyante, dans laquelle la France brillait d'un éclat merveilleux, comme si c'eût été la dernière fusée d'un beau feu d'artifice.

Lorsque les dernières flammes de ce feu d'artifice furent éteintes, le mouvement social et politique reprit son cours. Mais ce cours changea de direction, et il fut précipité par des éléments nouveaux, qui s'étaient mêlés à la société française de ce temps-là.

Cette société était prodigieusement modifiée, depuis le commencement du siècle.

Les nuances qui distinguaient autrefois les différentes classes sociales étaient, sinon effacées, du moins amoindries : et cela pouvait se remarquer dans tous les rangs. En apparence, les diverses classes sociales qui s'étaient formées après la Révolution étaient encore les mêmes qu'autrefois; et pourtant les nuances qui les distinguaient les unes des autres s'étaient déjà modifiées sensiblement. L'Empire avait manifestement caressé le sentiment démocratique, sur lequel il s'appuyait contre les revendications posthumes des classes d'autrefois, maintenant vaincues quant à leur consistance politique, mais survivant encore par les habitudes de vie, et un peu dans l'opinion ambiante. On s'était attaché à créer, ou du moins à favoriser une sorte d'alliance tacite entre les populations des campagnes et l'Empire.

La prospérité des campagnes était réelle, et fortifiait les liens que le Gouvernement s'étudiait à créer entre elles et le trône impérial. Cette prospérité avait pour conséquence des modifications profondes dans le mode de vivre des paysans. Et ce qui relevait encore leur condition, c'est que le Gouvernement s'appliquait à faire admettre dans l'opinion générale l'idée que le pouvoir impérial s'appuyait plus particulièrement sur les populations des campagnes. Cette sorte de relèvement dans leur condition politique leur donnait une importance réelle, qui avait pour conséquence des changements dans leur mode de vivre. Mais ces changements se faisaient surtout sentir dans les parties matérielles de l'existence, habitations, costumes et alimentation. Les mœurs de la vie rustique se relevaient sensiblement, mais les modes d'existence et les habitudes religieuses prenaient plutôt un cours contraire; dès ce temps-là le curé du village avait perdu un peu de son prestige et de son autorité; et le Gouvernement, du moins le pouvoir ministériel, s'attachait plutôt à garder vis-à-vis de l'Église et de ses ministres une attitude de réserve très proche de l'hostilité. Le pouvoir civil et l'épiscopat, sans être tout à fait en méfiance, étaient plutôt en froid. C'est que les ministres et les principaux personnages de l'État n'avaient guère de contact avec l'Église, et que, dans cet ordre de choses, tout se passait en apparences.

Aussi bien, telle était en général la nature des rapports mutuels de la société française de ce temps-là et de l'Église catholique. Parmi la très grande majorité des hommes appartenant à la classe dirigeante, par les traditions sociales, par la fortune, par les institutions hiérarchiques d'ordre gouvernemental, les pratiques religieuses étaient délaissées dans les habitudes de la vie. Une défiance mutuelle entre le clergé et le monde officiel, ou qualifié tel, était le caractère de leurs rapports ; et le clergé ne pouvait conserver son influence sur ses ouailles qu'à l'aide de son autorité propre, secondée cahin-caha par le respect extérieur dont il était généralement entouré. L'Église catholique avait conservé sous le second Empire, et avec l'assentiment marqué de l'Empereur, le rôle extérieur et de premier rang qu'elle avait tenu en France depuis toujours. Toutefois, c'était un état de choses extérieur et de convenance plutôt que le résultat d'une alliance cordiale et féconde. Le plus grand nombre des membres de ce Gouvernement se tenaient à l'écart de l'Église dans une attitude de convenance, mais c'était tout, et, parmi les membres de la famille impériale, le prince Napoléon, fils du roi Jérôme Bonaparte, affichait hautement son hostilité contre l'Église. Celui-ci néanmoins faisait exception et scandale ; et, d'autre part,

il n'avait fallu pas moins que les tractations fort
critiquables, au point de vue national, de l'Empereur avec le roi de Piémont, pour décider une
fille de ce dernier à épouser le prince Napoléon.
Des courtisans avérés, comme Sainte-Beuve, faisaient ouvertement profession d'athéisme. En
dehors de la Cour, dans les classes des gens de loisirs ou de professions libérales, la règle générale
vis-à-vis de l'Église était une réserve polie, mais
une abstention à peu près complète des devoirs
particuliers de catholique. La littérature et la
presse dédaignaient ou attaquaient les croyances
religieuses; à l'exception à peu près unique de
Louis Veuillot; et celui-là fut frappé d'un véritable
interdit civique, pour avoir combattu la politique
impériale vis-à-vis du Saint-Siège et de l'Italie : le
29 janvier 1860, le journal *l'Univers* fut supprimé
sous prétexte de sauvegarder « l'intérêt de la religion et de la politique ». La suppression dura
sept ans.

Par contre, le Gouvernement autorisait une
grande liberté de plume, quand ce n'était pas de
la licence, à l'égard des choses de l'Église. Et
beaucoup de journalistes en renom perdaient toute
mesure en parlant d'elle. Les conséquences de cet
état d'esprit au point de vue religieux avaient sur
les mœurs leur influence naturelle. Déjà se pouvait constater dans les campagnes un certain désarroi de la moralité, en même temps que la décadence d'habitudes pieuses et de régularité dans les
mœurs. Peu à peu le clergé perdait de son influence
sur les âmes, et on pouvait observer partout, dans
toutes les classes de la nation, un certain relâchement de la foi catholique et des pratiques reli-

gieuses, au sein de la paroisse, de la famille et de la société tout entière.

Une nouvelle école philosophique succédait à celle des Cousin et compagnie, qui avait été battue en brèche par les Lacordaire, Ozanam et Montalembert, par les évêques Parisis, d'Arras, et Pie, de Poitiers, par le cardinal de Bonnechose, par l'abbé Perraud, ensuite évêque et cardinal. Ce fut l'école du positivisme, d'Auguste Comte. Cette école était pleine de séductions, en ce sens qu'elle ne heurtait pas trop violemment les consciences, et qu'en donnant une part excessive aux droits de la raison humaine, elle ne brisait pas trop en visière avec l'autorité suprême de Dieu. La doctrine positiviste fut adoptée avec passion par la jeunesse universitaire et par nombre d'hommes qui, tout en se soustrayant à l'autorité de l'Église, faisaient profession de conformer leur vie à une certaine loi morale. Il devait arriver qu'une philosophie plus sincère et plus hardie s'emparerait de cette doctrine pour soustraire les âmes à l'autorité de l'Église catholique et même de la philosophie proprement dite. Le positivisme conduisait directement les esprits à l'athéisme, en soustrayant les âmes à toute autorité religieuse. Il fut le directeur intellectuel d'une grande partie de la jeunesse d'alors, et il a été la grande école d'où sont sorties les générations qui ont suivi, et dont on verra l'œuvre politique et sociale dans la suite.

A cette époque commençait à surgir une génération nouvelle sortie de l'École normale, comprenant des hommes d'esprit alerte, nourris de scepticisme, sinon pis, doués de talents supérieurs, tels que, au premier rang, Prévost-Paradol et, après lui,

Edmond About, Francisque Sarcey, qui entrèrent dans la vie avec un fort bagage de connaissances, de sciences en tout genre, de grands espoirs et d'appétits plus grands encore. Une presse d'opposition, dite libérale, entrait aussi en guerre, avec des armes puissantes et des écrivains pleins de verve acérée, de passion sincère ou non. Les plus ardents n'obéissaient qu'à des mobiles désintéressés, les Rochefort, les Peyrat, les Pierre Véron du *Charivari*, les John Lemoinne des *Débats;* et c'étaient les plus terribles, parce qu'avec plus de talent que les autres, ils avaient aussi sur l'esprit public plus d'autorité.

L'école socialiste, avec une tendance révolutionnaire, avait aussi ses représentants dans la presse et même dans certaines associations. Elle se constituait peu à peu en marge de la société française telle que celle-ci subsistait, avec les débris de l'Ancien Régime et avec les éléments nouveaux issus de la Révolution. Elle se fondait sur les doctrines communistes de Babeuf, de Saint-Simon et autres novateurs, et elle pouvait même se réclamer des opinions émises par L.-N. Bonaparte dans un livre qu'il avait publié pendant son séjour au fort de Ham. Cette école n'avait pas encore un très grand crédit, et, néanmoins, elle avait ses publicistes, et déjà même elle se manifestait dans des réunions publiques. Grâce à un certain relâchement dans la politique générale du Gouvernement, les réunions publiques se multipliaient, dans lesquelles la police tolérait ou subissait des orateurs populaires qui formulaient des propos d'une singulière hardiesse.

Ainsi, un certain vent de fronde s'élevait un peu de tous les horizons de la société française, et déjà

on pouvait l'entendre gronder en tempête dans
le public, comme dans les cabinets de rédaction
des journaux en vue. Les plus accrédités étaient
ceux où le Gouvernement était le plus maltraité,
et le danger des poursuites et des suspensions
aiguisait la pointe des stylets en forme de plume.
Cet esprit de révolution pénétrait peu à peu dans
les salons, où l'on accueillait les frondeurs avec
des attentions qui charmaient le cœur des écrivains, qu'enivrent aisément les succès mondains
et la gloriole de la renommée d'un jour. Il devenait de bon ton d'être dans l'opposition. C'est un
puissant appât en France que d'être du côté du
bon ton. Et déjà les gens avisés, dans le Gouvernement, pouvaient pressentir de prochains orages.
Des voix éloquentes et populaires faisaient écho
dans le Corps législatif à ces bruits du dehors.
Quoique l'influence du Gouvernement fût encore
puissante, et qu'elle prévalût dans les élections
législatives, déjà des voix populaires se faisaient
entendre, qui avaient dans le pays un immense
retentissement.

Ce réveil de l'opinion publique, ou plutôt les
facilités plus grandes qu'elle trouvait à se faire
jour, était-ce là un signe de malaise et d'affaiblissement dans le système impérial? Ce Régime
quasi constitutionnel avait-il diminué la popularité
de Napoléon III? On pouvait mettre en doute la
solidité du trône impérial. Est-ce une préoccupation de ce genre qui pesait sur l'esprit des chefs de
ce gouvernement? Napoléon III avait-il l'idée de
raffermir son trône et de l'appuyer de nouveau sur
la volonté nationale? Il est difficile de surprendre
la pensée secrète du souverain, qui sentait peut-

être le besoin de consolider un trône mal assis sur
de mauvais souvenirs. Quel qu'ait été le mobile
de Napoléon III, il crut devoir faire consacrer de
nouveau son pouvoir, par un appel à la nation. Et
l'on apprit, avec quelque surprise, que l'idée était
venue à l'esprit du souverain de consulter de nouveau le pays sur la légitimité de son droit. C'était
mettre en doute cette légitimité pour le passé et
affaiblir, au moment même où l'on prétendait les
affirmer de nouveau, les bases de l'autorité impériale. Cette idée au moins singulière remit en
question le point de savoir ce qu'est l'autorité, et
d'où elle vient. Quoi qu'il en soit, le Gouvernement
impérial décida de raffermir le droit de l'Empereur
régnant et de consulter à ce sujet le peuple souverain. On ordonna qu'il serait fait un nouveau
plébiscite.

Il est presque enfantin de dire que le plébiscite
répondit au gré de ceux qui l'avaient ordonné.
L'Empereur fut consolidé sur le trône par 7 mil-
lions 336 000 *oui*, contre 1 million 500 000 *non*.

L'Empereur pouvait croire que sa dynastie était
assurée de l'avenir et qu'il pouvait, sans risque,
restituer au pays les libertés que l'on juge nécessaires dans les pays de Régime constitutionnel. Au
Sénat aussi, sous la présidence d'un jurisconsulte
éminent, M. Troplong, des voix à grande portée
faisaient entendre des revendications presque
osées. A la Chambre des députés, il s'était formé
un parti libéral, derrière lequel se constituait un
groupe d'opinion plus risquée. C'est autour de
M. Thiers que se formait l'opposition libérale; et
grâce à elle se constituait déjà un parti qui rele-

vait d'opinions autrement hardies, et qui représentait, dans l'esprit public, l'idée républicaine. Parmi les orateurs de ce parti, tels que Jules Favre, Jules Simon, Ernest Picard, on citait un jeune avocat qui avait déjà gagné la célébrité, par une plaidoirie en mémoire du républicain Baudin, qui, au coup d'État de 1851, s'était fait tuer sur une barricade, lorsque, s'adressant aux ouvriers révoltés, il s'écriait : « Vous allez voir comment on meurt pour 25 francs par jour. » Le jeune avocat avait nom Gambetta. Il avait déjà gagné une renommée locale, dans les milieux universitaires et dans certains groupes relevant du barreau. Tout le groupe d'opposition libérale marchait, à la Chambre des députés, sous la direction de M. Thiers, lequel d'ailleurs faisait profession de ne pas poursuivre un but révolutionnaire, mais de revendiquer seulement les libertés nécessaires. Ceux d'entre eux qui étaient notoirement républicains, et dont l'opposition se manifestait au dehors du Corps législatif, menaient leur campagne dans la presse et dans les réunions publiques. Ces groupes divers de l'opposition gagnaient de plus en plus d'autorité et d'influence dans le pays. L'Empereur crut pouvoir, après la consultation nationale qui avait, croyait-il, consolidé la dynastie, entrer lui-même dans la voie du constitutionalisme gouvernemental. Il forma un ministère ibéral, et, pour le diriger, appela un homme déjà fameux lui-même par son éloquence, qui avait appartenu à l'opposition républicaine des *Cinq*, et qui crut devoir délaisser le parti républicain et donner son concours à l'Empereur, dans sa tentative de retour à un Régime constitutionnel. M. Émile Ollivier suivait en cela l'exemple de M. Thiers, lequel, en se plaçant à la tête de l'opposition constitutionnelle, n'entendait pas travailler au renversement du trône impérial, mais seulement revendiquer pour la France les libertés nécessaires.

L'attachement à une cause politique allant jusqu'au sacrifice de soi-même peut être une vertu digne de louanges; ce n'est pas une obligation à laquelle on soit tenu au point d'engager l'honneur. Il y a eu autrefois en France un état politique dans lequel les hommes étaient tenus envers le prince à une fidélité qui engageait l'honneur. C'était une forme de gouvernement dans lequel la servitude volontaire élevait les hommes au plus haut degré des vertus civiques. L'honneur était le ciment de cette société, ainsi placée au-dessus des passions et des sentiments vulgaires des sociétés humaines jusqu'alors connues. Cette forme de société était d'essence trop surhumaine, sans doute, puisqu'elle n'a pas pu s'éterniser. Elle aura été le trait merveilleux, caractéristique d'une race d'hommes. Mais c'est la race elle-même qui l'a répudiée. Elle suit depuis lors mille chemins, à l'aveuglette, à la recherche d'un autre idéal. C'est que, sans doute, la race capable de concevoir un tel idéal était la seule qui fût capable de l'atteindre.

M. Émile Ollivier a cru qu'il serait possible de concilier les libertés publiques, telles que les conçoivent les nations modernes, avec le Régime gouvernemental issu·mi-partie de la souveraineté populaire et mi-partie de la domination d'un chef militaire. On peut croire qu'il se trompait, et que la suite de son entreprise, si elle avait eu une suite, le lui eût prouvé. C'est que la démagogie est au fond du Césarisme; et si le Césarisme cesse de comprimer, la démagogie reparaît aussitôt et reprend ses avantages. Lĕs événements qui allaient suivre n'ont pas laissé l'État ainsi organisé produire ses effets naturels, mais ces effets étaient inévitables. On peut reprocher à M. Émile Ollivier de n'avoir pas compris que, quelles que fussent sa bonne foi, son habileté et son éloquence, qui était merveilleuse, il n'empêcherait pas le Régime impérial d'avoir ses conséquences naturelles.

Déjà le gouvernement de Napoléon III se trouvait aux prises avec des difficultés sérieuses provenant des changements introduits. dans le mécanisme constitutionnel devenu mi-partie libéral, mi-partie césarien. Le Gouvernement n'était déjà plus maître de l'opinion publique, et son autorité était sensiblement amoindrie. Comme il était arrivé presque toujours vers ces fins de règne, depuis la Révolution, un événement sensationnel avait servi de matière à toutes les rancunes, à toutes les représailles de l'esprit de parti. Un Bonaparte avait tué un citoyen du nom de Victor Noir; de là un enterrement qui avait eu les aspects d'une émeute, un procès retentissant, et le nom des Bonaparte en pâture à toutes les récriminations et aux violences des partis.

Et tandis que les esprits étaient remués profondément. par les mille incidents de la politique intérieure redevenue l'aliment des passions populaires, on apprenait que des incidents graves s'étaient produits en Allemagne, et que la paix allait être mise en jeu. De nouveau l'Espagne était en quête d'un roi, et on apprenait que le roi de Prusse offrait un des siens, un prince de Hohen-

zollern, comme candidat au trône d'Espagne.
C'était le coup de Jarnac préparé depuis longtemps par M. de Bismarck, qui avait pendant l'Exposition de 1867 étudié le terrain, sondé l'état militaire de la France, et qui, de concert avec son
complice M. de Moltke, avait préparé de longue
main le piège dans lequel Napoléon III est tombé.

L'état militaire de la France était bien fait
pour susciter contre elle de mauvais desseins. La
France, avec sa légèreté coutumière, était bien loin
de s'occuper de l'Allemagne, de ses rancunes sécu-
laires, de ses desseins qu'elle avait pourtant révélés
du côté des provinces Baltiques, à Sadowa et partout ailleurs. La France s'était amusée des spectacles variés que lui avaient donnés l'Exposition de
1867, les théâtres, les fastes de la Cour impériale,
et aussi, du côté politique, le réveil de l'esprit de
critique et d'opposition. Cette opposition avait pris
une forme bien nouvelle en France, la forme anti-
militariste. Elle se manifestait partout et à tout
propos, même à la Chambre des députés, malgré
les objurgations si patriotiques et si pathétiques de
M. Thiers. C'est à peine si, sur ce terrain, le Gouvernement osait se défendre. Alors, il eût paru, en
plaidant la cause de la patrie, ne s'occuper que de
sa cause particulière. Il semble qu'il ait eu peur
de l'opinion publique. En vain, des hommes de
guerre de premier ordre, comme le maréchal
Niel, s'efforçaient de préparer la défense nationale. Il se heurtait contre les partis pris d'une
opposition uniquement occupée de la politique
intérieure du Gouvernement.

Le parti libéral, en dehors de la Chambre,

oublieux, pour un temps, des devoirs envers la patrie, que d'ailleurs il ne croyait pas menacée, sacrifiait cet intérêt sacré à ses rancunes et à sa passion politique; et il ne voyait dans l'armée qu'une garde prétorienne. L'esprit d'opposition dynastique et de haine contre l'Empire s'était réveillé principalement parmi les hommes de la nouvelle génération, et il avait pénétré dans les salons, où s'étaient réfugiés les débris et les survivants des anciens partis. Le Gouvernement, qui ne paraît pas avoir pressenti suffisamment les desseins de la Prusse, et qui peut-être voulait éviter tout prétexte de difficultés diplomatiques, n'osait pas réagir nettement contre cet état de l'opinion publique. Toutes ces causes agissant dans le même sens, sans provenir de sentiments identiques, empêchaient le Gouvernement de prendre des mesures qui étaient devenues nécessaires, et qui eussent pu parer aux dangers qui allaient fondre sur la France et sur lui. La haine contre l'Empire fermait les yeux d'une forte portion de la société française, au sujet des périls extérieurs. Ce n'était pas la première fois que les passions politiques prenaient le pas sur le patriotisme, que d'ailleurs les patriotes d'alors ne croyaient pas en jeu.

Dans les conjonctures de ce temps-là, cette passion politique avait aveuglé le parti d'opposition, dans le Corps législatif et dans la presse, sur la nécessité de fournir au Gouvernement les moyens matériels de préparer, sinon la guerre, du moins la défense nationale contre une agression possible. Quels que fussent les ressentiments des partis, on n'était pas hostile à l'Empire jusqu'au point d'être antipatriote. On était aveugle; et toutefois, à la menace de voir un Prince allemand devenir Roi d'Espagne, un trait de lumière éclaira tous les yeux, et le souvenir historique du petit-fils de Louis XIV appelé à régner en Espagne sous le nom de Philippe V, remit en mémoire la guerre de *Succession*, en même temps qu'on apercevait la menace contre la France d'un Allemand régnant en Espagne. Dès qu'apparut aux yeux ce péril national, l'esprit de parti s'effaça et le patriotisme reprit son empire. On approuva l'Empereur de s'interposer et de mettre son veto. Les manifestations de l'opinion publique, dans la presse, dans les salons, dans les Chambres, le Sénat et le Corps législatif, étaient confuses et sans grandeur. Mais le fond de l'opinion publique était profondément remué. La nation tout entière se soulevait contre la menace venue du côté de la Prusse et qui ressemblait à un affront.

La dépêche d'Ems décida de tout. Le roi de Prusse Guillaume avait renoncé à ce projet de placer son parent le prince de Hohenzollern sur le trône d'Espagne. Le Gouvernement français voulait avoir l'assurance que la tentative ne renaîtrait pas : il chargea son ambassadeur, M. Benedetti, d'insister près du roi Guillaume pour obtenir des garanties formelles. Le Roi, qui se trouvait à Ems et où M. Benedetti venait de se rendre, refusa d'engager de nouveaux pourparlers. M. de Bismarck prit ses mesures pour donner à ce refus un caractère outrageant : il transmit aux journaux allemands, sous forme de dépêche, un récit insolent et, de son aveu, falsifié par lui et par le comte de Moltke. Cet acte de félonie de coupe-jarret décida la guerre devant laquelle la France ne pouvait reculer. L'acte de M. de Bismarck déshonore l'Allemagne et vicie sa conquête. Mais y a-t-il un code de l'honneur pour les nations?

Il n'y eut qu'un cri en France : le patriotisme coupa court à toutes les querelles. Durant les préliminaires de cette agression, et tandis que la question de paix ou de guerre était encore ouverte, les débats dans le Corps législatif furent pleins d'incohérence, de vaines paroles et de tristes querelles. Seul, M. Thiers montra quelque sang-froid, et son langage était à la hauteur des événements. Sa conduite alors dénotait une âme vraiment virile, en même temps qu'un politique consommé et aussi un grand cœur de patriote. Aussi bien il n'y eut pas de défaillance parmi les Français. Les actes du Gouvernement, quand on cherche à s'en rendre compte, accusent surtout un grand désarroi, un désordre dans les esprits et dans les conseils, qui révèlent plutôt une incapacité réelle qu'un fléchissement de patriotisme. De loin, et alors que les passions de ce temps-là sont éteintes, il semble que tout le monde, gouvernement, chef d'État, ministres, sénateurs, députés et publicistes, aient été en proie à une sorte de délire, occasionné par l'ignorance des choses, par la soudaineté de l'orage, par le tumulte des sentiments divers et surtout contradictoires qui agitaient alors le pays et les gouvernants. Mais au dernier moment, et dès que la dépêche d'Ems fut connue, il n'y eut qu'un sentiment et qu'un cri : la guerre!

Ce que fut cette guerre, rien de plus cruel pour un Français que de le dire. Une série de défaites couronnées par la capitulation de Metz-la-Pucelle,

Telle fut, avec la déchéance, la part de Napoléon III dans cette aventure.

De l'héroïsme, de beaux faits d'armes, il y en eut comme toujours, à côté de quelques fléchissements. Les officiers, en très grande majorité, montrèrent leur vaillance coutumière, et les soldats se montrèrent dignes de leurs aînés. Mais ce qui a fait défaut complètement, ce fut le commandement. Il ne se trouva pas de chefs, si ce n'est à la fin, et ce chef était un traître, ce fut Bazaine.

Dans le dernier volume de son *Histoire de l'Empire*, M. Émile Ollivier, qui était à cette époque président du conseil des ministres, rend compte des premières opérations du début de la campagne. Napoléon III, qui sans doute avait eu l'ambition de se montrer homme de guerre, avait eu la pensée de diriger la campagne. Émile Ollivier, dont l'opinion a un grand poids en raison de son attachement à la dynastie, juge sévèrement cette prétention de l'Empereur. Il dépeint sous les plus vives couleurs l'affreux gâchis des commencements de la campagne et, sans dire le mot, l'incapacité militaire de Napoléon III. Il dénonce en même temps le désarroi du Gouvernement, occasionné par le terrible retentissement de nos défaites et par la malencontreuse intervention de l'Impératrice, investie d'une sorte de régence à l'intérieur. Cette Espagnole à tête légère n'était pas faite pour diriger la France dans de telles extrémités.

A distance, et lorsque des historiens plus ou moins éclairés et autorisés rendaient compte des opérations militaires, du mouvement des armées, des batailles perdues, on a pu discuter sur la préparation des forces militaires, sur les fautes com-

mises, sur les erreurs du commandement; mais
les contemporains n'eurent d'yeux et d'oreilles
que pour ce qui se passait à nos frontières de
l'est : on ne songeait qu'à la guerre, à nos défaites, à la déroute qui tenait tous les cœurs en
haleine et consternés. La captivité de l'Empereur,
après le désastre de Sedan, la proclamation de la
République à la fin de la journée où l'on apprit
cette succession de désastres... tout cela traversait
la cervelle comme un bruit à côté et ne touchait
que superficiellement les cœurs accablés par la
défaite. On n'est pas accoutumé à cela en France.
La République est née de cette douleur aiguë de
la défaite et de l'irrésistible poussée de la revanche.

Le trône, la dynastie, l'Empereur, l'Impératrice
et son fils, la Cour, les splendeurs de la couronne,
tout cela disparut dans la tourmente, comme
l'éclair s'éteint à l'instant où gronde la foudre. Il
restait la frontière violée, le territoire envahi, les
armées vaincues et Metz-la-Pucelle assiégée par
les ennemis victorieux. Il restait aussi un traître,
Bazaine, occupé à entreprendre de suspectes négociations pour se ménager un rôle politique. Il restait la déroute finale, et la France envahie jusqu'au
cœur, et ce cœur était Paris. Les Capétiens avaient
formé le royaume de France pièce à pièce et lui
laissaient encore l'Algérie en partant. Il est tout de
même difficile de se soustraire à la comparaison.

Ce qui s'était passé à Paris dans la journée du
4 septembre, alors qu'on avait connu le désastre de
Sedan et la captivité de l'Empereur, est plus facile
à comprendre qu'à expliquer, tant étaient com-
plexes les sentiments qui agitaient la Cour impériale, la foule du peuple, les politiciens et les gou-

vernants, et les représentants de la nation, appelés ou spontanément réunis au Palais-Bourbon. La douleur patriotique, la colère et la honte opprimaient les cœurs, dictaient les résolutions, et livrèrent cette foule à l'impulsion qui serait donnée par des chefs improvisés ou désignés par les événements eux-mêmes. Les citoyens hostiles à l'Empire avaient beau jeu dans cette crise nationale. C'était, au premier rang, des hommes connus déjà dans la foule par leur hostilité contre l'Empire et républicains de doctrine. Mais à ceux-là se joignirent les hommes connus pour être les partisans des anciens Régimes monarchistes, et qui obéissaient à la fois à leurs sentiments patriotiques, à leur haine contre l'Empire, et aux vœux ardents qui les portaient à applaudir à la déchéance d'un Régime politique détesté, dans l'espoir de la restauration d'un trône.

Qu'il y ait eu, dans cette journée de deuil national et de colère patriotique, des incohérences, de beaux gestes et des actes peu louables; que tout n'ait pas été pur de fâcheux alliages dans ce tumulte de sentiments éperdus, on le comprend sans que l'on puisse s'en étonner. Ce qui domine tout, c'était la douleur patriotique d'un malheur national et la honte de la défaite; ce n'était pas vanité froissée, c'était le cruel sentiment de la blessure faite à la patrie et un âpre besoin de revanche.

Il y a beau temps qu'en France il ne se trouve plus ni clôtures, ni règles constitutionnelles pour arrêter le cours des révolutions, et pour en fixer le terme et la solution. Toutes les fois qu'une crise a fait sombrer le Régime politique établi, le même hasard, qui le plus souvent l'avait occasionné, le termine. Et généralement il se trouve un parti politique mieux averti et plus alerte que les autres pour en retirer le bénéfice. Dans la circonstance actuelle, ce fut le parti républicain qui se trouva prêt à recueillir le fruit de la victoire. Il se fortifiait d'ailleurs de l'appoint des fractions diverses des partis monarchistes, toujours prêts pour la bataille, mais rarement prêts pour le profit.

La partie était belle pour les ennemis de l'Empire, alors que le sentiment cuisant de la défaite soulevait tous les cœurs, et les enflammait de colère en même temps que de douleur. Tous les récits du temps font connaître les événements de la journée. Naturellement, puisque la cause de cette crise nationale était la guerre, ce fut vers un soldat que se tournèrent les regards en même temps que l'espérance : ce soldat était le général Trochu, qui fut acclamé président du Gouvernement. Les parlementaires qui formaient à la Chambre des députés le groupe républicain se laissèrent porter par la foule, ou peut-être aussi bien entraînèrent la foule vers l'Hôtel de ville : et là, sans autre forme, on proclama la République, sans qu'il ait été un seul instant question de consulter la nation. On constitua sur l'heure un gouvernement, dont les membres étaient : Trochu, président du conseil, Jules Favre, Jules Simon, l'amiral Fourichon, le général Le Flô, Emmanuel Arago, Dorian, Magnin, Ernest Picard, Jules Ferry, Gambetta, Glais-Bizoin, et un autre qui se glissa parmi eux, c'était Crémieux, le juif, qui n'eut garde de ne pas retirer, pour ses coreligionnaires, le profit de cette aventure, en faisant donner aux Juifs d'Algérie la qualité de Français,

autant dire détacher de nous la race arabe qui a
horreur du Juif. C'est ainsi, à la surprise, à la
fraude, que les Juifs d'Afrique doivent la qualité
de Français. Auparavant, en 1791, après avoir été
repoussée plusieurs fois par l'Assemblée nationale
succédant aux États généraux, une motion glissée
furtivement dans la délibération de cette Assemblée, pendant une séance de nuit, à la sourdine et
par surprise, où se trouvaient présents très peu de
membres de l'Assemblée, avait accordé aux Juifs
la nationalité française.

Ainsi fut instituée la République, au hasard
d'une journée. Le tocsin à la frontière eût étouffé
toutes les clameurs qui auraient pu s'élever contre
cette improvisation; et aussi bien, depuis 1789, il
serait difficile, sinon impossible, de discerner l'origine du Pouvoir en France et la légitimité de
l'Autorité.

CINQUIÈME PARTIE

LA CONSTITUANTE
1870-1875

On a beaucoup reproché aux hommes qui constituèrent la République en 1870 de ne pas avoir sur-le-champ consulté la nation. Mais, si on écarte la solution politique qu'ils avaient adoptée, il faut se demander ce qu'eût produit une consultation du pays. Un semblable appel eût réveillé tous les dissentiments qui divisent les Français, depuis qu'ayant rejeté l'Autorité antique, ils sont à la recherche d'une Autorité nouvelle. Ce n'était pas le cas de ranimer l'esprit de division au sein de cette nation prise à la gorge, et qui avait besoin de toutes ses forces pour chasser l'étranger. Les nouveaux gouvernants obéirent à la plus impérieuse nécessité, en reportant à un autre temps la consultation du pays sur le Régime politique qu'il entendait adopter. Hélas ! qu'en sait-il jamais, d'ailleurs ?

La France était envahie, l'armée était captive, l'ennemi allait être le maître ; et Paris était assiégé.

La trahison de Bazaine a été proclamée par ses pairs, le Conseil de guerre composé de généraux de division et présidé par le duc d'Aumale. Des documents recueillis depuis apprennent qu'étant encore sous les murs de Metz, à la tête de l'armée de France, il avait engagé des pourparlers avec l'Impératrice, qui, dans cette occasion, montra un cœur plus français que lui. Il est affreux de penser que ce misérable était un *Français*. Ses pairs implorèrent pour lui une grâce, que le maréchal de Mac-Mahon lui accorda.

Une armée française tout entière rendant les armes et captive! on n'y a pas assez songé! Après Sedan, le général Vinoy ramena à Paris le dernier débris qu'on eût pu sauver. Paris était assiégé. A partir de ce jour, la France entière ne fut qu'un camp, son territoire un vaste champ de bataille. Elle a été vaincue, mais elle ne fut pas vile. Trahie par l'Italie qu'elle avait créée au profit de la dynastie savoisienne, abandonnée par tout le monde, elle a relevé le gant et s'est battue jusqu'à la mort. Il est possible de relever des-erreurs, de signaler des fautes : on ne pourrait signaler une lâcheté au milieu de tant d'infortunes! L'honneur est sauf!

Comme pour faire ressortir la grandeur de cette calamité, la France resta isolée et sans secours d'aucun côté. Ce fut un abandon général : témoignage de la situation fausse qu'elle occupait en Europe, au milieu des autres nations qui n'avaient accepté qu'à contre-cœur la restauration d'un empire napoléonien. Au fond, la France portait encore la peine des défaites qu'elle avait fait subir aux nations européennes, et il parut bien que les Cours occidentales n'avaient pas oublié leurs anciens abaissements.

Il se trouva un Français pour tenter de les intéresser à la querelle. Ce fut M. Thiers, qui, malgré son âge (il avait plus de soixante-dix ans), se fit l'ambassadeur volontaire et sans mandat de la France, et qui se rendit dans toutes les capitales de l'Europe pour les intéresser au sort de la France et leur faire sentir le danger pour elles-mêmes de l'hégémonie d'une Allemagne trop puissante. L'Europe se détourna d'une France abaissée. Lorsque, un peu plus tard, les événements se précipitèrent, le gouvernement de la Défense nationale envoya en Italie, à la cour de Florence, un ambassadeur sans titre, mais à qui on attribuait quelque qualité de diplomatie; c'était un avocat de grand talent, mais totalement étranger jusqu'alors au monde diplomatique, et tout à fait inconnu, M. Senard. M. Senard fit vibrer toutes les cordes, sentiments de famille (le prince Napoléon étant le gendre du roi Victor-Emmanuel), souvenirs des services rendus : la constitution d'un royaume d'Italie au profit du roi de Piémont... relations cordiales entre les deux dynasties... paroles perdues! Le roi Victor-Emmanuel avait tout oublié.

L'invasion allemande avait tout emporté, et Paris était assiégé. Le général Trochu avait le commandement militaire, les ministres se partageaient les besognes du Gouvernement, lesquelles se bornaient, alors, à fournir à l'armée tous les moyens de défense que l'on devait d'ailleurs improviser, et aussi le ravitaillement de Paris, en vivres et en munitions de guerre. Le sentiment national réunissait alors tous les cœurs et fit vibrer l'âme de Paris. Le siège fut héroïquement soutenu; les soldats, presque tous improvisés, furent héroïques; la population entière, les femmes surtout, déploya toutes les vertus du civisme le plus exalté; la disette, une température de glace, toutes les misères qu'engendre une guerre, dans laquelle le présent et l'avenir de la patrie, l'honneur national et celui des citoyens, tout était engagé, tout se réunit pour faire de ce siège un événement extraordinaire, tel que le monde n'en avait peut-être jamais vu.

Qu'allait devenir le reste de la France, demeurée sans communication avec le gouvernement? Ce dernier y avait pourvu en envoyant dès le début quelques-uns de ses membres à Tours, où se constitua un gouvernement sous la présidence de M. Crémieux, qui, naturellement, n'avait eu garde de rester enfermé dans Paris. On avait, au début, agité la question de convoquer les comices électoraux, dans le but de faire élire une Assemblée qui eût constitué un gouvernement plus légitime que celui qui était né d'une émeute dans la journée du 4 septembre; mais l'unique souci de se battre et de repousser l'invasion avait fait passer outre. Le Régime constitutionnel de la France s'était trouvé ainsi organisé en partie double : à Paris, le chef du Gouvernement, le général Trochu, et un conseil des ministres, tous membres du Gouvernement; à Tours, un conseil des ministres délibérant sous la présidence de l'un de ceux qui avaient reçu, de leurs collègues, cette mission avec le mandat de gouverner les provinces. On n'avait pas tardé à s'apercevoir que, pour organiser la défense du pays, il fallait une impulsion gouvernementale que les membres du Gouvernement envoyés à Tours ne pouvaient donner. Gambetta s'offrit à affronter le voyage en ballon, et il le fit en compagnie de Spuller.

A dater de ce jour il y eut deux centres d'activité gouvernementale, laquelle se résumait d'ailleurs dans les moyens de défense du territoire : Tours et Paris. Aucun moyen de communication sérieuse entre la France et sa capitale, et, aussi bien, la vie comme suspendue ou plutôt concentrée dans l'unique souci de la défense : situation extraordinaire, mais à laquelle la France était capable de faire face. Son patriotisme l'inspirait dans ses desseins, et la soutint dans la lutte sans espoir, jusqu'au plus haut degré de l'héroïsme. La France a été vaincue et humiliée, elle n'a pas été lâche. Le patriotisme fit cesser tous les ressentiments, suspendit toutes les querelles. Il n'y eut plus qu'un seul cœur contre l'étranger.

Ce mouvement national fut génial et spontané, mais il faut rendre à Gambetta la justice qui lui est due. Il eût mieux valu, pour sa mémoire, qu'il ne survécût pas à cette période de sa vie..Il avait eu, par le fait des événements plus que par le droit, une véritable dictature entre les mains : il en usa pour le bien de la patrie, sauf les erreurs de conduite qu'il put commettre par le fait, par l'excès même de son pouvoir, et sous l'influence de funestes conseils, lorsque, par exemple, on l'engagea à se mêler des opérations de guerre et à obliger M. d'Aurelle de Paladines à diviser en deux son armée d'Orléans. Faute capitale, qui fut peut-être la cause de l'impuissance de la défense en province.

Depuis les premières défaites, depuis la prise de Metz, depuis le siège de Paris, la France se trouvait sans armée, sans munitions et quasi sans argent. Il fallut tout réorganiser et reconstituer à la fois, armée, argent, vivres, munitions de guerre, et cela sous le coup de l'invasion, et avec un double gouvernement improvisé. Il y eut dans ce pays, en partie démoralisé par un siècle de révolutions et par le régime dictatorial du deuxième Empire, un sursaut d'énergie, un retour de vitalité extraordinaires. On se ceignit les reins, et résolument on se résolut à vaincre ou à mourir. L'œuvre de salut du Gouvernement improvisé dans la journée du 4 septembre fut belle, mais celle de la nation fut plus admirable encore.

Les ministres, chacun dans sa partie, à Paris comme à Tours, déployèrent un courage et une activité sans bornes : ils furent aidés dans leur œuvre par les principaux chefs de service, les directeurs spéciaux des grandes administrations de l'État, qui, avec un zèle tout patriotique, mirent au service du Gouvernement leur science complète de l'administration et toutes les ressources d'un esprit d'ordre, d'organisation et d'invention incomparables.

Il convient que la France témoigne sa gratitude à ces serviteurs admirables qui s'appellent XXX (1), tous hommes rompus à la conduite des affaires politiques, et qui surent tirer d'un pays quasi épuisé, troublé jusqu'au fond de l'âme par la défaite et par l'invasion, toutes les ressources nécessaires à la réorganisation des débris de nos armées et à la formation d'armées nouvelles, improvisées sous le feu de l'ennemi.

Le nouveau Gouvernement n'eut qu'à frapper

_____

(1) Il y a lieu de rechercher les noms de ces administrateurs. On les trouvera dans mon *Histoire de la République,* tome Ier.

du pied la terre, pour que la France répondît. La mobilisation décidée trouva la France prête à servir; et d'innombrables volontaires se joignirent aux hommes appelés sous les armes. De toutes parts on répondit à l'appel du Gouvernement : des vieillards même sortirent de leur retraite pour reprendre rang, et de tout jeunes gens, conscrits de 15 ans et de 16 ans, se joignirent, soldats volontaires, aux citoyens appelés à reconstituer des armées au nord, au centre, au midi. Des hommes déjà faits usèrent de l'autorité dont ils jouissaient pour former des corps de troupes improvisées, dont ils devinrent les chefs : à l'appel de leur général, Charette, les anciens zouaves pontificaux se reformèrent et s'offrirent à renforcer les armées régulières. Tous, mobiles, mobilisés, volontaires, se levèrent à l'appel de la France, et montrèrent sur les champs de batailles et dans les camps la plus noble vaillance, le plus souvent sans vivres et sans abri, pendant un hiver de glace.

Le territoire envahi se trouva naturellement divisé en trois ou quatre régions, on pourrait dire en trois camps formés sous le coup de l'invasion : le nord, sous le commandement militaire du général Faidherbe; Paris sous le commandement militaire du général Trochu; le centre sous le commandement militaire du général d'Aurelle de Paladines, puis de Chanzy et, sur la fin, de Bourbaki, vers l'est.

Les gouvernements séparés de Paris et de Tours furent à la hauteur du péril et aussi de l'héroïsme des citoyens dans toutes les régions. Ce fut alors que Gambetta s'éleva très haut dans l'opinion publique par le mouvement énergique qu'il imprima

au gouvernement de Tours, par son dévouement à
la cause de la patrie, par ses proclamations, toutes
pleines de fougueuse éloquence, et qui maintenaient les courages et suscitaient les dévouements,
au milieu des tristesses de la défaite, de l'horreur
de l'invasion, de toutes les infortunes à la fois, un
hiver de glace, un désordre infini et toutes les douleurs qui peuvent accabler des âmes patriotes.

A peine, à Paris même, et dans quelques villes
éloignées des théâtres de la guerre, put-on signaler
des troubles civils, dus, le plus souvent, à l'exaltation du sentiment patriotique, quoique déjà, à Paris
surtout, on eût pu constater que des citoyens exal-
tés et surexcités par les sentiments les plus violents s'étaient livrés à des manifestations démagogiques inquiétantes. Tout fut mis sur le compte du
patriotisme.

Mais l'heure était venue, où la France épuisée et
dénuée de tout moyen de défense dut déposer les
armes. Paris dut se rendre et subir l'affront de la
présence des Prussiens, présence mesurée toutefois et subie comme une des conditions de la paix.
Pour conclure cette paix, il fallait obtenir l'assentiment de la France : on se résolut à convoquer
une Assemblée nationale.

Jamais, si ce n'est peut-être lors de la convocation des États généraux en 1789, la nation ne fut
consultée dans des conditions de liberté plus réelles
et plus sincères qu'elle le fut alors, pour la formation de l'Assemblée nationale. Ce qui domina dans
la composition des listes de candidats et dans les
préliminaires de l'élection, ce fut le sentiment de
patriotisme à la fois exalté et accablé. Ce fut aussi

la volonté de relever la France de ses ruines, et de
la rétablir dans sa force et dans son honneur.

Ce furent ces sentiments qui dominèrent dans les
collèges électoraux. D'ailleurs, la période électorale fut courte. Il fallait que la France consultée
répondît promptement. L'heure n'était pas aux
vaines disputes de ce qu'on appelle les partis, et
ce qui n'est le plus souvent que la collusion d'intérêts privés déguisés sous le manteau d'intérêts
collectifs. Il y eut cependant presque partout des
listes de candidats opposées l'une à l'autre. Toutefois le parti républicain seul s'affirma. Les listes
dites conservatrices n'affichèrent nulle part des
revendications proprement politiques. Les candidats n'affirmaient que leurs sentiments patriotiques, et, en second lieu, des idées de pacification
à l'intérieur et de bon ordre. La politique proprement dite fut écartée cette fois des déclarations des
candidats. On ne songeait qu'à la guerre, à la défaite, aux ruines accumulées et au relèvement de
la patrie. Il faut dire, et cela seul est vrai, qu'à ce
moment tous les Français n'avaient qu'un même
cœur et qu'une seule pensée : la France.

L'Assemblée nationale, élue le 8 février 1871, se
réunit à Bordeaux, où le Gouvernement de Tours,
chassé par la présence de l'ennemi dans le centre
de la France, s'était réfugié. Les députés venus de
toutes les régions de la France avaient dû traver-
ser le territoire, et constater les dévastations occa-
sionnées par la guerre. Plus de ponts sur les ri-
vières et sur les fleuves, plus de chemins de fer, ou
des rails à peine rétablis sur la voie, plus de gares,
plus de moyens de transports, et des vivres à
grand'peine. Le voyage de Lille à Bordeaux dura

trois jours, y compris la nuit que l'on passa à
Paris, où les cafés et les restaurants étaient sans
lumière, les rues sombres, sans voitures, et, pour
vivres, du pain noir et du cheval grillé. On ne
saurait dépeindre ce qu'étaient alors et les provinces et Paris et Bordeaux.

L'Assemblée nationale s'y trouvait tout entière
dès les premiers jours de Février. Le Gouvernement provisoire avait déjà disparu, comme le pénible vestige et le dernier de la période affreuse
de la guerre. Un homme se trouva qui groupait
autour de lui tous ces hommes venus des quatre
coins de la France, inconnus les uns aux autres,
tous courbés sous l'infortune commune, tous unis
d'un même cœur patriote : ce fut M. Thiers, élu par
vingt-sept départements, dont la conduite et l'attitude au début de la guerre avaient attiré sur lui
tous les regards, comme son passé et son expérience avaient appelé à lui la confiance et le recours
universels. Gambetta, qui avait tenu une si grande
place pendant la guerre, avait disparu, comme le
reste du Gouvernement provisoire, sans qu'on
s'en occupât davantage. Un seul homme, après
M. Thiers, attirait les regards, c'était Grévy, dont
toute la personne avait un ton d'autorité et que
son passé républicain recommandait au plus grand
nombre des députés élus, en même temps qu'il le
rattachait au nouveau pouvoir exécutif, dont l'étiquette était : *République*.

Aussi bien la majorité des députés élus l'avaient
été avec une déclaration républicaine, pour le plus
grand nombre très atténuée dans les termes.

Au premier moment, cette Assemblée offrit
l'image d'une grande confusion de personnes et

d'idées ; et toutefois un même sentiment animait tous ses membres presque indistinctement : le sentiment patriotique de la douleur nationale et la résolution de sauver la France. Un petit nombre de députés, parmi lesquels M. Clemenceau, se trouvant, sans doute, mal à l'aise dans cette assemblée purement nationale, selon son titre, la quittèrent dès les premiers jours pour rejoindre à Paris leurs amis. On en retrouva quelques-uns dans la Commune.

La ville de Bordeaux offrait alors un spectacle étrange : un Gouvernement, une Assemblée dont les membres s'ignoraient les uns les autres, une foule immense de personnages et d'individus accourus vers le centre improvisé d'une patrie qui, à Paris, à Tours, à Bordeaux, et dans les armées dispersées aux quatre coins du territoire, du moins du territoire resté libre, semblait se chercher elle-même, et ne se retrouvait plus que dans cette foule unie d'un seul cœur dans un sentiment national. Sauf peut-être dans quelques esprits isolés, plus de partis. Une peine immense mordait au cœur tous ces Français qui allaient délibérer sur le sort de la France.

Il fallait d'abord constituer l'Assemblée et, après elle, un Gouvernement, celui de Paris n'ayant pu survivre aux élections générales. L'Assemblée, d'une voix unanime, mit à sa tête Jules Grévy, qui par son attitude en 1848, par sa situation au barreau de Paris, par son renom de citoyen intègre, s'imposait à cette multitude d'hommes assemblés de tous les points de la France, et tous ensemble parfaitement unis dans le même sentiment de patriotisme.

L'Assemblée étant constituée avait, pour première tâche, celle de fonder un Gouvernement. C'est ce qu'elle fit en nommant M. Thiers président de la République. Par cette désignation, elle fondait à la fois un Régime politique et elle désignait son chef. Ces décisions furent prises promptement, mais sans hâte, avec préméditation et sans qu'il se soit élevé aucune objection, d'aucun côté de l'Assemblée. Aucune manifestation, de quelque côté que ce fût, ne fut faite contre l'établissement du Régime adopté. Et lorsque, presqu'aussitôt après, l'Assemblée fut appelée à voter la déchéance de l'Empire, six voix seulement s'élevèrent contre cette motion. La motion de déchéance de l'Empire fut votée par l'unanimité de l'Assemblée nationale, moins six députés, notoirement attachés à la dynastie, qui d'ailleurs s'honorèrent par leur fidélité, courageuse dans la circonstance. Courageuse, car la haine contre l'Empire était peut-être le sentiment le plus violent qui animât les cœurs de ces Français accablés de douleur et de honte ; et cette haine était violente à ce point, qu'on ne pouvait alors entendre proférer le mot Empire sans que ce mot soulevât des orages. Six voix parmi les mille voix de la France entière, assemblée dans la personne de ses représentants !

Ainsi, pour la première fois depuis 1789, un Régime politique était fondé par une Assemblée nationale plénière, comme le serait un concile ecclésiastique, et ce Régime était la République. Il sembla que c'était la seule planche de salut qui restât à cette France ballottée d'âge en âge, de révolution en révolution, seule planche, paraissait-il, sur laquelle tous ses fils séparés et désunis

par tant de causes pourraient désormais se réfu-
gier pour reprendre ensemble le cours des destinées nationales. Telle fut la vision rapide et fugitive qui apparut à tous ces hommes réunis alors,
et animés passagèrement d'un seul et même sentiment, le patriotisme, à défaut peut-être d'une
foi commune. Ainsi s'accomplissait au fond des
cœurs un noble sacrifice de sentiments et d'opinions contradictoires, sacrifice fait à là patrie.

Le Gouvernement étant ainsi organisé, il fallut
s'occuper de l'objet principal pour lequel l'Assemblée nationale avait été élue et constituée, c'est-à-
dire de la paix. On en avait délibéré, et c'est à grand'-
peine que M. Thiers avait obtenu de l'Assemblée
qu'elle consentît à contresigner les préliminaires
de paix. M. Thiers se fit accompagner par quelques
membres de l'Assemblée pour aller à Versailles, où
devait être discutée et rédigée la formule du traité
définitif.

Ce qui se passa dans ces entretiens de Versailles
est indicible. M. Thiers lutta avec une énergie
admirable pour arracher à l'ennemi quelques lambeaux de notre territoire. Pendant toute une nuit,
il lutta avec Bismarck pour conserver à la France
Belfort et son territoire. Il invoqua, à la fin de la
nuit, l'intervention de l'empereur Guillaume et
finit par arracher à l'ennemi ce lambeau de la
patrie. Il rapporta enfin à Bordeaux le traité de
paix, et il le soumit à la délibération de l'Assemblée nationale. Quelles heures tragiques !

Thiers fut de tout point admirable. Éloquence,
douleur, nationale, larmes même, tout était en jeu
chez ce petit homme que la responsabilité de cette
situation faisait fléchir sans l'écraser. Il suppliait

la France, c'est-à-dire l'Assemblée nationale, de subir l'affront sous peine de périr — car il n'y avait plus en France ni armée, ni argent, ni moyen quelconque de résistance. Il fallait subir la honte du traité qui cédait l'Alsace-Lorraine, ou la ruine totale. L'Assemblée, accablée par l'évidence du désastre, mais avec le sentiment de sa responsabilité devant la France, signa le traité. Une noble protestation des députés de l'Alsace-Lorraine, qui allaient se retirer, termina, en la soulignant, cette affreuse délibération.

Depuis que l'Assemblée nationale s'était établie à Bordeaux, des agitateurs de tout acabit et de toute origine suscitaient dans Paris un mouvement révolutionnaire. La guerre et la paix en étaient la cause et aussi le prétexte : car des éléments très divers se trouvaient mélangés dans cette agitation populaire. La guerre, les souffrances du siège, le patriotisme, les sentiments les plus nobles et les plus accessibles aux inspirations de la révolte avaient agi violemment sur la population, surrexcitée au plus haut degré pendant le siège, et qu'exaspérait l'idée de la défaite et d'une paix qu'elle jugeait déshonorante. C'était cet état d'esprit que l'on put constater dans les premiers temps de l'Assemblée nationale siégeant à Versailles, et qu'on désigna sous le nom de « folie obsidionale ». Des hommes très distingués montrèrent des symptômes de cette maladie.

Les raisonnements de la prudence et de la sagesse n'ont plus de prise sur des âmes ulcérées. Et à ces sentiments si nobles se mêlaient des excitations d'autre nature, provenant des conciliabules formés par des groupes révolutionnaires qui déjà s'étaient manifestés pendant le siège, notamment à la fin d'octobre 1870. Il convient, pour être juste, de faire, dans ces mouvements désordonnés, la part des souffrances du siège. La population tout entière, mais plus encore les pauvres gens, avaient cruellement souffert de tous les maux, y compris la disette, que l'état de siège avait occasionnés. En même temps, les sentiments les plus nobles de l'âme avaient été suscités et portés au dernier degré d'exaspération et de douleur par les péripéties du siège et de la défaite. Le patriotisme avait sa part jusque dans les exagérations de l'opinion publique et dans les sentiments des hommes mêlés à ces terribles événements. Oui, il y eut alors des crimes commis contre la patrie, mais il y avait aussi des excuses chez un grand nombre de pauvres gens égarés, qui furent les auteurs ou les complices plus ou moins conscients de ces crimes. Les grands coupables furent les hommes plus éclairés, plus maîtres d'eux-mêmes, que leur situation personnelle même devait élever au-dessus des émotions violentes de la plèbe, et qui, au contraire, se servaient de ces agents aveugles et sincères pour mener à bien leurs desseins révolutionnaires. Quelques-uns des membres de l'Assemblée nationale marquèrent le caractère séditieux de cette dissension. Membres de l'Assemblée nationale, c'est-à-dire du pouvoir constitutionnel consacré par le pays, ils s'en détachèrent et donnèrent leur démission pour aller à Paris faire cause commune avec les bandes révolutionnaires, qui, à dater de ce moment, devinrent des révoltés et des traîtres à la patrie. Ils s'éliminaient eux-mêmes du groupe des Français représentant la France.

Des excitations de même ordre avaient suscité des mouvements révolutionnaires dans les principales villes de France, notamment à Marseille et à Lyon.

M. Thiers, qui conservait un sang-froid extraordinaire au milieu de tant de maux et de désordres, joints à l'état de ruine véritable dans lequel se trouvait la France, et au désordre administratif de ce qui avait été autrefois le gouvernement, jugea qu'il serait imprudent de laisser exposé aux pires aventures le seul pouvoir alors existant, c'est-à-dire l'Assemblée nationale, du moment où elle siégerait à Paris dans un milieu incandescent, et sans aucun moyen de protection; car il n'y avait ni autorité en dehors d'elle, ni force militaire pour la protéger. Il fit prendre par l'Assemblée nationale la résolution de siéger à Versailles, et elle se sépara pour s'y retrouver dans les premiers jours du mois de mai.

M. Thiers avait au préalable constitué un ministère dans lequel il avait fait entrer M. Dufaure comme ministre de la justice; M. Jules Favre restait aux affaires étrangères, où il fut bientôt remplacé par M. de Rémusat. Le parti républicain était représenté par MM. Ernest Picard et Simon. Mais, en réalité, le ministère n'avait aucune signification précise, si l'on s'en référait, pour le désigner, aux dénominations antérieures. Il était l'expression d'un état de choses nouveau, dans lequel il semble, pour un moment, que les anciennes divisions de partis avec leur dénomination particulière étaient confondues dans un vaste ensemble, tout plein d'une douleur tragique et de l'âpre passion de refaire la patrie.

Pendant la période, très courte d'ailleurs, de la séparation de l'Assemblée nationale, l'état d'esprit de Paris et de quelques autres grandes villes s'était transformé en esprit révolutionnaire, de patriote qu'il était auparavant. L'élément violent et démagogique avait dominé au milieu de cette population à peine échappée aux tortures du siège et aux affres de la présence de l'ennemi. Plus de gouvernement, plus de force publique, plus même d'armée solide et organisée, et, au milieu de ce désordre, des groupes révolutionnaires poussés par l'esprit d'anarchie' et de sédition, et prêts à servir d'instruments à des chefs improvisés, impulsifs, anarchistes par tempérament, et en proie à une exaltation colorée de patriotisme. Déjà Paris était fermé pour les membres de l'Assemblée nationale, dont quelques-uns, comme le général Chanzy, furent arrêtés en débarquant du chemin de fer qui les avait amenés.

L'Assemblée nationale était à Versailles, campée elle aussi plutôt qu'installée, et la France qu'elle représentait se trouvait comme chassée de sa capitale. La Commune était instituée à Paris avec la prétention d'être le Gouvernement, c'est-à-dire la France elle-même. Ce fut, du haut en bas, un état convulsionnaire inouï.

La ville de Versailles offrait un spectacle horrible à voir pour les représentants de la patrie, qui rencontraient partout les traces hideuses de l'occupation étrangère, et qui pouvaient encore voir des troupes allemandes campées à Saint-Denis. Il fallut faire le siège de Paris; et ce ne fut qu'après un mois de canonnades et de faits d'armes que l'armée de la France put enfin rentrer chez elle. Et, spectacle affreux, l'Assemblée nationale put assister à l'incendie de Paris, qui dura deux jours et deux nuits. Le palais des Tuileries, l'Hôtel de ville, la cour des Comptes et le Conseil d'État, le ministère des Finances détruits, la colonne Vendôme abattue, partout des traces d'incendie, de démolitions, de massacres et de ruines, tel fut le spectacle qu'il fut donné de voir aux personnes qui rentrèrent dans Paris au lendemain de ces scènes d'épouvante et de mort. Il faut jeter un voile sur ces horreurs, qui rappellent les grandes destructions dont parle la Bible.

La Commune vaincue, il fallut partout remettre de l'ordre, car partout régnait un désarroi désolant; et, en particulier, Versailles offrait l'aspect d'une ville qui venait de subir l'occupation étrangère. Et dans la France entière, plus de chemins de fer, plus de routes, plus d'administration, plus d'armée, plus rien... rien que la stupeur et la douleur sourde d'un peuple vaincu, humilié et sans ressources. Il fallait tout refaire, la finance, l'administration, l'armée, un gouvernement. Heureusement, il y avait encore la France, représentée alors par l'élite de ses citoyens, unis cette fois et pour un temps dans une douleur commune, et avec la volonté de sauver le pays; il y avait à sa tête un homme dont le passé politique peut prêter à la critique de Français qui, d'ailleurs, n'ont pas fait mieux que lui, mais dont l'attitude, l'esprit, le geste, la puissance de travail, la haute portée de l'intelligence, la force de volonté, les plus admirables facultés de l'esprit et de l'âme tout entière, furent mis avec un patriotisme sans phrase au service de la France et la tirèrent du gouffre dans lequel elle gisait : c'était

M. Thiers. La France n'aura jamais assez de gratitude pour ce grand citoyen.

Pendant un temps assez court, un an à peine, les haines d'autrefois s'étaient assoupies, sinon éteintes. Et, de même, entre les partis qui avaient tous des représentants dans cette Assemblée, il y eut comme un mot d'ordre de faire taire les dissentiments et d'oublier les anciennes querelles. La même émotion poignante dominait tout. La honte de la défaite et le devoir de relever la France ne laissaient place dans les âmes à aucune pensée de parti et de préoccupations d'ordre politique.

On put assister alors à un spectacle nouveau en France et très saisissant : un accord de tous les Français unis dans une pensée commune. Cela ne s'était pas vu depuis 1789; et cela dura peu.

Cet état d'esprit de l'Assemblée correspondait, du reste, à celui du pays, lorsque s'étaient faites les élections au mois de Février. Sans doute, il y eut alors des listes de candidats diverses présentées par des partis, correspondant aux divisions politiques qui agitaient la nation depuis cent ans, mais ce ne fut pas l'esprit de parti qui domina dans la confection des listes, ni dans le choix des électeurs. Ceux-ci votèrent en général pour les candidats qu'ils connaissaient, et qu'ils élurent en dehors de toute considération autre que celle du bien public. De là était issue une Assemblée dont on peut dire qu'elle réunissait, dans ses nuances diverses, l'élite de la nation.

Cette double qualité, d'union des cœurs et de supériorité collective des esprits, imprima aux travaux de cette Assemblée, pendant près de deux ans, un caractère de beauté morale dans les délibé-

rations et dans les résolutions prises qu'on n'avait
peut-être jamais vu dans les Assemblées politiques.
Une idée unique dominait tout : le relèvement de
la France. Ce fut un beau spectacle : l'élite de la
nation unie dans le seul sentiment du patriotisme,
et dirigée, dans ses résolutions, par un homme
animé du plus sincère patriotisme et doué d'un
véritable génie de gouvernement.

De fait, le relèvement fut rapide. M. Thiers
avait placé sous sa main, avec des ministres très
éclairés et tous pleins de son esprit, les organes
gouvernementaux, dont il connaissait à merveille
le maniement; et il avait groupé tous les chefs des
grandes administrations, qui possédaient, à un
degré de perfection rare, les secrets et le fonctionnement de la machine administrative, laquelle
date du Consulat de l'an VIII.

Grâce au concours de toutes ces forces, réunies
et dirigées par une main habile, la nation, l'Assemblée nationale, les administrations, un ministère ardent à sa tâche, et enfin un chef de gouvernement incomparable, la France fut promptement
remise sur pied, rétablie dans un ordre admirable;
l'armée reconstituée sous la direction d'un soldat
respecté et aimé, le maréchal de Mac-Mahon; les
voies de communication rétablies, chemins de fer,
ponts, canaux, routes naguère à l'état de ruines;
les administrations réorganisées; la Bourse, le
commerce et les travaux industriels reprenant
leur cours; les finances en bon ordre et capables
de fournir la rançon de plus de cinq milliards!
Tout cet ensemble de merveilleuse résurrection
sous la main habile, souple et forte d'un homme
d'État, qui se couvrait d'une gloire méconnue

depuis ce temps-là, par les partis, mais que la France ne saurait lui dénier sans se renier elle-même; car cette main habile et forte n'aurait jamais pu opérer un tel miracle de résurrection nationale si elle n'avait pas eu à sa portée une telle nation!

M. Thiers était installé dans la préfecture de Versailles; son salon était ouvert tous les soirs, et, pendant les premiers temps, des membres de l'Assemblée nationale, qui tous pendant la Commune et presque tous après cette période horrible demeuraient à Versailles, se trouvaient groupés autour de lui. Il recevait tout le monde avec la même bonne grâce; et des princes de la maison d'Orléans pouvaient s'y voir, près des principaux représentants des partis monarchistes. Deux d'entre eux, le prince de Joinville et le duc d'Aumale, faisaient partie de l'Assemblée nationale.

L'Assemblée siégeait dans la salle de spectacle du Palais de Versailles aménagée à cet usage. Pendant les premiers temps, l'esprit de concorde, né de la douleur commune, régna parmi les membres de l'Assemblée, et permettait des rapprochements de personnes, qu'il eût été bien utile de conserver. Mais que vaut l'utilité publique auprès des passions des hommes et surtout auprès des suggestions de la vanité! La trêve des partis ne dura guère. On put alors discerner exactement les nuances d'idées et d'opinions qui divisent les Français depuis plus de cent ans. Une faction pourtant n'avait pas de représentants dans cette grande Assemblée, celle des imbéciles, des faux patriotes et des gens à appétit, qui constituent ce qu'on a dénommé depuis les socialistes et les radicaux.

L'Assemblée représentait vraiment la France, sans ses scories juives et exotiques.

Le deuil national avait donc pour un temps rapproché les hommes entre eux. Après les premiers temps donnés à ces effusions de famille, les divergences d'origine, d'habitudes, de principes de vie et de visées ultérieures reprirent leur empire. On se groupa selon des traditions et des affinités diverses. Il était inévitable que les anciens partis se retrouveraient dans cet ensemble de la représentation du pays. Ils se reformèrent en effet, non agressifs d'abord, mais avec un sentiment marqué de leurs dispositions respectives relativement aux événements du passé et aux vues de l'avenir. Ainsi se trouvèrent respectivement formés, en groupes distincts, le parti républicain proprement dit, le parti orléaniste et le parti royaliste pur ou légitimiste. Et toutefois, de cet ensemble, d'abord confus, des opinions qui se partageaient le monde politique, sortit un parti nouveau : le Centre Gauche, très différent du groupe politique qui avait figuré dans les Chambres législatives du gouvernement de la Restauration et surtout de celui de Juillet 1830, sous le nom de *juste milieu*.

L'état chaotique de la France, depuis un siècle écoulé, les avortements successifs des essais de gouvernements dits libres, c'est-à-dire des Régimes politiques parlementaires, l'horreur surtout des résultats définitifs de ces régimes, c'est-à-dire de la ruine partielle de la France, avaient suscité dans les âmes de beaucoup de bons Français un amer dégoût des Régimes politiques du passé et la violente passion de rétablir le pays sur des bases solides et durables. Il eût fallu pour cela refaire un terrain solide, sur lequel on pût établir des fondations profondes, constituées avec des matériaux formés de tous les éléments de tout temps alimentés et vivifiés par la vie nationale. Que fallait-il pour cela? Refaire l'unité dans la nation, fractionnée en partis divers par les révolutions; reconstituer la France dans l'unité, et, pour ce faire, associer les citoyens de tout rang et de toute origine à son gouvernement. Ce fut cette conception qui donna naissance à un groupe nouveau dans l'organisme politique, que l'on appela le Centre Gauche. Ce groupe représentait très exactement l'idée fondamentale de M. Thiers lorsqu'il entreprit de fonder et de gouverner la nouvelle République. Ce groupe vécut ce que vivent les roses, l'espace d'un matin. Les idées qu'il représentait ne sont pas mortes, et ce sont elles qui peut-être serviront de fondement à la France nouvelle, si elle peut s'organiser en nation puissante, après les changements amenés par la Révolution de 89.

La nation était représentée avec sa diversité dans ce groupe, depuis les représentants de l'ancienne classe dirigeante, l'aristocratie, jusqu'aux représentants de la société du dix-neuvième siècle, et même de la classe ouvrière. Formés par une éducation très forte, d'une haute culture d'esprit, avec des mœurs de la société la plus athénienne, ce groupe d'hommes était l'expression la plus complète de la société française telle que l'avaient formée les traditions unies aux pratiques nouvelles dérivées de la Révolution. Ils étaient de formation vraiment française, libéraux en raison de la culture de leur esprit et de leurs conceptions en politique, tout pleins des traditions nationales et, d'accord en cela avec toutes les fractions de l'Assemblée, ardemment patriotes.

Les tendances politiques de ce groupe, diverses par leur origine, s'étaient unifiées et comme fondues sous l'empire d'un ardent patriotisme, qui avait groupé tous ces hommes en vue de fonder enfin un Régime politique qui offrît un terrain commun sur lequel les Français pussent enfin se grouper et reformer une nation unifiée, en poursuivant tous ensemble les nobles destinées de la patrie.

Telle était la pensée qui avait groupé ces hommes venus d'origines si diverses. Telle était aussi la conception politique de M. Thiers, et c'est avec eux qu'il rêvait de fonder le Régime politique de la France nouvelle sous le titre de République, mais qui ne devait avoir rien de commun avec la République de 1792 ni avec celle de 1848.

Il eût fallu, pour le succès de cette entreprise, le concours d'une puissance morale collective, rare parmi les hommes, plus rare encore parmi les nations, et que Montesquieu appelait : la vertu.

Il se pourrait que la France fût amenée quelque jour à faire, selon le proverbe, de nécessité vertu. Les éléments constitutifs de l'État monarchique n'existaient plus ; la nation, elle existe encore avec tous les éléments nécessaires pour fonder et faire fonctionner un Régime politique, mais un tel Régime implique chez les gouvernants un haut degré de culture, ce qui, en soi, est inconciliable avec le suffrage universel : et telles seront mes conclusions finales.

Dans les premiers temps de l'existence du Régime politique inauguré à Bordeaux, l'union s'était maintenue entre les groupes divers de l'Assemblée. Lorsque celle-ci fut réunie à Versailles, le deuil de la patrie groupait encore tous les Français autour du gouvernement. Les scènes terrifiantes de la Commune étaient encore toutes vives; l'Allemand était aux portes; tout apparaissait comme un deuil et une ruine; on se groupait entre soi et autour de M. Thiers, demeuré seul représentant de l'ordre, du droit et de l'idée survivante d'un gouvernement. En ce temps-là, les députés représentant tous les partis anciens se réunissaient chez lui, et se groupaient autour de ce qui alors apparaissait comme la représentation active et vivante de la nation. Cela dura l'espace d'un matin, c'est-à-dire tant que M. Thiers n'eut pas résolu définitivement le multiple problème de restaurer l'État dans les éléments divers d'un gouvernement; de rétablir l'ordre menacé par des révoltes isolées, mais fréquentes; de reconstituer les finances et enfin d'obtenir la libération du territoire. Entre temps, le lugubre traité de Francfort avait été signé par Pouyer-Quertier au nom de la France; M. Thiers avait été investi du pouvoir présidentiel pour une durée égale à celle de l'Assemblée; la rançon de la France, de cinq milliards, avait été payée. L'administration avait été rétablie dans un ordre régulier; les finances étaient relevées et fortifiées; la Commune avait été vaincue, Paris avait été reconquis, la France avait été délivrée de la présence odieuse de l'Allemand. Ce fut l'heure que les partis monarchistes reconstitués dans l'Assemblée choisirent pour renverser du pouvoir l'auteur de cette résurrection, M. Thiers, qu'ils remplacèrent par M. le maréchal de Mac-Mahon.

Quelque temps auparavant, Grévy avait abandonné le siège de la présidence de l'Assemblée nationale, avec la clairvoyance d'un esprit pénétrant et madré.

C'est que le pacte d'alliance qui avait été conclu, sous le poids de nos malheurs et dans le deuil commun, entre les partis, n'avait pas tardé à être rompu. L'esprit de division, qui déchire impitoyablement le sein de notre patrie, avait reparu aussitôt après que la douleur de la défaite s'était calmée; alors que la plaie était à peine fermée, et que les désastres étaient loin d'être entièrement réparés. Depuis un siècle, le mauvais génie de la Gaule, la discorde, a repris son empire et la mène.

L'Assemblée nationale s'était, dès les premiers temps, divisée en groupes divers, mais plutôt selon les affinités sociales que selon les dissentiments politiques. Une certaine unité dans le deuil commun avait tout d'abord maintenu les représentants de la nation dans une certaine communauté de sentiments; mais, après que les affres de la paix et de la Commune furent, sinon oubliées, du moins atténuées par le temps écoulé, les partis politiques s'étaient reconstitués avec, chacun, leur cocarde. L'organisation des partis se reforma avec leurs groupes, leurs bureaux, leurs chefs et sous-chefs : et cet admirable mécanisme de guerre intestine qui s'appelle le parlementarisme se trouva peu à peu de toutes pièces reconstitué. Et à quoi veut-on que des partis ainsi organisés passent leur temps, si ce n'est à se déchirer mutuellement, tandis que la patrie devient ce qu'elle peut?

Les membres de la Gauche de l'Assemblée n'avaient eu garde de ne pas agir de leur côté, comme les membres de la Droite. Était-ce, du moins, République d'un côté et Monarchie de l'autre? C'eût été trop simple, et ne rien comprendre à la politique. Non, de même qu'à droite la Monarchie pure et simple n'était point uniquement l'objet des vœux des représentants du peuple, de même, à gauche, les députés avaient chacun leur culte particulier pour un genre de République, qui n'était pas celle du groupe voisin. Ce fut dès lors une belle cacophonie, suite d'ailleurs de la cacophonie qui règne depuis bientôt deux cents ans dans le pays de France.

Pendant la guerre et pendant les premières années qui suivirent, il s'était fait un rapprochement intime et sincère entre les différentes fractions de la population. Riches ou pauvres, nobles et bourgeois, tous étaient devenus simplement des Français qu'un sentiment national avait rapprochés. Pendant la guerre et dans les premiers temps qui suivirent, la fraternité des camps avait encore resserré les liens fraternels que le patriotisme avait formés. Toute division de rang, de secte, toutes les raisons si sottes qui établissent des distances entre les citoyens d'une nation que ses instincts inclinent à la bienveillance mutuelle, avaient disparu devant le grand péril et immédiatement après l'affreux désastre. On s'était rapproché dans le deuil commun, comme les parents devant un cercueil.

Les mœurs générales tendaient à se façonner selon le type des idées républicaines qui s'étaient propagées très rapidement partout, après les

désastres de la guerre. Si les opinions monarchistes s'étaient manifestées en quelques endroits
très rares, dans la presque totalité des circons-
criptions électorales l'idée d'un État républicain
avait dominé l'esprit de la population presque
entière. Le nom seul de l'Empire suscitait des cris
d'aversion — universellement — et quant à la
Monarchie bourbonnienne, on n'y songeait guère.
Deux princes de la maison d'Orléans, le prince de
Joinville et le duc d'Aumale, avaient été élus
membres de l'Assemblée nationale, sans que cela
eût été considéré par personne comme une manifestation monarchiste. On peut donc dire que, dans
le pays, comme elle l'avait été à Bordeaux lorsque
l'Assemblée nationale y avait été réunie, la République était le gouvernement que la France avait,
sinon acclamé, du moins adopté comme un port
désiré par les uns et, pour les autres, comme un
dernier refuge.

En même temps que le Gouvernement s'affer-
missait avec son titre officiel à Versailles, l'administration générale avait repris son cours et avait
suivi sa marche traditionnelle. Elle avait fonctionné admirablemeut pendant la période si trou-
blée de la guerre, et elle avait attesté, par là, la
puissance de son action et la réalité usuelle de
son mécanisme encore intact. Ce mécanisme était
alors dirigé par des chefs de première valeur, les
directeurs généraux qui appartenaient encore à la
vieille école.

La ville de Paris, qui avait tant souffert pendant
le siège et pendant la Commune, subit encore
pendant longtemps les effets de ces affreuses
épreuves. La société riche et de loisirs l'avait dé-

sertée. Le plus grand nombre des membres de l'Assemblée nationale s'étaient installés à Versailles; quelques familles vinrent s'y installer avec eux, mais, d'une manière générale, les membres de la haute société parisienne restèrent pendant longtemps encore en province. Les châteaux et les grandes villes en eurent le bénéfice; ainsi, Paris resta, durant une certaine période, abandonné avec ses ruines. Il fallait du temps pour réparer tant de désastres, et pour effacer tant de douloureux souvenirs et les traces des souffrances supportées en commun.

Pendant longtemps encore, les mœurs générales ne subirent pas de profonds changements. L'état social resta le même qu'il était avant la guerre. Le système général de l'administration, laquelle occupait une si grande place dans la vie nationale, n'avait guère subi de modification; le personnel dans l'administration générale du pays avait été, il est vrai, changé, mais l'esprit en était resté le même. Le gouvernement était composé d'hommes imbus des traditions anciennes. Le président de la République n'avait aucun goût pour les innovations. Il était resté en tous points l'homme de l'an VIII, et il est juste de reconnaître que le mécanisme administratif de cette origine avait grandement servi à retirer le pays du gouffre dans lequel il était tombé, et à lui fournir les moyens de se relever et de vivre, et aussi hélas! de payer sa rançon.

L'Assemblée nationale était au contraire remplie d'hommes qui avaient des conceptions très différentes, et d'autant plus passionnés pour des réformes d'ordre administratif qu'ils pouvaient justement accuser le système gouvernemental de l'an VIII des malheurs de la nation. Quelques tentatives isolées furent faites dans ce sens, mais le chef du gouvernement y était opposé; et son opinion avait un grand poids dans les circonstances d'alors. Il est juste d'ailleurs de reconnaître que, pour remédier aux désastres innombrables dont la France, pour ainsi dire, était couverte, il était nécessaire de se servir de moyens d'action et de procédés administratifs tout prêts et expérimentés, et qu'on n'avait le temps alors ni de préparer ni d'essayer un nouvel outillage.

Grâce à la fécondité puissante de cette terre et de cette race de France, on se sentait renaître et, comme il est toujours arrivé depuis plus d'un siècle, petit à petit le pays se remit à vivre de son côté, et de l'autre côté le gouvernement à faire marcher son mécanisme administratif.

La présidence de M. Thiers avait contribué puissamment à la reconstitution de la France en un état régulier. L'administration avait été rétablie dans son fonctionnement, les finances avaient été reconstituées dans un tel ordre que l'énorme rançon avait pu être payée en avance même sur la date primitivement fixée. La direction imprimée à cette partie de l'administration par M. Pouyer-Quertier, après lui par M. Léon Say, sous la haute direction de M. Thiers, avait suffi, au bout de très peu de temps, pour pourvoir à tous les besoins de l'État, et Dieu sait ce qu'étaient alors les besoins de l'État! et pour fournir l'énorme rançon en devançant même la date fixée par les traités. Les relations extérieures avaient été rétablies sous la haute direction de M. Thiers, qui avait des rapports personnels avec les plus hauts diplomates de l'Europe.

Il avait envoyé, dans les principaux postes diplomatiques, des hommes de naissance et de grande
distinction, qui sauraient maintenir la France
vaincue dans le haut rang qu'elle tenait parmi les
nations : c'étaient le prince de Broglie; puis le duc
de la Rochefoucauld-Bisaccia à Londres; en Russie
le général Le Flô, en grand crédit à la Cour de Russie; à Berlin, M. le comte de Gontaut-Biron, qui,
par ses relations personnelles et sa haute valeur,
sut tenir à Berlin le rang et le ton qui convenaient
à la France, et qui lui permettaient de faire figure,
malgré la situation difficile et pénible où il se
trouvait.

A Versailles, la diplomatie française trouvait le
plus amical concours dans le prince Orloff, ambassadeur de Russie; et l'ambassadeur d'Allemagne, le
comte d'Arnim, y tint sa place dans une situation
extrêmement difficile. Le ton de politesse gardé
envers lui était de glace. Au ministère des affaires
étrangères, M. Thiers avait appelé M. de Rémusat,
qui jouissait à Paris, et dans les milieux sociaux
et académiques, d'un grand renom et d'un grand
crédit; sa situation personnelle et ses attaches avec
tout ce que la France avait de plus accrédité donnaient à la République naissante un grand air, en
l'entourant de personnalités avec qui on devait
compter. Sous une direction si ingénieusement
digne et légèrement hautaine, la France avait pu
reprendre son rang dans le monde.

Pour la première fois depuis 1789, la France se
trouvait groupée en une unité parfaite. Toutes les
classes de la population, depuis les ducs jusqu'à
l'ouvrier, étaient représentées dans l'Assemblée
nationale : et tous, grands seigneurs, nobles, bour-

geois, fonctionnaires et ruraux, fusionnèrent très sincèrement dans le deuil commun. Le seul sentiment qui animât tous ces cœurs était le patriotisme; la seule haine d'ordre civil était la haine de l'Empire, auteur responsable du malheur public. Cet état d'esprit fut d'ailleurs passager, mais il exista très positivement; et ce fut un spectacle très beau à contempler, spectacle éphémère, qui ne s'était peut-être plus vu depuis les premiers jours de la Révolution de 1789!

C'est que les idées ou plutôt les sentiments exprimés par les trois mots fatidiques, Liberté, Égalité, Fraternité, qui ont été adoptés comme la devise du peuple français, correspondent aux sentiments qui tiennent le plus au cœur de cette nation. Les Français, pris dans tous les ordres de l'État, sont jaloux de leur liberté : ils ont horreur de la servitude, parce qu'ils sont fiers. Ils sont tourmentés tous par le besoin de l'égalité, parce qu'un des travers de la race est la vanité; et enfin, ils s'adonnent volontiers à la passion de la fraternité, parce qu'ils sont bons, au fond. Il semblerait que ces trois dispositions de l'âme française sont inconciliables avec l'idée d'autorité et de gouvernement impliquant une hiérarchie sociale. Et toutefois la nation se résoudrait assez facilement à la fatalité de l'ordre hiérarchique, parce que cela est en accord avec la nature des choses, et que cette race, en même temps qu'elle est vaine, est pleine de bon sens et dès lors accepte les nécessités sociales; mais ce qu'elle repousse comme un fait en contradiction avec la justice, c'est la loi de l'hérédité dans l'état social des personnes. Elle admet les différences de situation sociale

en raison de la richesse acquise, ou de la condition hiérarchique des fonctionnaires et des lois
de l'hérédité appliquées aux biens matériels;
mais elle ne les admet plus quand il s'agit de la
condition sociale dans l'État. Et toutefois, même
dans cet ordre d'idées, le vice essentiel de cette
race, la vanité, l'emporte encore sur le raisonnement : et chacun se pare volontiers d'une prédominance pour soi, en la contestant pour les
autres.

En 1789, il y eut un moment, deux peut-être, le
jour du Jeu de Paume et la nuit du 4 août, où ces
sentiments prévalurent dans l'Assemblée nationale. De même, en 1871, à Bordeaux et à Versailles, la fusion des cœurs se fit sous l'empire de
l'immense douleur qui frappait l'âme nationale.
Dans les deux circonstances, la fusion ne dura
guère : elle se rompit sous l'effort des vices de
l'âme qui déparent cette race. En 1871, la passion
du salut public domina tout d'abord les esprits dans
le choix qui fut fait d'un parti à prendre. Tous
s'étaient d'abord unis à Bordeaux, sous le gouvernement de la République avec M. Thiers président.
Mais, à Versailles, les membres de l'Assemblée se
rangèrent, soit à droite, soit à gauche, suivant
qu'ils mettaient l'espoir du salut public dans un
retour à la Monarchie ou dans la République. En
ce sens, le parti que chacun prenait fut tout
d'abord désintéressé. Il y eut une sorte de trêve,
pendant laquelle on laissa M. Thiers et son gouvernement travailler — et ils le firent merveilleusement — au relèvement de la France. Ils le faisaient
si bien que la nation, étrangère dans sa masse aux
préoccupations d'intérêt personnel qui reprenaient

peu à peu leur empire sur l'esprit des membres de l'Assemblée nationale, approuvait de plus en plus le Gouvernement; et s'attachait de plus en plus aussi à la République qui le personnifiait. Cette adhésion manifeste de la nation au Régime politique adopté par M. Thiers devenait menaçante pour les desseins des partisans d'un Régime monarchiste; et un beau jour, sans être prêts eux-mêmes pour la substitution d'un nouveau Régime politique à celui qui fonctionnait si bien, ils renversèrent ce dernier, en obligeant M. Thiers à donner sa démission.

Sans s'appesantir sur le caractère de cette violence parlementaire à l'égard d'un homme qui avait rendu à la France de si grands services, il est permis du moins d'en souligner la légèreté, puisque cette violence ne pouvait avoir et n'eut pas en effet le résultat que l'on cherchait, à savoir, la restauration d'un trône. Cette impossibilité politique est la condamnation même de cette espèce d'acte de force accompli contre le gouvernement de la République adopté naguère pour une durée de sept ans. Il y avait donc, dans cet emportement un peu haineux contre une personne, une marque de grande imprévoyance. Cette faute eut encore une autre conséquence plus funeste : ce fut de forger en quelque sorte, de la main des conservateurs, la chaîne qui allait désormais unir les unes aux autres toutes les fractions de la gauche de l'Assemblée, et de préparer par là la ruine du parti libéral au profit des factions révolutionnaires. Il y eut, au cours de ces événements et de ceux qui suivirent, un homme d'esprit — c'était M. J.-J. Weiss — qui dit que la

République conservatrice était une *bêtise*. Il est vrai que, peu de jours après, il se mit au service de cette bêtise-là. Mais, ce qui est bien plus vrai encore, c'est que le mot et la chose purent s'appliquer alors à l'acte des conservateurs; et ce ne devait pas être la seule fois qu'ils l'ont mérité.

M. Thiers avait été remplacé par le maréchal de Mac-Mahon, duc de Magenta. Ce dernier avait la double auréole du « J'y suis, j'y reste » de Malakoff et de la victoire de Magenta. Il avait surtout celle d'être un vaillant soldat et de porter haut le bâton de maréchal de France.

Mais pourquoi renverser un Gouvernement fondé un an auparavant et après des services signalés — pacification, ordre rétabli, tout remis en place, la France libérée de sa rançon et de l'occupation étrangère, et en pleine possession d'elle-même; un Gouvernement fondé sur les principes qui paraissaient, désormais, les lois vitales de la France; les citoyens pacifiés, heureux d'être en possession des biens qu'ils préfèrent; la prospérité matérielle renaissante, la nation maîtresse d'elle-même, tout ce qu'on avait cru fait pour combler ses vœux — et, d'un geste, on renverse cet échafaudage qui aurait pu être un édifice, la maison gauloise rétablie sur ses bases! Et en un clin d'œil cette espérance d'oasis disparaît; et chaque tribu reprend sa place dans l'opposition, afin d'y continuer le jeu des révolutions. A dater de ce jour, la sédition secrète ou ouverte redevient le principe de vie de cette société en délire. Esprit de sédition, ambition en rut sous couleur de principes, et tout au fond le virus révolutionnaire qui travaille cette société aux prises avec l'esprit de révolte, d'hérésie

et des sociétés secrètes. Les révoltés ne savaient
même pas quel était l'adversaire véritable des idées
qu'ils se flattaient de servir. Ils obéissaient au fond
aux instincts de vanité, si puissants chez nous, et
aux suggestions de leur suffisance : si bien qu'au
lendemain de leur triomphe ils ne surent qu'en
faire; et, sans avoir une pleine conscience de leur
légèreté de conduite, ils continuèrent à se disputer
entre eux.

Le Gouvernement de M. Thiers avait été comme
une trêve intervenue dans cet état de guerre perpétuelle entretenu en France par ce qu'on appelait
les partis, façon de décorer d'un nom honorable
la pitoyable discorde de cette nation, en cela restée
bien gauloise. Cette trêve avait rendu l'essor aux
qualités sociales de cette race, la bonne grâce, la
bonhomie, la politesse et le sentiment de dignité
et d'honneur qui rend faciles et aimables les rapports d'homme à homme. On s'associait avec
bonne humeur pour le bien public. On se rattachait dans un sentiment patriotique aux coutumes et aux traditions essentiellement françaises. Le Gouvernement s'appliquait à donner
aux grandes cérémonies publiques un caractère
religieux. M. Thiers, bien qu'il ne fût pas catholique
dans le sens pratique du mot, était au fond religieux; et il ne manquait pas d'assister, en sa qualité de chef d'État, aux cérémonies religieuses qui
furent célébrées sous sa Présidence dans diverses
occasions. Il n'y eut point dans le sein de l'Assemblée nationale de dissidences marquées dans ces
solennités. M. Grévy, de son côté, bien qu'il fût
plus éloigné encore que M. Thiers des croyances
catholiques, figurait dans les cérémonies, en leur

attribuant par là un caractère national. Et d'ailleurs les malheurs publics avaient, pour un temps du moins, fait incliner toutes les têtes, en imposant à tous des réflexions intimes, à la suite des douloureux événements, bien propres à faire courber tous les fronts.

En même temps un souffle de liberté ouvrait les âmes à la générosité et au bon droit. Il y a un lien si réel entre la liberté de l'enseignement public et le bon droit des citoyens que le souci de l'un appelle nécessairement le respect de l'autre. Le bon droit des catholiques de France impliquait la liberté de l'enseignement; et aussi bien un fort courant vers cette liberté s'était formé dans l'Assemblée nationale, malgré la résistance des champions attitrés de l'Université, qui voyaient en elle le palladium des idées modernes, c'est-à-dire des forces morales dirigées contre le catholicisme.

Au fond, le duel qui dure depuis près de deux mille ans entre le catholicisme et la contre-église, sous des formes diverses, s'était ravivé au dix-huitième siècle; et il dure encore à l'heure où nous sommes. Il y eut, après la guerre de 1870, un temps de répit, temps de deuil et de larmes; mais non de récipiscence religieuse. Les manifestations publiques, ordonnées alors et pratiquées par les pouvoirs nationaux, tenaient plutôt d'un caractère de convenance que d'un acte de retour au catholicisme. Ce fut aussi plutôt l'idée du droit et de la justice qui domina dans le mouvement d'opinion vers la liberté de l'enseignement public. Les sectaires y eurent leur part, sans doute; et c'est ainsi que, parmi les députés qui se montraient favorables à la liberté d'enseignement supérieur, un grand nombre n'adhérèrent à cette opinion que par leur goût décidé pour la liberté.

L'état religieux des âmes françaises ne s'est guère modifié depuis deux siècles. La déviation des intelligences, sous la direction des philosophes du dix-huitième siècle, et la corruption des mœurs favorisée par l'affaiblissement de l'autorité, sous les deux formes de la loi civile et de la loi religieuse, ont sensiblement altéré les âmes, et les ont désarmées contre la puissance satanique. La nation française apparaît, au milieu de ce tourbillon extraordinaire et terrible, comme une horde d'hommes merveilleusement doués et en même temps égarés, sous le coup d'on ne sait quel vertige. Ils ont perdu, pour un temps, le fil conducteur des artisans de Dieu, *Gesta Dei per Francos.*

Les traditions de famille, les usages, le respect des bienséances ont maintenu dans la tenue générale des Français des habitudes d'apparences religieuses et la continuité des cérémonies de cet ordre appliquées aux actes de la vie commune, le baptême, la première communion, le mariage, etc., etc...

Mais, dans les villes surtout, et même dans les campagnes, le sérieux de la foi vivifiant les actes de la vie et les pratiques religieuses cessaient à peu près d'être l'élément vital de la population. Tel était du moins l'état des âmes, même après les malheurs publics de 1870 et de 1871. Les sectes ennemies de l'Église n'avaient pas cessé de travailler en sourdine à la ruine de celle-ci; et elles allaient bientôt marcher ouvertement à l'assaut de la société française, mal armée alors pour se défendre.

Toutefois, un fait significatif marqua, vers cette époque, le caractère de la lutte qui, sur ce terrain, ne devait pas tarder à s'ouvrir. Il ne fallait rien moins que les malheurs effrayants qui avaient accablé la nation, pour qu'un fait de cette nature pût se produire parmi le monde officiel, sans rencontrer un obstacle invincible dans le sentiment public, fait à la fois de lâcheté et d'une sorte de fanfaronnade. Une proposition fut apportée à la tribune de l'Assemblée nationale, qui avait pour objet l'érection d'une église au sommet de la butte Montmartre et sa consécration au Sacré-Cœur. En d'autres temps, on n'aurait pas osé produire cette motion dans une Assemblée politique. Il s'agissait de l'exécution d'un vœu formé pour le salut de la France, par de grands catholiques réfugiés à Poitiers pendant la guerre. Cette fois, tant le sentiment qui avait dicté cette proposition était en accord avec le deuil public et avec l'état secret des âmes, nulle protestation sérieuse ne s'éleva dans l'Assemblée nationale contre cette proposition. Les réfractaires se bornèrent à refuser leur vote, sans autre forme de réprobation.

Cet acte toutefois n'avait pas le caractère d'un retour public à la foi et surtout aux pratiques religieuses. On respectait le sentiment national qui l'avait inspiré, mais sans adhérer à la conviction religieuse des personnes qui en avaient pris l'initiative.

En fait, les malheurs publics avaient mis en évidence des personnes d'importance et, au premier rang, des membres de l'Assemblée nationale, qui imposèrent en quelque sorte, dans diverses circonstances, des manifestations d'ordre religieux, auxquelles le Gouvernement et la majorité de l'Assemblée s'associaient, moins par adhésion à la pensée qui les inspirait que par le sentiment des convenances, lesquelles étaient encore observées, dans les rapports mutuels des Français.

Les divergences d'opinion, en fait de religion et de politique, s'étaient d'abord effacées dans le deuil public. Elles reprirent peu à peu leur empire, surtout à partir du moment où il devint évident que les partis politiques n'avaient point abandonné chacun leur idéal ni leurs desseins. Extrême-gauche, gauche, centre-gauche, centre-droit, droite, chevau-légers et extrême-droite : ne semblait-il pas voir une Gaule moderne avec ses innombrables tribus! Dès le jour où M. Thiers fut renversé du pouvoir, le pacte formé tout d'abord était déjà rompu. Et toutefois il semble qu'on aurait pu dire, selon le mot heureux de M. Ch. Dupuy : *la séance continue...* ce mot qui d'ailleurs pourrait servir d'épigraphe à l'histoire de France à bâtons rompus, depuis près de deux cents ans.

Le renversement de M. Thiers aurait dû concorder avec un changement de Régime politique. Les triomphateurs étaient des monarchistes : oui! et c'est là qu'éclate le scandale, ou mieux encore que se découvre la plaie dont souffre la France, c'est-à-dire la division des esprits et des âmes : oui! mais ces monarchistes ne s'entendaient même pas entre eux; et ils ne pouvaient pas remplacer le Régime politique qu'ils avaient, par un effort commun, renversé.

A partir de ce jour, les intrigues des partis rem-

plirent la vie de l'Assemblée nationale. Les royalistes, divisés en deux camps, les bonapartistes qui
avaient reparu et osé s'affirmer après un long temps
de silence que la pudeur, de leur part, et la violence du sentiment public, de l'autre, leur avaient
imposé, les partis avancés de la Gauche, où repa-
rurent les passions jacobines et même des insanités
d'ordre social, tous ces hommes que la France
avait choisis parmi les meilleurs, et qui avaient
reçu la mission de sauver d'abord la France et
ensuite de la reconstituer dans un état meilleur
que celui d'un long passé troublé, précurseur d'un
désastre final, tous, comme à l'envi, retournèrent
à leurs vomissements, qui sont la division irréductible. On a beau jeu à discuter leurs thèses. Ils ont
tous raison, et ils ont tous tort. Il ne manque à
leurs systèmes respectifs qu'une chose qui est
tout : il manque l'autorité.

M. le comte de Chambord, seul, peut-être, avait
en naissant reçu le privilège d'être un représentant
de l'autorité, ou, autrement dit, du Pouvoir qui
impose l'obéissance et le respect des nations. Privilège discutable! qui l'ignore? mais sauvegarde
des peuples qui s'y plient et qui ne le discutent
pas. C'est ainsi que les rois de France personni-
fiaient la souveraineté. On y a substitué, depuis,
le vote universel, qui devait être l'origine de la
souveraineté. Un homme de beaucoup de science
et d'esprit, M. Jules Roche, a démontré depuis,
par des chiffres, c'est-à-dire mathématiquement,
que jamais, à aucune époque, la souveraineté du
peuple français n'était sortie des urnes populaires;
d'où on peut conclure que les urnes populaires
n'ont pas la vertu du saint chrême.

Tandis que se nouaient et se continuaient les intrigues tendancieuses des partisans de la Monarchie, le Gouvernement proprement dit, c'est-à-dire l'administration des affaires publiques, continuait son œuvre entre des mains expertes, quoiqu'elle se ressentît des changements de personnel et des luttes d'intérêts, résultat inévitable, en raison de la diversité de la direction suprême des affaires publiques. Mais le peuple de France a tant de ressources à sa disposition, et il s'en sert avec tant d'ingéniosité et de savoir-faire, qu'il prospère envers et contre tout. Les gouvernements en tirent vanité. Ils se vantent. Ils sont le plus souvent, par leurs agents et quelquefois par leur entremise directe, un obstacle et une gêne. La France n'en irait que mieux, si elle n'était pas autant gouvernée. En ce temps-là, elle consacrait son activité à se refaire. Le moment n'était pas venu de l'extraordinaire développement qu'allait prendre sa fortune, à la faveur des découvertes scientifiques dont il semble qu'elle ait le privilège et le secret.

On pouvait croire alors que toute son activité était appliquée aux affaires publiques. Les questions d'ordre politique et constitutionnel occupèrent presque uniquement l'esprit public pendant une période assez longue, de près de dix ans, à la suite de la guerre de 1870. Il semblait que la France, après la terrible leçon de ses défaites, et après tant de vicissitudes qui avaient duré pendant tout un siècle, cherchait à s'abriter dans un port de tout repos.

L'ensemble de la nation, exception faite des partis, lesquels sont dominés par leurs théories dissimulant leurs passions, ou mieux encore leurs appétits particuliers, la masse du pays envisageait une République comme le refuge de la nation lasse de tant de secousses; et il voyait en elle le triomphe de certaines idées ou, si l'on veut, de certains mots qui lui sont chers. On ne prévoyait pas que quelques-uns de ces verbes retentissants, l'égalité et la fraternité par exemple, peuvent couvrir toutes les sottises de l'esprit humain et toutes les bassesses des passions de l'animalité. Une sorte d'entraînement joyeux, après tant de douleurs patriotiques, portait la nation vers la République. Ingénue qu'elle est, elle ne pouvait prévoir que ses loups se déguisaient en bergers pour la mener là où elle n'aurait pas voulu aller. Ingénue! qui donc se gausserait de la France parce qu'elle a dans l'âme cette faiblesse de l'ingénuité qui est le signe de sa noblesse?

Oui. Après les maux inouïs supportés par la nation à la suite de la guerre de 1870, il y eut une heure, une heure fugitive, pendant laquelle l'union des cœurs s'était faite parmi tous ces Français déchirés depuis plus d'un siècle par la discorde civile. En même temps, toutes les qualités de la race avaient été mises en œuvre, sous l'impulsion et la direction d'un maître homme de gouvernement, et elles avaient fourni en peu de temps ce résultat merveilleux : la résurrection et la réfection d'une nation! Mais à peine la paix avait été rétablie au sein de cette nation, à peine le sol sacré avait-il été libéré de la présence de l'étranger, le mal qui dévore cette nation aux dons si magnifiques, la division, avait repris le dessus, rompu les rangs et de nouveau mis en bataille tous les groupes de partisans séparés et redevenus frères ennemis.

La coalition des partis monarchistes avait démontré son impuissance, lorsque, après avoir renversé le gouvernement de M. Thiers, elle se trouva, dès le lendemain, obligée de relever le même Régime politique avec un nouveau chef, M. le maréchal de Mac-Mahon. C'était l'aveu de la faute commise, puisqu'ils ne pouvaient rétablir un gouvernement monarchique, ce qui pourtant était dans leurs vœux, et ce qui eût été la justification de leur conduite.

Les coalisés croyaient se justifier en disant que M. Thiers et son gouvernement faisaient, ou tout au moins laissaient dériver la République vers les régions anarchiques que d'autres temps avaient connues, sous la même étiquette. Il leur eût été facile d'empêcher cette déviation, en s'associant avec sincérité au gouvernement de M. Thiers, qui eût accepté très favorablement leur concours, s'il avait pu croire à leur sincérité.

A distance, lorsqu'on est à l'écart, par le temps écoulé, des passions du temps, il est impossible de donner une explication plausible de l'attitude des partis monarchistes de ce temps-là. La seule que l'on puisse alléguer, c'est que la diversité réelle et la contradiction de leurs visées respectives les empêchaient d'adopter la seule solution rationnelle que leur attitude comportât, et qui était de rétablir la Monarchie. Mais alors cette constatation d'un fait, d'ailleurs réel, est la condamnation de leur conduite vis-à-vis du Régime établi, même en ne tenant pas compte des sentiments de gratitude que les services rendus par M. Thiers auraient dû leur inspirer.

Ce fut une des circonstances, après tant d'autres,

où ce grand pays de France fit l'épreuve des impasses auxquelles il se heurte sans cesse dans la voie ouverte par ses révolutions intestines, comme un aveugle engagé sans guide dans une voie de lui inconnue.

De guerre lasse, et ne sachant que faire de leur victoire, les conjurés monarchistes se résolurent à n'en rien faire et à maintenir le Régime républicain avec la présidence du maréchal de Mac-Mahon. Et toutefois ce n'était pas le terme final de leurs irrésolutions. Ils continuèrent à la fois à maintenir le Régime républicain et à chercher le moyen de le renverser.

Ce n'était pas hélas! un procédé propre à rétablir la concorde dans le pays en proie au mal de la dissolution intestine, maladie à laquelle résiste encore une robustesse inouïe. Mais nos discordes civiles font apparaître chez nous un état d'esprit peut-être particulier à notre terre de France. Les fauteurs de ces discordes se persuadent qu'ils sont d'excellents citoyens, des citoyens même meilleurs que les autres, parce qu'ils se croient, à la différence de leurs antagonistes, spécialement appelés à l'exercice du pouvoir politique pour le plus grand bien de la nation. Leur suprématie leur apparaît comme un devoir civique.

Pendant de longs siècles, le lien qui attachait au devoir social tous les Français, nobles, citoyens, fonctionnaires, agents à tous les degrés de l'échelle sociale, était l'honneur, la foi féodale. On y a substitué ensuite le serment : mais la conscience des Français s'est prêtée successivement à tant de serments contradictoires, que ce genre de lien, qui devait être sacré, est devenu quelque peu dérisoire;

et c'est là un des traits les plus saisissants, quoiqu'on n'y attache aucun prix, de la démoralisation de cette race, qui pendant des siècles, et même pendant les premiers temps de la période révolutionnaire, avait fait de l'honneur sa principale raison de vivre.

Les partisans des Régimes déchus se piquèrent d'honneur, pour être restés fidèles à la foi monarchique. Et ces mêmes hommes, gens d'honneur en effet dans la vie privée, se mettaient sans aucune vergogne dans le cas de trahir le gouvernement dont ils acceptaient d'être les chefs, les ministres, c'est-à-dire les premiers serviteurs. Il est avec le ciel des accommodements!

Cette incohérence de conscience ne choquait alors que peu de personnes, particulièrement délicates en ce point. La raison en était que, depuis cent ans, c'était l'état de conscience de la presque universalité des Français, qui servaient tous les Régimes politiques successifs, avec l'arrière-pensée de les démolir pour en servir d'autres. Il est d'ailleurs juste de reconnaître qu'ils restaient fidèles à leur engagement, si on l'applique uniquement à la fonction, grâce au subterfuge de la restriction mentale.

C'est à partir de cette date que se poursuivirent avec activité les démarches des partisans de la Monarchie dans le but de la substituer à la République. Il était nécessaire, pour cela, de rétablir l'union dans la famille royale, aussi bien qu'entre les partisans de la branche aînée des Bourbons et ceux de la branche cadette : le comte de Chambord d'une part, et de l'autre les princes d'Orléans, œuvre difficile après tant de graves dissentiments,

de violences de toute sorte et de souvenirs! Le
même intérêt pouvait rapprocher les unes des
autres les personnes, mais les cœurs, non.

Et tandis que se suivaient infatigablement les
démarches, les voyages, les conciliabules, les pa-
potages des comités et les conjurations de salons,
les affaires publiques furent dirigées par des ministères variés, sous la direction tantôt de M. de Broglie, tantôt de M. Buffet, qui chacun à leur manière, mais avec capacité et distinction, étaient les
chefs de la nouvelle majorité.

La France commençait à secouer son deuil et à
réparer ses désastres, la vie sociale reprenait peu
à peu son cours. Paris réparait ses ruines et commençait à reprendre le cours de son activité féconde. La fièvre et l'action politique, qui avaient
rempli les dernières années, commençaient à se
calmer et à faire place à des occupations d'un
autre genre. Les actes de la paix allaient remplacer
les périodes de guerre; les restaurations de tout
ordre allaient réparer les ruines; les affaires privées reprenaient leur place dans les occupations
des citoyens : l'ère des convulsions, des ruines et
des horreurs de la guerre était close. C'était une
restauration; la vie sociale allait reprendre son
cours; et les salons étaient de nouveau ouverts. Ils
allaient servir tout d'abord aux conciliabules politiques.

Pendant longtemps après la chute de M. Thiers,
la politique se maintint dans le cercle de Versailles et suivit à peu près les errements du commencement.

L'Assemblée nationale poursuivait avec assi-

duité et avec fruit le cours des travaux parlementaires, qui constituaient alors tout le gouvernement.
Elle était remplie, dans toutes ses parties, de capacités réelles; et les affaires publiques ne furent
jamais mieux étudiées ni mieux dirigées que par
cette Assemblée. Mais elle avait en elle les germes
de nos discordes civiles; et ces germes se dévelop-
paient de plus en plus, à mesure que l'on s'éloi-
gnait des temps funèbres de nos malheurs.

Les dissentiments d'ordre politique se caracté-
risaient de plus en plus à mesure qu'on approchait
du terme où il faudrait prendre un parti définitif,
et fonder enfin un Gouvernement. Les partis se
différenciaient avec plus de netteté dans les groupes
déjà existants. Et néanmoins les fractions de la
Gauche les plus accentuées, celles qui dérivaient
du jacobinisme révolutionnaire, s'abstenaient de
toute manifestation qui eût pu avertir la partie
moyenne, et la mettre en garde contre les compa-
gnons d'armes avec lesquels, si elle l'avait su, elle
n'aurait jamais fait cause commune. Les monta-
gnards cachaient leurs armes, les jacobins faisaient
mine de modérés; le Centre-Gauche, avec la naï-
veté française de gens bien intentionnés, se faisait
illusion sur le caractère véritable du concours des
membres de l'Assemblée siégeant à gauche. A
droite, les diverses fractions des monarchistes se
faisaient également illusion sur leurs intentions
respectives. Tout le monde se trompait.

Pendant cette période de faits et gestes dans la
coulisse, et tandis que, en même temps, l'Assemblée nationale poursuivait sa tâche, et remplissait
sa double fonction de Gouvernement et d'Assemblée législative, les partis étaient en fièvre. Ce

furent d'abord les monarchistes qui essayèrent de réaliser enfin leurs espérances. Le problème était difficile à résoudre. Il ne fallait rien moins que recoudre ensemble les lambeaux dispersés d'une doctrine politique et d'une tradition disjointe et délabrée par des bouleversements nationaux successifs. Il fallait rapprocher et convertir des esprits et des opinions contradictoires et le plus souvent hostiles, séparés plus encore par des sentiments irréductibles que par des idées, lesquelles peuvent encore se concilier. Il fallait relever un édifice dont les débris étaient dispersés, et quelques-uns quasi pulvérisés. Il fallait oublier et, s'il était possible, effacer de mauvais souvenirs. Il fallait enfin affronter des résistances seulement en éveil, mais qui pourraient surgir plus tard comme d'insurmontables obstacles. Enfin, c'était tout un siècle qu'il fallait rayer de notre histoire, sans qu'il en restât trace! Que de sentiments, que de passions contradictoires et violentes; que d'arrière-pensées à côté de généreux espoirs d'oubli et de renaissance! Plus d'un cœur eut à subir de rudes assauts, dans le combat où s'agitaient des souvenirs d'allégeance féodale et des devoirs présents envers la patrie. Une figure planait au-dessus de ces tempêtes de sentiments tumultueux, dans lesquels se trouvèrent mêlés de généreuses passions et des appétits d'ordre inférieur : c'était celle de M. le comte de Chambord, qui réalisait, en son entier, le grand passé de la France. Et, pour être juste, M. le comte de Paris, représentant de la monarchie constitutionnelle, faisait à côté de lui bonne figure. Le symbole de ces luttes qui bouleversèrent alors tant de cœurs bien français était le drapeau blanc, que M. le comte de Chambord ne consentait pas à sacrifier, parce qu'il y voyait en quelque sorte l'emblème de la Royauté. Ce qui se passa à ce sujet dans le bureau de la Commission, formée de neuf membres, qui eut à se prononcer en dernier lieu sur cette question décisive du drapeau, M. le comte d'Haussonville (qui en était le secrétaire avec M. Savary) pourrait le dire. La publication du procès-verbal de la séance, tel qu'il était rédigé, décida M. le comte de Chambord à écrire la lettre qui devait mettre fin aux négociations.

Quelle eût été la réponse de l'Assemblée nationale si la question de la restauration monarchique lui avait été soumise? Personne ne pourrait le dire. Il y avait dans ce milieu politique tourmenté par les passions du temps, mais profondément patriote, bien des cœurs sensibles aux souvenirs du passé, mais en même temps passionnément agités par le souci de leur devoir et de leur responsabilité envers la patrie!

Tous se trompaient avec une sorte de sincérité respective. C'était encore la France, ressuscitée et toujours la même, en proie à la discorde. C'est un des malheurs de nos révolutions, le pire peut-être, que d'avoir faussé la règle de vie de cette nation, qui fut toujours l'honneur.

A partir du jour où le Maréchal fut porté au pouvoir avec le titre de président de la République, le Gouvernement ne cessa de conspirer contre lui-même. Et ses membres ont cru qu'ils étaient dans leur droit. Mais le Maréchal restait étranger à ces intrigues.

D'autre part, les républicains qui se rattachaient à la pure doctrine jacobine se défendaient d'une telle imputation; et ils se mettaient à la suite des hommes un peu ingénus du Centre-Gauche, qui avaient du moins la certitude d'être les vrais représentants de la très grande majorité des Français. Ceux-ci, détachés des anciens Régimes, n'aspiraient qu'à vivre tranquilles et fiers, d'une certaine fierté, sous l'égide de la République, laquelle d'ailleurs correspondait à leurs sentiments égalitaires.

Ainsi l'Assemblée, cahotée en sens divers, faisait son œuvre gouvernementale, tout en poursuivant son acheminement vers une solution politique. Cette solution, en dépit de tant d'intentions contradictoires, fut la Constitution de 1875 qui établissait la République...

L'Assemblée nationale ne voulait pas remettre en question les principes constitutifs du gouvernement. Elle s'en référait, sans le dire pourtant, aux principes généraux édictés dans la Constitution de 1791, qui ont été réédités successivement dans les diverses constitutions politiques sous l'empire desquelles la France a vécu. Ces principes étaient l'expression concentrée des idées générales qui avaient prévalu en 1789, et qui avaient consacré l'abolition de l'Ancien Régime. Politiquement parlant, la France moderne date de cette époque; socialement, non. Les passions et les tendances de la race persistent à prévaloir sur les textes constitutionnels, dans le cours de la vie des Français.

L'unité de vues qui avait présidé d'abord à la vie de l'Assemblée nationale n'avait pas survécu à son principal objet, qui avait été la réparation des maux de la guerre et le paiement de sa rançon. L'esprit de discorde avait repris son empire dans ce malheureux pays qu'il déchire, et dont l'Assemblée offrait l'image.

Tandis que les partis monarchistes avaient travaillé à une restauration que leurs dissentiments rendaient impossible, le côté gauche de l'Assemblée nationale s'était de son côté fractionné en camps divers, qui correspondaient à des opinions en réalité très divergentes, mais qui s'étaient tenues très discrètes, tant qu'avait duré l'anxiété de vivre. Petit à petit, ces nuances d'opinion s'étaient accentuées; et elles s'étaient affirmées sous des appellations diverses, distinguant des groupes divers qu'un certain lien rattachait ensemble, plus nominalement qu'en réalité; car au fond ces groupes étaient séparés par des nuances d'opinions très accusées. C'étaient les républicains de l'Union dite républicaine, ceux de la Gauche et ceux du Centre-Gauche.

Gambetta, qui s'était effacé au moment de la réunion de l'Assemblée nationale à Bordeaux, avait reparu à Versailles. La vie politique, concentrée dans les premiers temps à Versailles, avait repris sa vitalité à Paris; et elle se manifestait avec une vigueur extrême, parfois avec éclat dans la presse, dans les réunions de groupes, et jusque dans les salons.

Gambetta avait repris pied dans la politique avec son journal *la République Française,* que rédigeaient ses amis Laurier, Challemel-Lacour et Spuller. Un autre journal de création nouvelle, *le XIXe Siècle,* était rédigé par Edmond About et Francisque Sarcey; il se distinguait par sa politique antireligieuse jusqu'à la rage, mais avec beaucoup d'esprit à l'emporte-pièce. Hector Pes-

sard tenait aussi son rang à côté d'Emile de
Girardin dans la presse républicaine, tandis que
des hommes de beaucoup de talent, dans les *Débats*,
dans le *Soleil*, dans l'*Univers*, les Hervé, les Veuillot
et tant d'autres, les John Lemoinne, Laurentie,
Pierre Véron, portèrent très haut, dans ce temps-
là, la littérature proprement politique, qui avait
encore figure de belles-lettres.

Il y eut à cette époque aussi comme un souffle
nouveau qui ranimait l'esprit public, et avec lui les
arts sous leurs formes diverses. La musique triomphait dans les concerts du Conservatoire consacrés
à la gloire de Mozart, de Beethoven et des grands
artistes de cet art que n'avait point encore dénatio-
nalisé l'inspiration tudesque. La musique française
fredonnait joyeusement à l'Opéra-Comique; et on
se retrouvait chez soi, en y entendant les airs de
France.

Au théâtre, Henry de Bornier avait fait frissonner
les âmes naguère abattues, avec *la Fille de Roland*;
Émile Augier, Pailleron rappelaient les beaux jours
de l'esprit de France; et, au Palais-Royal, Labiche
et Gondinet nous rendaient le rire après tant de
tristesses. Banville donnait la note de l'idylle,
dans ce concert d'esprits et de talents qui surgirent
alors, comme un réveil charmé après une nuit
sombre. Dumas fils donnait aussi sa note teintée
de noir, parmi les éclats de joie et de rire du renouveau, et au-dessus de tous rayonnait encore Victor
Hugo, qui tenait ses assises au Théâtre-Français
et aussi dans son salon.

Les salons avaient repris leurs droits dans cette
ville de Paris, qui est proprement leur royaume.
M. Thiers tenait maison ouverte dans son hôtel

de la place Saint-Georges; Mmes de Renneville et
Hervé ouvraient leurs salons aux hommes politiques siégeant à la droite de l'Assemblée. Mme Ju-
liette Adam régnait parmi les représentants de l'opinion républicaine et plus généralement libérale,
sans en exclure les arts et la diplomatie; son salon
fut un centre de rayonnement politique et intellectuel; sur tous les genres d'esprit et d'influence
sociale elle étendait son empire. Les salons de
l'Élysée étaient noblement tenus, mais, sauf pour
les intimes, le ton officiel et de diplomatie un peu
gourmée y dominait. A côté, et très en dehors de
la politique, Pierre Véron, directeur du *Charivari*,
groupait chaque semaine autour de lui des hommes
qui représentaient les arts, peinture, musique,
sculpture, littérature, éloquence même. Pailleron
avait aussi un salon, ouvert aux artistes en tout
genre. C'étaient des régals que l'on pouvait com-
parer aux salons du dix-huitième siècle, mais plus
ouverts à ce que les arts dans tous les genres avaient
alors de plus achevé. Et parmi ces arts, celui qui
les inspire et les achève tous, l'esprit, l'esprit de
France s'épanouissait, avec éblouissement, dans
ces milieux que sans doute la France seule peut
créer et perpétuer, puisque tous les siècles, avec
des formes diverses, en ont offert des modèles.

Les caractères spécifiques de races ou de nations
formées de races diverses ne changent pas, ou
ne se modifient qu'insensiblement. Après les
fusions accomplies de quelques annexes étrangères, le fond de la France est resté gallo-romain.
Ce peuple a le goût du travail et du loisir, qui
ménagent à la fois et son bien-être et sa légèreté.
Il est capable de tout, quand ses passions sont

déchaînées vers le mal ou vers le bien. Il suffit à tous les efforts et à toutes les tâches, pourvu que cela ne dure pas trop longtemps. Il est sublime ou odieux, pourvu que cela ne se prolonge pas au delà de son naturel, le plus habituellement aimable et bonhomme, même avec la mesure de malice voulue pour qu'on ne soit pas un sot. Il y a en lui un fonds de fierté qui, en politique, le porte vers l'égalité sociale, et de bonté qui s'accorde avec la fraternité. Il est sensible à la justice, et il a le sentiment inné du droit. Il est fier, mais sans orgueil et sans méchanceté. Il aime l'esprit, et il en a. Il a aussi des passions, dont le sauve la religion seule. Il est chrétien par instinct de ses besoins et par choix, car il a l'âme religieuse, mais il est accessible aux pires entraînements quand sa vanité est en jeu, ou quand il se laisse prendre aux suggestions de l'orgueil et aux joies de la vengeance.

La France eut vraiment foi dans sa destinée, en la plaçant sous l'égide du Régime républicain dont elle allait constituer elle-même les organes en nommant ses représentants.

C'est dans cette disposition d'âme que la France mit en œuvre, en janvier 1876, le Gouvernement institué par la Constitution de 1875.

Le premier acte à accomplir consistait à former les deux corps politiques : la Chambre des députés et le Sénat.

On lit et on lira souvent des phrases comme celle-ci : « L'Assemblée nationale, élue pour rétablir la monarchie, votait la constitution républicaine ». Et ce n'est pas vrai. La France entière, à la fin de la guerre, était en proie aux angoisses et aux douleurs les plus vives. Lorsqu'elle fut

appelée à former une Assemblée nationale, elle ne
pensa qu'à ses malheurs, et elle avait au cœur
l'âpre volonté de s'en relever ou du moins d'échapper à son affreux cauchemar. Elle ne songea pas
alors à recourir aux concours que pourraient lui
offrir des Régimes politiques quelconques : elle se
servit, pour faire prévaloir ses volontés, des moyens
d'action qu'elle avait sous la main. Ces moyens
d'action, un Gouvernement déjà établi, avec tous
les organes nécessaires, les lui offrait. Elle s'en
servit. Ajoutez qu'un Régime républicain, après
toutes les épreuves du passé, que l'on pouvait à
tort ou à raison attribuer aux Régimes politiques
antérieurs, apparaissait aux cœurs avides du salut
public comme l'instrument de salut; plus encore
même : comme un moyen de réhabilitation.

SIXIÈME PARTIE

LA RÉPUBLIQUE DE 1875

Les élections accomplies dans ces circonstances manifestèrent que le pays n'avait aucun désir de changer la forme de Gouvernement. Elles témoignaient d'un réel progrès fait dans l'esprit public, devenu plus éclairé sur la question politique proprement dite, et plus affirmatif sur un mode de constitution qui serait conforme aux résolutions de l'Assemblée nationale. Les anciennes classes dirigeantes avaient perdu toute autorité dans l'ordre politique; elles ne tenaient plus un rang prépondérant dans l'ordre social; une classe nouvelle les avait remplacées : celle de la grande industrie et du haut commerce. C'était là que le mouvement social se manifestait le plus fortement. Là aussi se formait la puissance capitaliste, qui tendait à devenir prépondérante et à remplacer, dans l'ordre social, la puissance territoriale. C'étaient les principes issus de la première Révolution de 89 qui prévalaient dans le monde du haut commerce et de la grande industrie, mais, dans ces milieux, on entendait les concilier avec les idées d'ordre social, nécessaires pour la prospérité publique et pour la sécurité des intérêts matériels. Ce qui prévalut dans la société française d'alors, c'était un grand besoin de paix, de repos, de sécurité, et en même temps une passion sincère de liberté publique et d'harmonie sociale. Ce fut l'âge d'or du Régime issu de la Révolution de 1870. Mais cet âge d'or ne dura guère.

Depuis que les Français ont proclamé le Régime de l'égalité sociale, tous ne cherchent qu'à le rompre, et chacun d'eux à son profit. On invoque, de toutes parts, dans cette intention, le bon motif; lequel est naturellement le bien public.

Le maréchal de Mac-Mahon, très correct en cela, comme il l'a toujours été, avait formé un Gouvernement, c'est-à-dire formé un ministère en se conformant aux volontés du pays, affirmées par les majorités élues au Sénat et à la Chambre des députés.

Qu'il eût foi dans la République, cela peut être contesté, bien qu'en étant le chef. En parfait galant homme qu'il était, il dut la gouverner en conscience. Il ne connaissait pas du tout le monde politique nouveau issu des événements successifs : il ne voyait que le monde de son entourage, monde léger, superficiel, plein de préventions et très ignorant du mouvement d'idées qui s'était produit depuis la chute de l'Empire; ignorant aussi des personnes. Ce fut un milieu fâcheux, arrogant, sans bonne grâce, en cela peu français, et infatué, ce qui est moins français encore. L'attitude et la conduite de cette partie de la nation, qui se prévalait d'être une classe et une classe supérieure, sans en avoir les qualités et la distinction vraie, furent, à cette époque et en résumé, pitoyables; en ce sens qu'elles n'aboutirent à rien, qu'elles ne

pouvaient aboutir à rien, et qu'ayant tout empêché
elles ont livré la France aux sectaires.

La France dans ce temps-là, secouée par tant de
révolutions, échappée aux calamités de la guerre,
aux horreurs de la Commune, a eu foi alors en
la République : elle ne s'est peut-être d'ailleurs
trompée que de date. Elle n'avait pas prévu, — elle
ne croit jamais au mal, — elle n'avait pas prévu
l'inconséquente légèreté et la présomption un peu
niaise de la bourgeoisie parvenue aux premiers
rangs ; elle n'avait pas encore connu les desseins et
les ravages déjà faits souterrainement des sectes
ennemies de la catholicité ; elle vivait dans la sécurité d'opinions légèrement fondées sur une philosophie superficielle et sur une foi naïve dans la supériorité de la raison, de sa raison. Ce fut le règne
de l'infatuation. Mais tandis que ces profonds politiques menaient cette sarabande dans les coulisses
des Assemblées politiques et de l'Élysée, les jacobins, qui jusqu'alors s'étaient tenus discrètement
derrière les républicains modérés, qu'on appelait
alors le Centre-Gauche, prenaient peu à peu le pas,
envahissaient le parlement et haussaient le ton.
Le maréchal de Mac-Mahon dut se retirer, il le fit
avec honneur, comme il lui convenait. Le Centre-
Gauche fut expulsé de son rôle de gouvernement
libéral ; et ce qu'on appelait la vraie République
triompha avec M. Jules Grévy, élu Président à la
place du Maréchal.

M. Grévy était en effet un républicain pur sang,
mais bourgeois, très pondéré, d'un esprit très
avisé et très averti. Il avait au fond les opinions
qui avaient dominé sous le Régime de Juillet 1830.
Il avait au sujet du gouvernement républicain des

idées qu'il mit en pratique et qui consistaient à ne pas avoir d'opinion, — j'entends que le chef d'Etat devait s'interdire toute intervention personnelle dans le gouvernement. Il avait eu l'occasion, en 1848, d'exposer son système, quand, lors de la discussion de la loi constitutionnelle, il émit la doctrine qu'il ne devait pas y avoir de Président de la République. Lorsqu'il fut en exercice en cette qualité à la suite de l'élection du mois de janvier 1879, il s'attacha à appliquer sa doctrine, en n'intervenant jamais dans la direction de son propre Gouvernement. Cette inactivité s'accordait d'ailleurs avec ses penchants naturels pour la paresse, qu'il érigeait en doctrine de gouvernement.

Le Régime Thiers et Mac-Mahon reproduit, avec certains traits différents, la période écoulée de 1815 à 1840, ou, si l'on veut encore, de 1815 à 1870. La période écoulée depuis 1880 jusqu'à ce jour est proprement un retour à l'ère révolutionnaire, moins les massacres et les horreurs de la Terreur, mais plus près du Directoire. Pendant la première partie de cette existence de la République, de 1870 à 1880 environ, on repassa par des phases assez comparables à celles de 1815 à 1848.

La présidence de J. Grévy a marqué une date fatale dans l'histoire de la troisième République. Ce fut sous ce Régime que fut intronisée la politique d'abord a-religieuse et, aussitôt après, franchement irreligieuse et surtout anti-catholique du Gouvernement. J. Grévy n'était pas un sectaire. Il eût continué volontiers la tradition simplement indifférente des Gouvernements antérieurs, mais il n'attachait pas assez de prix aux affaires de cet ordre pour s'opposer nettement aux entreprises de J. Ferry. Celu   i d'ailleurs y mit, au début, quelque méthode et autant d'habileté que de résolution. En vue du succès de ses entreprises, Jules Ferry s'était, depuis plusieurs années, affilié à la Maçonnerie. Il y fut reçu avec une solennité toute spéciale, qui ne fut pas alors remarquée comme elle aurait bien mérité de l'être! Ce fut vraiment une prise de possession. Toutefois, la France, inattentive et, comme toujours, légère, ne parut donner à l'événement qu'une attention amusée et de simple curiosité. Quelques journaux, confidents de cette entrée en scène du pouvoir occulte, qui, jusqu'alors, était resté secrètement renfermé dans les Loges, annoncèrent, cette fois avec quelque fracas, que MM. Littré et Jules Ferry avaient été reçus dans la Franc-Maçonnerie avec un éclat inaccoutumé : c'était une sorte d'avènement de la Franc-Maçonnerie dans la politique et déjà presque dans le Gouvernement. Littré jouissait dans le monde littéraire d'un grand renom, et il était généralement honoré. Jules Ferry avait été mis en évidence dès le temps de l'Empire par des articles du journal *le Temps*, intitulés « *les Comptes fantastiques d'Haussmann* ». Il avait fait partie du Gouvernement provisoire à la suite de la guerre de 1870. Il avait pris rang à l'Assemblée nationale; et M. Thiers, qui cherchait à employer les talents reconnus au service de son gouvernement et à les rattacher à son régime de République conservatrice, l'avait nommé représentant de la France en Grèce. Mais une autre fortune l'attendait. La puissance occulte qui allait 'emparer de la France avait jeté ses yeux sur lui. Et déjà elle allait satis-

faire ses ambitions secrètes en donnant un éclat
inaccoutumé à son initiation à la contre-Église.
J. Ferry allait recevoir le sacrement qui le vouait à
la plus triste des infortunes, à l'œuvre meurtrière
de sa patrie. Ce fut une grande fête dans les Loges.
Les personnages les plus marquants de la politique,
qui étaient déjà associés à la contre-Église, avaient
été convoqués, et assistèrent à l'admission triom-
phale dans les Loges maçonniques de Littré et de
Jules Ferry.

La Maçonnerie française avait trouvé là l'occasion de faire une manifestation éclatante; et en
réalité c'était une prise de possession anticipée de
la République. Mais, avec l'étourderie coutumière
du public, et avec la légèreté d'esprit qui nous
caractérise, presque personne ne fit attention à
l'événement. On ne devait pas tarder beaucoup à
en connaître l'importance.

J. Ferry, par son discours d'introduction dans
la Franc-Maçonnerie en 1875, avait fait connaître
son programme en politique — sans Dieu ni maître.
— Quand il fut en position de mettre son programme en pratique, il l'a fait; non pas ouvertement et en galant homme, mais avec l'astuce et
avec l'hypocrisie d'un mauvais avocat de province,
transformé en homme d'État par le choix éclairé
des Loges maçonniques.

En 1879, le malheureux Jules Ferry (on ne peut
s'empêcher de le plaindre quand on songe qu'il
était plus ou moins inconscient), le malheureux
Jules Ferry se mit à la tâche. Et cette tâche ne
visait à rien moins qu'à la destruction de l'Église
catholique, en arrachant à la France insouciante et
légère une sorte d'assentiment tacite à ce sacrilège.

Il commença cette œuvre détestable en laïcisant
autant qu'il le put l'enseignement public, principalement celui de l'enfance, et en expulsant le clergé
de toutes les institutions publiques dans lesquelles
le passé lui avait fait sa place. Ce fut le début des
coups portés à l'Église catholique. Grévy désap-
prouvait, mais il ne résistait à rien, selon la
méthode renouvelée des rois fainéants. Son scepticisme en matière de religion se prêtait d'ailleurs à
son système d'abstention, dans la politique courante.

Il y avait encore à cette date assez de vitalité
dans l'opinion pour qu'elle se manifestât. Par des
motifs divers, et en des mondes divers aussi, la
politique négative du Président avait causé de vifs
mécontentements, et les partis, soit monarchistes
soit républicains à nuances différentes, s'agitaient
en vue d'une action encore imprécise, mais tendant toutes à un changement de politique. A point
.nommé, un homme se présenta sur qui se portèrent ces espoirs contradictoires et divers, mais
tous dirigés vers une modification profonde de la
politique gouvernementale. Ce fut un général,
M. Boulanger, qui se trouva tout à coup auréolé
d'une popularité immense. Il le devait à quoi? A
sa qualité de général, à son cheval noir qu'il faisait
caracoler, à sa vanité, à rien! Mais les partis divers
et aussi les Juifs s'emparaient de cette popularité multiforme pour en faire un brandon de guerre
civile. Sa popularité fut immense; elle ne correspondait à rien, si ce n'est à un état d'esprit public
mécontent, enfiévré et avide de changements. Cette
agitation vaine aboutit à un procès de haute trahison qui n'eut pas d'autre conséquence. Ce procès

mit en œuvre pour la première fois la juridiction de la Haute Cour, représentée par le Sénat.

Cet épisode étrange du général Boulanger, qu'on ne peut séparer de son cheval noir, est la caractéristique d'une période de notre histoire. La France avait, après la guerre, aspiré à vivre noblement sous le régime propre aux démocraties, qui est la République. Après dix années de bon vouloir, d'efforts vers une organisation formée sous ce drapeau qui a sa noblesse, elle se voyait sans direction, sans vues certaines, exposée à tous les coups de vent, si aisément tournés en tempêtes dans un État démocratique. Un homme lui apparaissait comme le chef attendu. Mais, constante dans la diversité de ses aspirations politiques, elle voyait en lui, ou un président auréolé de gloire et de popularité, ou un héros capable des plus nobles desseins, ou un instrument propre à servir une politique perverse; de telle sorte que monarchistes, républicains, jacobins et sectaires se firent ses séides, chacun poursuivant son but ou sa chimère, et le peuple se jetant à corps perdu dans cette nouvelle carrière ouverte à tous ses espoirs. La nation presque en totalité courait à une aventure, chaque parti poursuivant sa chimère.

Ce bizarre soulèvement de la nation était presque oublié, lorsque l'agitateur déconfit se suicida, sur la terre étrangère.

Au dehors, la politique du Gouvernement se trouva aux prises avec des difficultés, que Grévy put résoudre, grâce à son tempérament pacifique, à sa prudence, à son bon renom à l'étranger et grâce aussi aux bons services de l'empereur de Russie. Et toutefois la France perdit alors le rang et le rôle qu'elle tenait en Égypte, pendant le ministère de M. de Freycinet. Grévy avait le sentiment, le respect des traditions françaises, quoiqu'il fût très endoctriné par la philosophie du dix-huitième siècle. Détaché de toute croyance religieuse, il conservait pour l'Église nationale le respect qu'exige à ce sujet le sentiment public. Il avait avec Rome des rapports d'une urbanité particulière. Il savait garder le rang et le rôle du chef d'État catholique qu'avait alors la France. Il avait su maintenir la France à son rang dans le monde. Il avait honoré la grande fonction de chef d'État. A l'expiration de son mandat, ce mandat lui fut continué pour une nouvelle période de sept ans. Son malheur fut qu'il avait un gendre, M. Wilson, lequel fit sombrer cette très honorable destinée dans une pitoyable aventure. Il se vit contraint de donner sa démission, et il fut remplacé par M. Carnot.

M. Carnot était un parfait galant homme. La lunette à travers laquelle il voyait la France était un peu trop courte, — affaire d'atavisme. Plein de sentiments élevés, d'intentions droites et d'un vif patriotisme, il n'avait cependant pas la force de conception qui aurait pu lui faire apercevoir le danger que faisait courir à la France la République dans la voie où elle était engagée. Avec des vues étroites il était l'honneur même. Il était le plus inoffensif des hommes, et il fut assassiné !

M. Carnot était un personnage représentatif. Il tenait par son origine à la tradition jacobine. Par son éducation et par son alliance, il appartenait à la bourgeoisie éclairée de son temps. Il avait des manières distinguées, et il tenait très bien son rang, secondé admirablement par sa femme, née Dupont-White, qui avait des attaches avec la société de l'Institut, lequel constitue presque une classe à part dans le monde parisien. Il faut, quand on considère ce monde de l'Institut, mettre à part les hommes qui le dépassent comme ils dépassent toutes les catégories sociales : les inventeurs, les grands savants, les hommes de génie enfin, comme chaque génération en produit, dans l'une quelconque des branches de la science ou simplement de l'art. Ceux-ci décorent l'ordre tout entier, et ils le mettent à un rang suprême dans lequel s'étagent les illustres moins éclatants qui composent ce qu'on appelle d'un mot générique l'Institut. Cette foule des illustres a autant de prétentions que de titres. Comme ils ont de l'esprit, ils s'attachent à ne pas laisser paraître leurs prétentions, mais, tout de même, ils ne peuvent se soustraire à cette vérité qu'ils sont illustres, et ils sont convaincus qu'ils ont des droits réels à ce titre. Pour le commun des mortels ils sont bienveillants avec condescendance, mais, quelle que soit leur bonne volonté, ils ne peuvent pourtant pas méconnaître qu'ils appartiennent à une caste intellectuelle supérieure, et cela leur impose des devoirs. Ils ont de l'esprit, — il faut bien qu'ils en conviennent, — mais c'est un devoir de bienséance de ne pas trop le montrer et ils s'y efforcent. Ceux d'entre eux qui ont vraiment de l'esprit savent qu'eux-mêmes et leurs pareils n'ont sous ce rapport aucun privilège particulier.

La mort tragique de Carnot produisit dans le

pays tout entier une impression vive de compatis-
sance, mais aucune émotion d'ordre politique. Ce
fut une occasion où l'on put voir combien ce qui
se passe dans les régions supérieures ou simplement gouvernementales laisse en réalité le pays
indifférent. Et cela explique comment ce qu'on
appelle les révolutions ne touche jamais et ne
remue pas véritablement la nation dans ses pro-
fondeurs. L'effondrement d'un Empire, la chute
d'un trône, l'expulsion d'une race royale, qu'est-ce
que cela? — pour des groupes d'intéressés, c'est
une calamité; pour la masse du pays, un incident;
et, tout au fond, le malaise, qui peut mal tourner,
d'un malade.

Mais il faut vivre, et un pays vit d'échange, de
commerce, d'industrie, de production et de consommation, de travail enfin, et non de lamentations au
sujet d'événements auxquels le plus grand nombre
des citoyens ne peut rien.

La multiplicité et la facilité des moyens de transports, la transformation des modes de circulation,
la multiplicité et la variété des instruments de
crédit, l'accroissement incessant des maisons de
banque et des moyens d'échange, transformaient
vite et complètement les relations des hommes
entre eux, soit dans le commerce, soit dans l'industrie, soit même dans la vie domestique. En même
temps, les progrès et le perfectionnement de l'outillage industriel, les voies de communication
surtout, les inventions et les découvertes scientifiques, appliquées aux besoins de la vie ou à ses
agréments, occasionnaient des modifications profondes dans le mode de vivre des Français. Les
mœurs domestiques se transformaient à mesure

que les communications dans l'intérieur du pays et avec l'étranger devenaient plus faciles et plus fréquentes. Les habitudes de la vie privée d'autrefois paraîtraient bien grossières aux générations nouvelles; et, pour qui a vécu aux deux extrémités de cette ère du dix-neuvième siècle, il semble qu'un abîme les sépare, comme entre un temps de barbarie et une époque de civilisation quelque peu byzantine.

M. Casimir-Perier ne fit guère que passer à l'Élysée, où il avait été envoyé comme Président de la République, dans l'espoir que sa fermeté de caractère et ses opinions politiques, que l'on supposait teintées de libéralisme conservateur, remettraient les affaires de la République sur un meilleur pied. Il semble qu'on se trompait et sur ses opinions et sur la fermeté de son caractère. On a dit d'ailleurs qu'il était atteint d'une neurasthénie aiguë. Il donna sa démission et fut remplacé par M. Félix Faure, dont la fin prématurée ne permit pas de faire profiter la République des projets de réforme constitutionnelle que vraisemblablement il méditait.

Cette mort fut le point de rupture entre la République que nous avions voulu fonder et celle qui fut intronisée alors, quoique déjà la politique antireligieuse instituée et suivie par Jules Ferry eût jeté des racines profondes dans le sol français.

Ces prémisses de la politique révolutionnaire avaient d'ailleurs suscité des idées de résistance, sérieuses parmi les hommes qui s'occupent de politique, tandis que la masse de la nation reste indifférente à ces mouvements d'opinion auxquels elle est étrangère.

Un homme ardent et patriote au premier chef,

très populaire, généreux, orateur éloquent, brave
et capable d'un effort suivi, prépara un mouvement populaire en vue d'un changement, sinon de
Régime politique, au moins d'un changement de
système de Gouvernement. D'autres mouvements
d'un genre différent, suscités, croyait-on, par des
royalistes, avaient été suspectés et donnaient lieu
à des recherches de police. Un certain nombre de
personnes, soupçonnées d'avoir pris part, à titre
divers, à une conjuration dirigée contre le Gouvernement ou contre le Régime politique lui-même,
furent arrêtées en même temps que Déroulède. On
les poursuivit, du chef de complot contre la République, devant la Haute Cour réunie sous la présidence de M. Armand Fallières, alors président du
Sénat. Il y avait un peu de vérité, commune à
tous les inculpés, dans cette accusation. Tous
étaient animés de sentiments très hostiles au Gouvernement ou mieux encore au personnel Gouvernemental; mais il n'y avait pas de complot collectif
combiné entre ces inculpés, qui ne se connaissaient
même pas tous entre eux et qui avaient, au sujet
du Régime politique, des vues très différentes les
unes des autres. Les royalistes visaient le Régime
lui-même; M. Déroulède et ses amis ne visaient
que les gouvernants, et n'avaient nul dessein de
renverser la République. Lui cependant et ses
amis qui l'entouraient sur le banc des criminels
furent, comme les royalistes, frappés par la Haute
Cour.

C'est que Déroulède et ses amis s'attaquaient surtout au personnel en possession du Gouvernement,
et que ce personnel défendait sa prébende! On put
revoir en action la fable de La Fontaine, du chien

défendant sa curée. Le meilleur des citoyens et, pour comble, le plus fidèle des républicains, Déroulède, expia dans son exil son fier dévouement à la République, République sans les républicains devenus des loups dévorants.

Un autre fait, tel qu'il ne pouvait se produire qu'en France, porta vers cette époque les passions qui l'agitaient à un degré de paroxysme qui, de même, ne se serait manifesté nulle part ailleurs. On peut désigner cette crise sous le nom de Dreyfusisme. Les apparences de ce phénomène social se rattachent aux faits du jour : querelle militaire, crime de trahison, justice des conseils de guerre, ce sont là les caractères extérieurs du mouvement social qui s'est produit dans ce temps-là, et qui révélait un état social très caractéristique d'une époque. Le fait apparent se limitait à un acte individuel, la trahison d'un officier qui, profitant de sa situation dans les bureaux du ministère de la guerre, avait livré à une puissance étrangère, à l'Allemagne, des documents concernant l'armée de France.

Mais cet officier était juif. Le caractère particulier du crime fut dès le premier moment écarté. Il n'y eut plus en présence que des juifs et des protestants d'une part, et de l'autre des catholiques, c'est-à-dire de purs Français, contre des hommes nés en France, à ce titre devenus Français, mais plus ou moins contaminés par des accointances étrangères et furieusement déchaînés contre le catholicisme, lequel est essentiellement français, même encore au moment où j'écris ces lignes et où la guerre soulevée contre lui dure toujours. Or l'on vit bien que ce procès Dreyfus produisait tout

à coup la rencontre furieuse des deux sentimenta-
lités ou mieux des deux âmes, l'âme française et
l'autre, plus ou moins contaminée de contacts
étrangers. Ce qui n'eût été qu'une lutte de pré-
toire, dans un cas ordinaire, devint en réalité
la lutte furieuse des âmes, dans le vaste champ de
l'idéalité et dans le domaine sacré des croyances
religieuses. Dans ce duel cruel, acharné, furieux,
ce fut, grâce à Dieu, l'âme française qui finalement
l'emporta.

Mais le pitoyable Gouvernement qui symboli-
sait alors la France était de l'autre côté de la barricade, et il y est resté avec le personnage représentatif du parti anti-français.

La France se sentait comme animalisée sous la
direction de chefs de Gouvernement sans élévation
d'esprit ni de cœur, sans vues supérieures, sans le
génie national; comme un troupeau mené à la
pâture, tristement, et piteusement aussi. L'affaire Dreyfus la fit se redresser à sa taille. On
assista alors à un mouvement admirable suscité
dans les milieux intellectuels, artistiques, savants,
dont les représentants s'étaient tenus à l'écart,
oubliés de la nation et semblant s'oublier eux-
mêmes, dans une sorte de dédain silencieux à
l'égard des chefs du Gouvernement et des puissances du jour. Dans le monde supérieur où s'était
réfugiée l'âme française, mais où elle semblait
inactive ou endormie, il se fit un réveil de patriotisme; et l'on vit un jour toutes les puissances
intellectuelles, prises d'un soubresaut du devoir,
entrer fièrement en lutte contre les barbares, c'est-
à-dire contre les hommes qui, produit naturel de
la démagogie, étaient devenus les chefs et les

maîtres de ce noble pays de France. Ce fut un très beau mouvement national, qui se caractérisa par la formation de plusieurs ligues constituées sous des appellations diverses, qui toutes rappelaient les couleurs de la patrie française.

Ce mouvement national est resté vain, parce qu'il ne put et ne pouvait, dans les circonstances d'alors, se manifester en une personnalité vivante capable de représenter la nation et de la gouverner.

La France, dans sa partie haute, ressentait vivement son mal : un état démocratique et une société très civilisée qui espèrent vivre sous l'empire de sentiments très nobles ; concilier la liberté, conçue comme la plus noble façon de vivre, avec les conditions vitales de la société française devenue une démocratie! Tel était le problème ; mais les détenteurs de la puissance publique, incapables d'en connaître et plus encore d'en réaliser les termes, dénoncèrent ce noble effort comme un attentat dirigé contre la République.

Ils n'eurent pas de peine à triompher de l'impuissance de ces conjurés sans l'être, car les intentions de ces ligueurs étaient pures, mais leurs efforts divisés étaient sans effet et leurs moyens d'action nuls.

On put voir alors que rien ne prévaut en dehors du Pouvoir organisé, c'est-à-dire nanti de la Force exécutive : les lois, l'armée, la police et l'argent. La tyrannie ainsi légalisée est intangible. Et elle peut s'établir légalement à la faveur des institutions qui donnent le pouvoir politique au suffrage universel. Car le suffrage universel ne sait et il ne peut savoir ce qu'il veut ni ce qu'il fait. Le despotisme alors peut être terrible, car il s'exerce à la manière de la toute-puissance aveugle. La France en est là : sa fortune, ses destinées, sa vie sont à la discrétion de l'animalité. Et tel est le sort des nations qui se soustraient à la loi de Dieu. Parmi les hommes que la multitude aveugle portait au pouvoir, il s'en est trouvé qui furent capables de traîner la France dans cette fange : le trio Waldeck-Rousseau, Combes et le général André furent de ceux-là. Une série de politiciens sans grandes vues avait gouverné la France pendant ce long intervalle. Tout leur effort tendait d'une part à décapiter la France, en livrant le Gouvernement à la tourbe des affamés, et à soustraire la nation à la loi divine, en la dépouillant de son office et de son titre de fille aînée de l'Église.

Il est vrai de dire que l'ère politique désignée par l'accession au pouvoir de Jules Ferry peut être considérée comme la période finale de l'époque révolutionnaire. Cette époque, avec des intermèdes de tentatives réactionnaires, était ouverte depuis 1789 ; elle s'achève — il faut l'espérer, du moins — au milieu d'un désarroi extraordinaire des institutions qui ont régi la France depuis plus d'un siècle. Et, ce qui est un signe de vitalité de cette race, elle demeure, et il semble qu'elle est à la veille de reprendre figure de nationalité vigoureuse et organisée. — Il semble qu'on assiste à l'agonie d'un de ces êtres qui se dégagent d'une enveloppe dépérie et qui reprennent vie sous une forme renouvelée.

Pendant cette période d'agonie, la France a vécu comme en partie double : l'une était le Gouvernement et tout ce qui en vit ; l'autre, la masse de la nation elle-même, qui naît, vit et meurt comme elle peut, en subventionnant et en entretenant le personnel gouvernemental, heureuse quand, entre ce personnel et la nation, il n'y a pas une absolue antinomie! Or, pendant longtemps après que Jules Ferry eût intronisé l'ère finale, cette antinomie a existé. Ce fut l'époque de l'entreprise antireligieuse et spécialement anticatholique. Tel était le but fixé depuis longtemps sur la terre de France par les sectes ennemies du catholicisme et de Dieu. L'œuvre de destruction, déjà inaugurée au dix-huitième siècle par la Franc-Maçonnerie, sous tous les masques, y compris celui du philosophisme voltairien, s'était continuée à travers le siècle écoulé, avec des alternatives de répit et de reprises. Elle s'était sans cesse insinuée dans les affaires de l'État, sous couleur d'opinions politiques; et, en dernier lieu, à la suite de la guerre de 1870, elle était rentrée en scène sous le couvert de la République, manteau d'arlequin, qui avait déguisé les ennemis de l'Église et de la vraie liberté en même temps qu'il couvrait des Français uniquement dévoués à la liberté et à la France. Et, aussi bien, ces bons Français n'eurent alors sous la main aucun autre vêtement pour abriter la France.

A partir du jour où Gambetta, Jules Ferry et leurs amis eurent mis la main sur le gouvernement de la France, la caractéristique du Régime fut la guerre au catholicisme. La lutte prit toutes les formes, jusqu'à celle de la persécution violente, et elle se manifesta par des entreprises audacieuses contre tout ce qui avait un caractère religieux. Le Saint-Siège, sous le règne de Pie IX et de Léon XIII, ne nourrissait aucun sentiment hostile contre la République. Le pape Léon XIII professait, au sujet des Régimes politiques, les opinions les plus libérales. La République n'eût trouvé à Rome que des appuis solides, si elle ne s'était pas révélée comme l'ennemie même du catholicisme. Anomalie singulière! contraste choquant, et contre-sens inconcevable de voir une nation catholique de traditions, de cœur et d'aspirations véritables, devenue l'ennemie batailleuse de l'Église! Rien ne révèle mieux ce qu'il peut y avoir de contradictoire entre une nation et son Gouvernement, du moins, quand une nation subit de force ou de gré la domination d'un maître, que ce maître, d'ailleurs, soit la multitude ou Attila... Pendant de longues années, les chefs du Gouvernement français avaient accumulé les attaques sous toutes les formes dirigées contre l'Église; en s'attaquant notamment aux communautés religieuses.

La République de 1875, au jour où j'écris ces dernières lignes, offre une singularité d'ordre historique, qui est tout à fait particulière à la race française telle que les siècles l'ont formée et affinée. Cette race a un tempérament de révolte et en même temps un goût dominant de régularité dans sa vie intérieure. Elle a surtout été formée à la discipline de l'Église catholique, qui assouplit à une règle absolue les instincts de l'homme et la part divine de son âme. Mais elle écoute avec complaisance les conseils de l'orgueil intellectuel, lorsque son bon sens naturel, qui est grand, est altéré par l'infatuation d'une philosophie insidieuse. Elle est légère, en ce sens qu'elle n'aime pas à s'appesantir sur des données d'ordre intellectuel prétendument supérieur. Ces défauts l'avaient prédestinée à se laisser prendre aux amorces séduisantes de la philosophie du dix-huitième siècle. Après avoir secoué le joug de l'Église, les Français d'alors répudièrent toute règle sociale et se jetèrent à corps perdu dans la barbarie. L'Empire avait régularisé cette fougue, en la détournant vers d'autres voies, où les entraînaient le goût de la gloire et la vanité nationale.

Après les secousses terribles, violentes et glorieuses, de la Révolution et de l'Empire, il sembla que la France retrouvait le foyer paternel. Elle avait eu, pour un temps qui fut court, l'illusion de reprendre le cours tranquille de ses destinées, modifiées, quant à la forme, mais restées les mêmes au fond, sous la main habile et vraiment nationale des Capétiens. De 1815 à 1870, la guerre religieuse inaugurée en 1789, exercée avec une violence brutale et sanguinaire pendant la Révolution, atténuée par la prédominance des forces conservatrices remises en honneur et en vigueur par la Monarchie de 1815, et maintenues avec quelque peine sous le Régime politique de Juillet, et relevées cahin-caha sous le second Empire; restaurées enfin sous l'inspiration du patriotisme en 1871, avec la République libérale et conservatrice de cette époque jusqu'en 1880, — cette guerre continue...

De 1870 à 1880, la République, sous la présidence de Thiers, de Mac-Mahon, de J. Grévy, avait, dans les premiers temps, gardé les allures des Régimes politiques antérieurs; et l'Église catholique y avait sa place, qui était la première, avec son titre de fille aînée de l'Église.

Mais, à partir du jour où J. Ferry devint chef du Gouvernement en sa qualité de président du Conseil des ministres, un changement complet d'inspiration et de direction fut opéré dans la politique de la République. La République, c'est-à-dire alors la France, fut placée sous la domination et subit les ordres de la Franc-Maçonnerie. J. Ferry avait annoncé que sa devise serait : *Ni Dieu ni maître*. C'était un esprit vigoureux avec des œillères, entêté dans sa voie, buté avec cet orgueil d'une nature particulière, qui se mesure avec Dieu et la dépasse. Il avait avec lui une escouade d'universitaires, gens infatués et d'un orgueil qui serait risible s'il n'avait pas été aussi nuisible qu'il était ridicule. C'était sa troupe : il l'installa à la tête de l'Université, c'est-à-dire qu'il lui livra l'âme de la France, dont la jeunesse, presque en totalité, était placée sous la domination de cette institution, devenue un instrument de mort, après avoir été créée, par Napoléon Ier, comme l'éducatrice de la jeunesse française tout entière.

Il procéda à son œuvre de destruction avec méthode, et, pour la faciliter, il prit soin de modifier, presque autant dire de détruire l'œuvre constitutionnelle de 1875. Certes, cette œuvre n'était pas parfaite, et elle avait été édifiée péniblement, à travers les obstacles sans nombre que les partis monarchistes d'alors, impuissants à fonder un gouvernement quelconque, avaient opposés à l'œuvre du parti républicain. Mais encore les hommes expérimentés qui l'avaient conçue et édifiée avaient apporté quelques tempéraments à cette œuvre démocratique. Il est malaisé de combiner l'autorité nécessaire au Gouvernement avec les principes démocratiques. Ils le savaient, et ils eurent le souci de résoudre le problème. Les profonds politiques qui jugent de haut leur œuvre, oublient volontiers que cette œuvre fut accomplie au travers de mille obstacles opposés aux efforts de ces bons Français par des énergumènes politiques à tête légère et incapables de faire mieux. Les auteurs de la Constitution de 1875 avaient notamment constitué un Sénat, tel qu'il eût pu former cette autorité si nécessaire, d'une part par le mode d'élection des sénateurs, d'autre part, par l'institution de l'inamovibilité attribuée à cette fonction du Sénat. Ainsi constitué, le Sénat devait être et pouvait être une digue contre les périls inhérents aux démocraties. Ce fut aussi cette digue que Jules Ferry se hâta de rompre, sans plus de réflexion que celle d'un enfant qui brise un obstacle sur son chemin.

La politique coloniale fut active, fructueuse et pleine de glorieuses péripéties. Il se trouva pendant cette période de l'histoire française des hommes de cœur et de tête, entraînés par un tempérament héroïque, et capables de faire dériver en actes héroïques et fructueux pour la France des épisodes de leur vie plus ou moins aventureuse. Ce fut le temps où la Tunisie fut annexée à la France, où l'Indo-Chine, la Cochinchine et la grande île de Madagascar complétèrent notre empire colonial, tandis que les Morès, les Monteil, les Marchand, les Baratier étaient occupés à fonder l'Empire français dans le continent africain; et tandis que le cardinal Lavigerie, l'évêque Augouard étendaient le domaine de l'Église catholique sur ce nouveau monde. Cette mainmise sur le nouveau monde récemment ouvert à la civilisa-

tion, cette formation d'une France africaine destinée à maintenir notre rang dans l'organisation
moderne des terres d'Afrique, ou mieux dans le
partage du continent africain entre les vieilles
nations d'Europe, ont continué brillamment et
fructueusement le rôle de la France dans le monde.

Ce qui caractérise, sous ce Régime politique, et
peut-être d'une manière générale, l'extension de
la puissance française, c'est qu'elle fut le résultat d'actes personnels accomplis par des héros
d'épopée, bien plus que par le fait du Gouvernement lui-même. Et cela rappelle l'extension de la
puissance Gauloise et Française, œuvre du génie
d'aventure de ces grands héros normands qui s'en
allaient, à travers l'Océan et la Méditerranée, et
plus tard au Canada, et dans l'Amérique du Sud,
fondant sur leur chemin des royaumes. L'intervention directe du Gouvernement dans l'occupation de
la Tunisie fait exception à cette règle. Ce fut
J. Ferry qui l'accomplit : encore cette occupation
était-elle depuis longtemps dans les vues arrêtées
du Gouvernement français; et le maréchal de Mac-
Mahon avait eu, avant Ferry, la pensée d'opérer
cette annexion de la Tunisie. Il y a eu d'ailleurs
une certaine unité de vues, de la part des Gouvernements français si divers, sur le continent africain,
depuis Charles X jusqu'en ces derniers temps. Il a
fallu que la France tombât, quelque jour, entre les
mains de forbans de la Bourse, pour qu'elle intro-
duisît elle-même l'Allemagne au partage du centre
de l'Afrique.

La France de notre temps vit vraiment en partie double, ou du moins ce mode de vivre y est plus
marqué qu'aux époques antérieures. La France

actuelle fait de la politique spéculativement ; car elle est idéaliste, et depuis 1789 elle a occupé son esprit de rêveries politiques ; mais au fond, et pratiquement, elle n'a nullement le goût de s'occuper des affaires proprement gouvernementales. Mais à l'heure où J. Ferry devint maître du gouvernement, il sembla, soit incapacité native, soit débilité dans la résistance, que la nation prît le parti de laisser faire, et elle n'usa d'aucun des moyens qu'elle aurait trouvés dans ses institutions politiques pour s'opposer à la direction donnée par J. Ferry aux affaires du pays. Cette direction, à part le développement colonial et africain dû au génie d'aventure et à la vigueur morale des héros civils ou religieux qui étendaient l'empire du monde sous la main et sous les couleurs de France, cette direction avait pris pour devise : Ni Dieu ni maître ! Elle émanait directement des loges franc-maçonniques ; elle était au dernier chef anti-française. C'est elle qui a prévalu depuis près de trente ans dans le gouvernement de la France. Une nation en partie double : l'une qui se flatte de n'obéir qu'à la raison, c'est-à-dire à sa fantaisie, la raison étant essentiellement individuelle et jalouse de sa liberté ; l'autre qui continue sa vie traditionnelle, et qui se soumet à la loi de Dieu ! Dans un pays soumis à la loi régnante, par goût de la discipline et par tradition, lorsque la loi régnante n'est plus uniforme, la nation est fatalement divisée contre elle-même ; et l'anarchie est son état normal, destiné à subir la condamnation prononcée par la formule divine : *Toute nation divisée contre elle-même périra.*

Ce pronostic funèbre n'a pas arrêté les maîtres

du jour. Songez donc! Ils étaient doués! En eux était la raison suprême. Songez donc! Ils le disaient : donc c'était vrai.

Dans les premiers temps, J. Ferry et ses successeurs immédiats ont ménagé, non la liberté des Français surtout en ce qui concerne l'éducation des enfants de France, mais du moins l'organisation civile de l'Église catholique et les principes généraux consacrés par le concordat de 1801. Mais après avoir, morceau par morceau, mis en pièces ce traité de paix conclu avec Rome, ils prirent le parti de le dénoncer au Saint-Siège, comme on déclare la guerre à un ennemi. En 1905, M. Aristide Briand, au nom du Gouvernement, et le peuple français, par l'organe de ses représentants, abolirent le traité de paix avec le Saint-Siège : la France, du moins officiellement, se mit en état d'hostilité avec l'Église dont elle était la fille aînée. Elle vit depuis, mais elle vit mal, comme une fille éhontée qui a quitté le foyer familial. Et cette séparation qui apparaît comme un fait énorme et comme monstrueux est en réalité une pure fiction, comme un des actes de la comédie qui se joue sur les tréteaux gouvernementaux, tandis que les témoins, la France, regarde avec curiosité, ou avec une sourde colère, en haussant les épaules. Les nouveaux apôtres qui ont l'ambition de se substituer aux anciens ne paraissent pas de taille.

Les présidents de République qui succédèrent à M. le maréchal de Mac-Mahon, MM. Grévy, Carnot, Casimir-Perier et Faure, avaient respecté à peu près les traditions de la France dans ses rapports avec Rome. Leurs successeurs, MM. Loubet, Fallières et jusqu'à ce jour M. Poincaré, se sont conformés, avec plus ou moins de convenances, aux règles des nouveaux rapports établis, c'est-à-dire qu'ils ignorent Rome. Ils boudent l'histoire : ce n'est ni génial ni français. M. Loubet a fait mieux. Il a imité Philippe IV, dans l'attitude grossièrement impie que ce dernier crut devoir prendre vis-à-vis du Pape, lorsqu'il avait envoyé à Rome Nogaret pour insulter le Souverain Pontife. Du moins Philippe IV avait envoyé un légiste pour cet office. M. Loubet fit mieux : il y est allé lui-même, en rendant visite à Rome au roi d'Italie et en tournant le dos au Vatican. C'est une gloire de figurer dans l'histoire avec cette marque au dos.

L'histoire sera intéressante à faire du triomphe de la Franc-Maçonnerie, marqué par l'entrée au pouvoir de Jules Ferry, et par une série continue d'entreprises contre l'Église, et pour mieux dire contre la France, puisque les deux causes se tiennent étroitement unies. MM. Combes et Waldeck-Rousseau donnèrent les derniers coups de pioche dans l'édifice, ébranlé par tant de secousses depuis plus d'un siècle. Moines et religieuses chassés de France, églises violées par l'administration française, établissements de charité et d'éducation fermés et confisqués, c'est-à-dire volés. Il n'est pas d'attentats contre les personnes et de violences contre les propriétés, il n'est pas d'illégalités poussées jusqu'aux attentats prévus et punis par le Code pénal, qui n'aient été commis par la France, responsable des agents qu'elle emploie à son service, responsable des crimes qu'elle autorise et qu'elle laisse commettre. La nation catholique a perdu son titre, sans toutefois l'avoir renié : car les opérateurs de cette rupture ne la représentaient pas en réalité. Cela rentre dans les fictions des Régimes politiques et représentatifs.

Ces temps de démolitions et de destructions sans grande tempête, comme le serait un vieil édifice qui s'effrite, pourront servir cependant à un rajeunissement, en fournissant des matériaux pour un nouvel édifice. Ils apportent une démonstration nécessaire, et qui pourrait être le point de départ d'une restauration du pays de France. Il est la démonstration par le fait de l'absurdité du Suffrage universel. Déjà Athènes, et Venise, et Rome qui ne s'en est sauvée que par l'Empire, et quel Empire ! en avaient fait l'épreuve. Le suffrage universel direct ne peut être qu'un instrument de ruine pour une nation. La démonstration en peut être faite logiquement : la démonstration par le fait est plus saisissante. Toutes les nations qui en ont essayé en sont mortes.

Politiquement, la France s'effondrerait piteusement dans ce qu'on a appelé les mares stagnantes. Mais, grâce à Dieu, la France véritable n'est ni dans les Comités politiciens, ni dans les Assemblées législatives. Elle est dans le monde du travail, dans les églises, dans les laboratoires des savants, dans les ateliers des artistes, et souvent, ou même toujours, dans les cabinets de ses écrivains, parfois même de la presse quotidienne. Et là, elle est encore, par la grâce de Dieu, la lumière et la reine du monde. Les découvertes de ses savants déconcertent l'imagination. Le téléphone, la télégraphie, la télégraphie sans fil, l'aviation, les merveilles en tout genre accomplies par les émules des Pasteur et des Branly, les maîtres de la terre et de l'air même, maintiennent la France à la

hauteur dominatrice qui lui appartient. Par ses
œuvres en tout genre, elle reste à la tête des
nations, sauf dans l'art de gouverner, pour lequel
elle n'est pas faite. *Rem militarem agere et argutè
loqui.* Voilà son lot; le vieux Caton l'avait dit de la
Gaule. Qu'aurait-il dit de la France, qui est capable
de tout et, en tout, d'être la première! Mais il faut
qu'elle se reprenne et qu'elle se dérobe enfin à la
domination des nigauds et des traîtres qui se sont
emparés d'elle, et qui la malmènent en se couvrant
le visage du masque, mi-partie, de la juiverie et
de la franc-maçonnerie. Que la France redevienne
la fille aînée de l'Église! Son vrai titre, son
honneur et sa puissance souveraine sont là.

FIN

TABLE DES MATIÈRES

QUATRIÈME PARTIE

LE SECOND EMPIRE, DE 1852 A 1870

CINQUIÈME PARTIE

LA CONSTITUANTE, DE 1870 A 1875

SIXIÈME PARTIE

LA RÉPUBLIQUE DE 1875

FIN DE LA TABLE DES MATIÈRES